마음의 집이 없는 사람들

불안심리

임경수 지음

학지사

책을 생각하면서

모든 사람은 자신의 마음의 눈으로 대상과 사람을 본다. 또한 자신이 가진 불안의 정도에 따라 자신과 다른 사람을 보는 습관이 있다. 그래서 내가 불안하면 주변의 모든 것을 불안한 관점에서 보게 되어, 과거는 말할 것도 없고 미래도 불안한 관점을 가지고 보게 된다.

필자는 표현되지 않았을 뿐이지 우리 사회가 극도의 불안감이 국민정서에 녹아 있는 상태라고 생각한다. 예를 들어, 최근에 발생한 중동호흡기증후군인 '메르스'에 대처하는 사회조직과 국민을 보면 그 불안을 여실히 볼 수 있다. 메르스의 치사율은 14% 정도이고, 대부분의 사망자는 이미 지병을 앓고 있었으며, 대부분이 노인이었다. 확진자와 가까이 하지 않고, 확진자가 있는 병원에 출입하지 않으며, 개인 위생을 철저히 하면 메르스에 감염되지 않는다. 그러나 이 사태 때

문에 사회조직과 국민은 공황상태에 빠졌고, 모든 경제활동
은 위축되었다. 또한 일부 네티즌에 의해 메르스와 관계된 가
족들의 이름과 주소가 인터넷에 공개되고 그들이 공공장소에
출입하는 것을 거부하는 21세기 마녀 사냥식의 정죄 재판이
이루어졌다. 이것은 우리 국민이 그동안 사회구조를 통해서
익숙하게 경험한 신경불안증이 이 사건으로 여과 없이 표출
된 것이라 볼 수 있다. 서로 조금씩만 조심하면 될 것을 과민
하게 반응하여 나라의 경제적 손실이 10조 원이 되었다. 하
지만 이러한 상황으로 인한 사회조직과 국민의 대처 방식은
우연이 아닌 필연적 결과였다고 본다. 왜냐하면 그동안 우리
가 가지고 있던 신경증적 불안이 너무 많았기 때문이다. 신
경증적 불안은 외부 상황이 개인의 불안을 자극하게 되면 절
제하기 어려울 만큼 엄습하다가, 이것이 사라지면 마치 아무
일도 없었던 것처럼 생활로 돌아간다. 한 달 동안 메르스로
인해 불안 상황에 놓여 있던 우리였지만, 지금은 마치 아무
일도 없었던 것처럼 생활하고 있다.

불안은 완전히 없앨 수 없으며, 정상적 불안은 생활의 긴장
을 주기에 오히려 필요하다. 다만 정상적 불안의 정도를 넘어
신경증적 불안에 빠지면 생활의 질서가 깨지게 된다.

이 책은 왜 우리에게 신경증적 불안이 발생하게 되었으며,
이 불안이 나타나는 현상에 대한 배후를 이해하고, 이 불안
에 머무르지 않고 이 불안을 승화할 수 있는 길은 무엇인지를

상담 현장과 관련 서적을 통해 고민한 심리철학 에세이다.

우리가 살아가는 목적 중 하나는 행복과 의미인데, 이것들을 추구하는 데 걸림돌이 되는 신경증적 불안을 어떻게 이해할 수 있을까를 일반적인 심리사회적 구조를 통해 살펴본 책이다. 제1, 2장에서는 신경증적 불안을 발생하게 하는 심리학적 원인, 경쟁 속에서 성공과 성취만의 환상을 보도록 하는 사회구조에 대해 살펴보았고, 제3장에서는 이렇게 누적된 불안이 인생오후의 시간에 어떠한 현상을 발생하게 하는가를 생각해 보았다. 그리고 제4장에서는 신경증적 불안을 극복하게 하는 희망은 무엇일까를 사회심리학적 근거로 살펴보았다. 아무쪼록 독자들에게 도움이 되는 글이 되기를 소원한다. 그리고 이 책의 편집을 세심히 살펴 준 편집부 이혜진 님께 감사함을 전한다.

2015년 10월
저자 임경수

📖
차 례

제1장

불안의 원인

현대인은 마음 깊은 곳에서부터 자신의 집이 없다(homeless)는 것으로 고통을 받고 있다. 인간은 사회와 자기 자신이 경험하는 상관성에서 자신이 머물수 있는 마음의 집이 없다는 형이상학적 상실을 경험한다. 현대인에게 이러한 상실은 심리적으로 견디기가 어렵다고 말할 틈도 없이 계속 되고 있다.

그래서 이 상실은 현대인으로 하여금 자기 자신, 사회 그리고 궁극적으로 이 우주 안에서 '(마음의) 집이 있는 존재'에 대한 향수(nostalgia)를 느끼게 한다.[1]

피터 버거(Peter Berger)

1. 돌봄과 성장 욕구의 좌절

📖

　돌봄과 성취는 인간의 심리를 이해하는 데 있어 가장 근원적이며 핵심적인 요소다. 스위스의 심리학자인 알프레드 아들러(Adler, A.)에 의하면 인간이 가진 근본적인 심리를 힘(power), 완전(perfection) 그리고 안전(security)으로 보았다.[2] 힘은 '성장'이며, 안전은 '돌봄'에 대한 요소와 같다. 돌봄은 여성적인 경향이 많은 영역이고, 성취는 남성적인 경향이 많은 영역이다. 돌봄은 어쩌면 드러나지 않은 내적인 성향이기에 성과를 중심으로 보는 사람에게는 중요치 않게 보일 수 있는 영역이고, 성취는 많은 에너지를 필요로 하며, 업적으로 보일 수 있는 가시적인 요소다. 상호 대조적이지만 보완적인 요소인 것이다. 두 개 중 영역 하나를 상실하면 마치 남성 없는 여성만의 세상이거나, 여성 없는 남성만의 세상과도 같은 것이다. 따라서 사람은 이 두 가지 영역에서 균형을 가지고 살아가는 것이 제일 바람직하다. 돌봄과 성장은 인간세상에서 인간을 움직이는 가장 중요한 요소이면서 동시에 인간세계를 균형 있게 만드는 요소이며, 모든 의미와 불행은 이 양자의 균형 또는 불균형으로 인해 발생하는 것이다. 청춘남녀가 서로에게 매료되어 결혼을 하면, 거의 모든 사람은 상대가 자신에게 없던 부분을 가지고 있는 사람이라고 생각했기 때문에 결혼을 결정하게 된다. 예를 들어, 조용한 사람은 활동적이고 자신을 잘 표현하는 사람의 매력에 푹 빠지게 된다. 음악에 소질이 부족한 사람은 음악을 잘하는 사람을 보면 끌리게 된다. 자신이 부족하다고 느끼는 부분이 상대에게서 발견되면 그 사람이 매력적으로 보이는 것이다. 그러나 만약 서로 다른 특성을 가지고 살아가면서 대화를 통해 상대를 이해하지 못하면, 이 서로 다른 특성으로 서로를 공격하기에 이른다. 매력적으로 보이던 것이 이제는 커다란 단점으로 보이고, 넘지 못할 산으로 여기게 된다. 그래서 모든 사람은 돌봄과 성장이라는 양쪽의 균형을 필요로 하고 있다. 1996년대 초·중반부터 10년 동안 포켓 몬스터(Pocket Monster)는 게임시장을 군림하였다. '포켓 몬스터'를 직역하면 주머니 안에 있는 괴물이라는 의미인데, 일본 닌텐도(Nintendo) 회사에서 만들어 낸 게임이다. 닌텐도는 당시 게임 본체인 게임 보이(Game Boy), 닌텐도 64를 비롯해서 포켓 몬스터 카트리지(소프트웨어)를 만들고, 각 캐릭터 인형, 만화영화, 영화, 카드 등을 만들어 내어 전 세계 아동에게 10여 년간 선풍적인 인기몰이를 했다. 미국에서는 성탄절과 추수감사절이 아동 장난감 시장이 가장 활성화되는 시기인데 당시에 포켓 몬스터 게임 본체

및 인기 카트리지를 구입하려면 이름을 대기자 명단에 올려 기다려야 할 정도였다.

초기에는 포켓 몬스터 게임의 캐릭터 종류가 151종이었던 것으로 알고 있다. 당시 초등학생이던 아들이 여기에 빠져서 151종의 카드를 다 모으려고 엄청나게 노력을 했다. 그리고 구입이 어려운 것은 자신이 직접 그림을 그려서 가지고 있기도 했다. 종종 아들은 나에게 와서 카드들을 주면서 아무것이나 한 장 뽑아서 캐릭터 이름을 이야기하면 자신이 그 신상정보의 특성 및 강점과 약점을 다 설명할 수 있다고 했다. 그래서 몇 개를 선택해 질문을 해 보았는데 그 어려운 합성용어를 다 외우며, 캐릭터의 특성을 거의 완벽하게 설명하는 것이었다. 알고 보니 이것은 당시 이 게임에 취미를 가지고 있던 학생들이 일반적으로 하는 의식과도 같은 것이었다. 미국의 학생들 사이에 선풍적인 인기몰이를 하게 되니 학생들이 이 게임의 카드를 학교에 가지고 오게 되었는데, 하루는 한 학생이 151장을 전부 모아 학교에 가지고 왔다. 당연히 모든 학생의 관심을 받아 수업진행이 어려워지자 담임교사가 수업진행을 위해 카드를 압수하여 교무실에 보관해 두었는데, 이 카드가 분실되었다. 이 학생은 학교를 대상으로 소송을 했고, 승소를 해서 당시 100만 원에 가까운 보상금을 받았는데, 한 기자가 이 사실을 기사로 다루기 위해 학생과 인터뷰를 했다. 기자가 100만 원의 보상금을 어떻게 사용할 것인지 물어보았더니 그

학생의 대답은 간단했다. 다시 같은 카드를 구입한다는 것이 었다.

이 게임은 미국만이 아니라 전 세계의 아동이 열광을 했으며, 회교권 국가만 제외하고 전 세계 아동에게 보급이 되었다는 말이 있다. 1999년 7개월간 판매된 포켓 몬스터 게임 총액은 50억 달러였다. 그리고 1999년 이 포켓 몬스터 게임을 주축으로 한 닌텐도의 순수익은 무려 7조 3,000억 원이었다. 또한 수익은 포켓 몬스터 게임의 전성기 몇 년간 지속되었다. 필자가 기억하기로는 1999년도 우리나라 예산이 150조 원이었다. 일본이 우리나라 예산의 15분의 1 수준의 수익을 게임을 통해서 몇 년간 지속적으로 얻었으니 전 세계 매스컴들은 앞다투어 이 게임의 매력이 무엇인가에 관심을 보이기 시작했다. 그중 「뉴욕 타임즈(*The New York Times*)」는 포켓 몬스터 게임에 대한 기사를 수없이 많이 냈는데, 1999년 1월에 쓴 포켓 몬스터에 대한 기사가 주목할 만하다. 심리학자의 자문을 받아 쓴 이 기사에는 포켓 몬스터 게임이 돌봄(caring)과 성장(growth) 두 가지 심리적 특성을 가지고 있다고 말했다. 이 특성들은 인간 심리기저 가운데 가장 근본적인 특성이다.

돌봄과 성장은 인간이 이 세상을 살아가면서 균형을 가져야 할 중요한 요소다. 필자는 이것을 선천적으로 우리의 내외부에 심어진 본능이라고 생각한다. 먹는 본능, 자는 본능 그리

고 성적인 본능은 신체적인 근거를 둔 본능이지만, 돌봄과 성
장은 정신적인 근거를 둔 본능이다. 이 두 가지 요소 중 무엇
이 더 중요한지 묻는다면 당연히 '돌봄'이다. 사람이 성장해
가면서 자신이 목표한 것을 나름대로 성취하고 만족을 누리
기 위해서는 그 기저를 붙들어 주는 '돌봄'이 기본적으로 제
공되어야 한다.

왜 돌봄이 우선이어야 하는가? 이에 대해 철학자 마르틴
하이데거(Heidegger, M.)는 인간은 우주에 내던져진 존재라
는 표현을 했다. 왜냐하면 인간의 모든 것은 후천적으로 결정
되기 때문이다. 그러기에 인생은 불안에서 출발한다. 심리학
자 오토 랭크(Rank, O)는 인간이 태어나자마자 우는 이유는
'불안' 때문이라고 했다. 사실 불안은 인간의 긍·부정적인
상태를 배후에서 움직이는 매우 중요한 요소다. 과도한 불안
은 생활을 할 수 없을 정도로 신경증적 상태로 만들지만, 적
당한 불안은 사람을 사람 되게 만드는 요소가 될 수 있다. 그
리고 이 불안은 가급적 좋은 부모가 있는 가정환경과 사회환
경을 통해서 극복되어야 외부의 상황이 비로소 모험과 호기
심을 유발하는 대상이 될 수 있다.

사람은 성장을 하기 전에 불안을 잠재워야 할 필요가 있다.
태어나는 불안과 더불어 부모의 비우호적 돌봄 그리고 재앙
과 같은 사회환경은 개인에게 불안을 더 가중시키기 때문에
외부의 상황이 모험과 호기심의 대상이 아니라 자신에게 위

협을 가하는 요인이라 생각하여 자기 자신 안에만 머무르려는 경향을 가지게 된다. 그래서 이 불안을 잠재우기 위해 우선 적절한 '돌봄'이 부모로부터 시작하여 사회 전반에 제공되어야 한다. 우리는 성장 위주로 개인과 사회를 보기 때문에 돌봄을 제대로 받지 못한 사람을 주의가 필요한 인물이나 부적격자로 생각하기 쉽다.

필자의 지인 중 한 명은 대학원을 등록하여 수업을 듣는데 수업이 영 재미가 없다는 것이 문제였다. 수업에 흥미가 없으니 평상시 잠을 많이 자기도 하고, 이런 모습은 부모에게 안타까움을 주었다. 그러던 그가 어느 날 원고를 써서 어느 잡지사 편집자에게 갖다 주었는데 그 편집자가 지인의 글에 대하여 글이 수려하고 아주 좋다는 평가를 해 주었다. 그 후 그는 3일 밤을 자지 않고 책을 보며 글을 쓰기 시작했는데 이러한 과정을 지켜보던 부모는 그가 정신이 약간 나간 줄 알았다고 당시를 회고했다. 이 사람은 『십대들의 쪽지』 발행인이었던 고(故) 김형모 씨다. 그는 이 쪽지를 통하여 청소년의 고민을 상담해 주었고, 그 내용을 책자로 만들어 중고생들이 무상으로 볼 수 있도록 했으며, 이 모든 비용을 자비로 부담하였다. 그가 이런 일을 시작한 이후에 자신의 글에 대해 칭찬을 한 편집자를 방문하여, 당시 자신의 글에 어떤 점이 좋아서 그렇게 좋은 평가를 해 주었냐고 물었을 때 뜻밖의 대답을 들었단다. 그 편집자는 글을 들고 오는 모든 사람에게 긍정적인 평가를 해 준다는 것이다. 그의 이런 대답은 힘없이 살아가는 사람에게 긍정의 힘을 주었고, 자신 안에 실현되지 않는 잠재성을 끄집어내는 동기가 되었다. 그는 자신에게 관심과 돌봄을 제공하는 것과 같은 말 한마디에 인생의 변화가 시작된 사람이었다.

한 아프리카 부족 중에 범죄가 없는 부족에 대해 취재한 것을 보았다. 이 부족은 범죄가 계속 줄면서 거의 없는 상태가 되었는데, 그 이유는 범죄자를 취급하는 방법이 우리 현대사회와는 많이 다르기 때문이었다. 그 부족은 피의자를 앞에 세워 두고 모든 부족 사람이 그 사람 앞에 일렬로 선 후, 한 사람씩 그 사람에게 다가가서 그 사람이 잘해 준 것, 장점 등 한 가지씩 말을 해 준다고 한다. 그런데 이상한 것은 이 의식을 진행하다 보면 얼마 지나지 않아 피의자가 눈물을 흘리기 시작하면서 자신의 잘못을 정말 마음 속으로 깊게 느끼고 슬퍼한다고 한다. 이를 통해 사람을 변화시키는 것은 압력이나 체벌이 될 수도 있지만 그보다 더 좋은 것은 누군가에 의해 내가 쓸모 있는 사람이라는 것을 확인시켜 주는 절차라는 점을 확인할 수 있다.

사람이나 사회구조가 성공과 성취 위주로만 되면 많은 사람이 피해를 입게 되는데, 특별히 자신의 잠재력이 늦게 꽃피는 사람에게 피해가 많이 간다. 즉, 성취와 성공은 단타적이고, 짧은 기간에 평가하려는 성향이 많기 때문에 짧은 시간에 자신을 보여 줄 수 없는 사람들이 피해를 많이 받는다. 사람의 승패는 성공과 성취가 아니라 그 사람이 얼마나 적절한 '돌봄'을 가정과 사회에게 제공하여 인생오후에 본격적으로 나타나기 시작하느냐에 의해 정신적 건강 정도가 나타난다. 돌봄은 비록 보이지 않지만 성장과 성공을 위한 내적 에너지다.

심리학자 칼 로저스(Rogers, C.)는 그가 어린 시절 미국 일리노이(IL) 주의 오크 파크(Oak Park) 시에 살 때의 환경의 중요한 경험을 말한다. 그는 농장이 있던 오크 파크에서 감자가 곳간에 쌓여 있는 것을 보았는데 유독 몇 개의 감자에서 줄기들이 움터 오는 것을 발견하였다. 그리고 '왜 그 감자들만 이렇게 성장을 하게 되었을까'라는 호기심을 가지고 관찰한 결과, 매일 해가 뜨면 일정한 시간 동안 부숴진 곳간 나무 틈새로 햇볕을 받고 있다는 것을 발견하였다. 이렇게 꾸준한 햇빛을 통해 싹이 트인 것과 같이, 일관된 돌봄은 사람의 마음을 건강하게 하고, 바른 것에 관심을 가지도록 한다. 그리고 이러한 것을 통해 사람의 창의성이 발달된다.

사람은 처음 성장과정 동안 부모로부터, 부모가 없으면 다른 양육자나 사회로부터 마음속에서 우러 나오는 돌봄을 받으면 자신에 대한 자긍심과 긍정성을 가지고 살아가게 된다. 성장과정에서 진심 어린 돌봄자의 눈동자를 보고 성장하였기 때문에 세상에 대한 자신감을 가질 수 있는 것이었다. 영혼이 없는 돌봄을 받고 성장하면 사람은 돌봄자의 눈동자를 보는 것이 아니라 얼굴만 보고 성장을 한다. 사람이 질적으로나 양적으로 성장과 성공을 하려면 그만큼 배후에서 돌봄을 통한 돌봄자와의 관계성이 성장해야 한다.

인생은 언제 끝이 날지 모르지만, 일련의 소풍 같아야 하며, 여행 같아야 한다는 생각을 늘 가지고 있다. 인생이 소풍이나 여행이라고 생각할 수 있는 이유는 우리가 돌아갈 집이 있기 때문이다. 돌아갈 수 있는 집의 정서적 수용과 공간의 허락이 우리 인생의 길을 의미 있고, 활기차게 한다. 그러나 우리 중에는 양육자의 미성숙과 사회적 분위기로 인해 어려서부터 아이들을 빨리 성장시키려고 발버둥을 치는 사람들이 있다. 하지만 수학 공식과 영어 단어를 발버둥치면서까지 학습한 아이들이 인생오전에 그렇게 하지 않은 아이들보다 결과나 성과에서는 더 나을 수 있지만, 인생오후 시간은 결코 행복하지 않을 것이다. 그리고 돌봄을 받아야 할 나이에 무모하게 경쟁과 성공구도로 내몰린 아이들은 그 대가를 부모와 사회에 다시 돌려주려 할 것이라 생각한다. 또한 자신들이 돌아갈 집, 마음의 집이 없기에 세상이 황량한 벌판 같고, 삶은 무미건조할 것이다.

필자가 생각하는 우리 사회구조는 너무 경쟁 위주로 향하고 있다. 사람은 태어나면서부터 학교와 학력과 같은 구조 속에 놓이게 되고, 사회구성원인 부모는 이러한 분위기에 저항할 힘이 적기 때문에 순응하면서 살아가게 되며, 사회 일터 구성원도 경쟁적인 사회구조에 순응하며 살아가는 건 마찬가지다. 마치 정글과 같고 약육강식의 논리만 존재하는 것과 같은 살벌한 풍토다. 그래서 이러한 상황에 놓이게 된 아이들은 성인에게 성공과 성취의 도식이 전부인 것처럼 보인다. 물론 성공과 성취는 인간이 이 세상에 목숨 붙여 살아가는 데 매우 중요한 요소다. 사람은 한평생, 어린 시절부터 노인이 되어서까지도 무언가 성취했다는 성취감을 느끼는 것은 중요하다. 그러나 성취에만 집중된다면 그것은 약육강식의 논리로만 살아온 것이기에 큰 의미가 없다.

스페인 산티에고 순례길이 주는 교훈 중의 하나는 인생은 해결해야 할 문제가 아니라, 우리 각자가 살아가야 하는 신비로운 것이라는 점이다. 짊어 버거운 인생길은 성공과 성취에 목마른 인생이지만, 진심 어린 눈의 중심으로부터 돌봄과 관심을 받은 사람의 인생은 신비일 것이다. 그리고 이 신비는 인생을 사는 동안 내내 그 위력을 발휘할 것이다.

2. 허물어지는 놀이와 쉼의 공간

📖

영화 〈쥬라기 공원〉 〈쉰들러 리스트〉 등 의미 있는 대작을 만든 영화감독 스티븐 스필버그(Spilberg, S.)는 한 매체와의 인터뷰에서 "자신의 머리에는 하늘의 별들이 쏟아진다"라는 말을 하면서 그만큼 창의적인 아이디어들이 많이 있다는 표현을 하였다. 창의성이 높아지기 위해서는 어려서부터 부모나 주된 돌봄자에게 '안전(security)'을 느끼고, 그 안전을 기초로 하여 주변환경에 대한 호기심(curiosity)을 가지고 탐험하는 것으로부터 시작한다. 아동이나 성인이 안전하다고 느끼는 때는 내가 어떤 대상이나 환경으로부터 위협을 받지 않는다는 보장이 있을 때다. 혹 위협을 받더라도 빠른 시간 내 다시 보호를 받을 수 있다는 확신을 가지면 안전하다고 느낀다.

사람은 말할 나위도 없고, 애완견을 살펴보면 애완견이 가장 활발하게 움직일 때는 자신의 주인이 옆에서 자기를 지켜볼 때다. 음식을 먹을 때도 주인이 없으면 음식을 잘 먹지 않고 한 곳에 웅크려 주인을 기다리다가, 주인이 집에 돌아오면 그제서야 음식을 먹기 시작한다. 어릴 적 혹 동네 아이들과 다투고 들어오면 나는 대부분 맞고 들어와 그 억울함을 어머니에게 호소했는데 자식이 맞고 들어오는 것을 너무 자주 목격한 어머니는 속상해서 맞고만 오지 말고 한 번이라도 때리고 오라고 말씀하셨다. 어머니의 그 말에 용기를 얻어서인지 당시 우리 동네에서 가장 싸움을 잘하는 아이와 다투게 되었는데, 그렇게 할 수 있었던 것은 바로 우리 집 앞이 싸움 장소였기 때문이었다. 여차해서 내가 맞기라도 하면 어머니가 금방 나와서 나를 구해 줄 수 있다는 믿음이 있었기 때문이다. 용기백배하여 다투다가 중반 이후부터 수세에 몰리기 시작하자 어머니가 지켜보시다가 나를 구해 주셨다. 내 집 앞 그리고 어머니가 계시다는 것은 불가능한 것에 도전할 수 있는 용기를 주었다.

　동물이나 사람의 세계에서 보이는 것을 움직이는 가장 핵심적인 요소는 물질적인 것이 아니라, 정신적인 것이다. 양자물리학에서는 물질이 정신을 창조한 것이 아니라, 정신이 물질을 창조한다는 생각을 가지고 있다. 그만큼 정신적인 것이 오히려 더 바른 실체의 근원이 된다는 의미다. 우리는 보이는 세계, 눈이 잡히는 것, 만질 수 있는 것, 때로는 추측할 수 있는 것으로 인생의 흥망을 점치곤 한다. 그러나 눈에 보이는 것보다는 사람이 자신의 의사를 표현할 수 있고, 그 의견을 경청할 수 있는 환경이 주어져 안정감을 획득하며, 호기심과 도전이라는 정신적 세계로 나가는 것이 더 행복한 인생이라 할 수 있다.

불안한 환경으로 인해 안정감을 상실하게 되면 아동에게 특별한 증상이 나타날 수 있는데 그중 몇 가지 예로 폭식증이나 거식증을 들 수 있다. 폭식이나 거식은 나에게 관심 없는 부모가 나에게 관심을 가지게 할 수 있는 방법이다. 아동이 많이 먹음으로써 부모의 걱정스러운 관심을 받거나 또는 아동이 음식을 거부함으로써 역시 부모의 걱정스러운 관심을 받게 되는데, 아동은 이렇게라도 관심을 받는 것이 받지 않는 것보다 훨씬 마음의 위안이 되기 때문에 계속해서 걱정스러운 행동을 한다.

20대 초의 한 여성은 부모가 청소년기에 이혼을 한 충격과 함께 어머니와 살게 되었다. 스트레스가 쌓인 어머니는 자신의 딸이 말을 듣지 않을 때마다 "너를 버릴 것이다"라는 말로 속상함을 표현하였는데, 부모의 이혼으로 충격을 받은 딸은 어머니가 자신을 버릴 것이라는 말을 사실로 받아들이기 시작했다. 자신과 어머니가 충돌이 있을 때마다 자신을 버리겠다는 어머니의 말이 너무 현실성 있게 들렸기 때문이다. 그때부터 딸은 먹을 것을 찾기 시작했다. 왜냐하면 과하게 먹을 때마다 자신에게 그렇게 무관심하거나, 자신을 버리겠다는 어머니가 먹는 것을 절제시키느라 자신에게 관심을 가지기 시작했기 때문이다. 딸은 무관심이라는 정신적인 고립보다 부정적 관심이라도 받기를 원했으며, 결국 딸의 폭식은 정신적 고립으로부터 어머니와 연결시키는 교량 역할을 하였다. 이러한 사례는 물질은 현상이고 정신은 그 현상을 일으키는 1차적 원인이라는 것을 알려 준다.

폭식은 기본적으로 사람이 정신적 · 신체적 돌봄을 받지 못했을 때 발생하는 증상이다. 폭식은 현재 필요 이상의 것을 먹고, 가지는 즉각적 만족을 추구하게 된다. 그리고 이 배후에 숨겨진 성격과 태도의 또 다른 영역은 삶과 미(美)에 대한 무관심의 표현이기도 하다. 그래서 폭식은 삶과 미를 파괴하고, 질보다는 양을 생각하게 하며, 수단과 방법을 가리지 않고 목적을 달성하려는 성향을 갖는다. 또한 주변 사람과 동료의식을 가지기보다는 자신의 목적을 방해하는 사람으로 생각하고 자신과 타인의 인간성을 파괴하려는 성향을 가진다. 또한 폭식은 맛에 특별한 가치를 부여하지 않는다. 왜냐하면 맛을 보지 않고 먹고 삼켜 버리기 때문이다.

정신적 · 신체적 돌봄의 상실은 한 사람의 삶의 미와 의미를 상실하게 한다. 성인이 되어서 수단과 방법을 가리지 않고 목적을 이루려는 폭식적 성공관에 몰입하게 되면 개인과 가정과 사회는 불안 속에 빠지게 된다.[3]

눈앞에 있고, 현실적으로 보이며 만져지는 목적도 목적이라고 할 수 있지만 이 목적은 어떤 의미에서 근시안적이고 좁은 안목으로 현실을 보는 것이라 할 수 있다. 현실을 도외시해서도 안 되겠지만, 현실만을 본다는 것은 어떤 의미에서 정신적인 여유가 없다는 것이기에 자기 생각 외에는 남을 배려하거나 그 외의 생각을 할 수 없기 때문이다. 한번은 택시를 타고 집으로 가는 중에 택시기사가 자신이 잘 아는 길로 가겠다고 했는데, 나는 처음 가 보는 길이었다. 자신이 늘 잘 알고 가는 길이라 하였지만, 그래서 잘 가고 있다고 생각했겠지만, 필자는 최근에 그렇게 불안한 마음을 가지고 택시를 탄 적이 거의 없었던 것 같다. 운전대를 잡은 택시기사의 자세도 매우 불안했고, 달리는 속도가 너무 빠르며, 운전 솜씨도 좋지 않아 마치 곡예하는 운전자를 만난 것 같아 내내 불안을 안고 집까지 온 기억이 있다. 과도한 불안을 갖고 일을 하는 것이 자신에게는 적당한 것 같지만, 다른 사람이 볼 때는 불안을 없애기 위한 과도한 자기 몰입밖에 안 되기에 타인에게 피해를 주게 된다.

인생의 기간을 너무 근시적으로 보는 것은 금물이다. 불안이 많으면 근시적으로 눈앞에 당장 보이는 것만을 선호하게 된다. 이것 외에는 길이 없다고 생각하기 때문이다. 자녀들이나 가족들이 단시간 내에 어떤 결과물을 보여 주기를 원하는 것은 서로에게 피해를 주게 된다. 봄철이 되면 초목이 자라는 순서가 있다. 처음 자라는 것은 풀이다. 땅속 한 구석에서부터 겨울과 대조되는 초록색을 비추기 시작한다. 그 이후는 작은 나무의 잎과 꽃이다. 하지만 나무가 크면 클수록 봄이 와도 잎이 잘 나지 않으며, 생각 외로 늦게 잎과 꽃을 터트리는 나무들도 있다. 우리는 이 모든 것을 품어 주는 마음이 필요하다. 모든 것에는 순서가 있는데 마치 하루아침에 모든 것을 보려는 마음은 우리가 가진 조급성 때문이며, 그 정도는 개인이 가진 불안의 정도에 따라 달라진다.

넓은 영토에서 사는 중국인은 그들 사이에 하는 말이 있다고 한다. 차 타고 1~2시간 가는 것은 자기 방에서 움직이는 것이고, 4시간 정도 운전해서 가는 곳은 건넌방을 가는 것이란다. 하루는 기차를 이용하여 중국을 여행하던 사람이 수십 시간 동안 기차를 탔는데도 도착하지 않아 가이드에게 언제쯤 도착하는지 물었다. 가이드가 조금 있으면 도착한다는 말을 하자 한국인 관광객들이 짐을 챙기기 시작했다. 그런데 2시간을 가도 목적지가 나타나지 않자 관광객은 다시 가이드에게 어떻게 된 것인지 물었다. 그때 가이드는 수십 시간의 여행 중에 이제 4시간 정도 남았기 때문에 얼마 남지 않았다는 말을 했다고 대답했다. 이 사례를 통해 우리는 좁은 영토 안에서 빠르게 진화하는 기술발달로 인해 인내하며 기다리는 것이 익숙하지 않는 문화세대로 가고 있다는 것을 확인할 수 있다.

늘 대기만성(大器晩成)을 생각하는 자세가 필요하다. 이해하기 어렵고 다루기 어려운 모호한 존재인 것이 사람인지라,

유용한 사람이 되기 위해서는 시간이 필요하다. 너무 조기교육에 매달려 영어, 과학, 수학 등 영재학교로 아이들을 내모는 것은 부모의 불안 때문이다. 자녀를 통해 부모가 가진 열등감을 보상받고자 하는 내부적인 욕구를 자녀는 감지하기에 부모의 불합리적인 요구는 결코 자녀의 정신건강에 좋지 않으며, 어린 시절 부모의 열등감으로 인해 자신의 공간과 시간이 침해당하는 불행한 구조에 놓이게 될 뿐이다.

적합한 공간과 시간은 생명이 활동하고 성장할 수 있는 여건을 만들어 준다. 우주의 시작도 공간과 시간이라는 것이 확보되어 움직이는 것과 같다. 인생은 일련의 소풍과 같아야 한다는 것을 생각해 보자. 초등학교 시절 소풍 가기 몇 주 전부터 소풍 갈 날을 손꼽아 기다렸다. 숫자에 대한 개념이 적었기 때문에 늘 어머니에게 며칠 밤을 자야 소풍을 갈 수 있는지를 물어보았다. 날이 가까워지면 가방을 준비해서 늘 곁에 두어 언제든지 볼 수 있도록 하고, 그 가방을 보면서 즐거워했다. 전날에는 가게에 가서 군것질할 것을 구입하였다. 그리고 당일 아침 어머니가 마련해 주신 김밥을 챙기고, 모양이 좋지 않은 귀퉁이 김밥은 입안에 가득 넣고 흐뭇해하던 기억이 있다. 인생이 늘 소풍 같이 즐거울 수는 없겠지만, 소풍가기 전과 비슷한 마음으로 들떠 있는 세월이 많아지려면 개인의 시간과 공간이 보장되어야 한다.

소풍 같은 공간은 나와 사람과 사람 사이의 간격이며, 소풍 같은 시간은 현재를 중심으로 과거에 대한 긍정적 연결을 하여 그 연결을 기초로 긍정적인 미래를 지향하는 것이다. 결국 적합한 시간과 공간을 통해 나의 자리(place)를 만드는 것이다. 과도한 불안은 자리에 대한 불안을 느끼게 하므로 공간과 시간의 확보에 대한 욕구를 가지게 된다. 너무나 밀착되어 서로를 침해해야만 하는 공간은 사람에게 가치관의 혼돈을 초래하고 사람은 결국 허무 속에 내버려진다. 도시의 건물과 경관에도 적합한 공간과 시간이 마련되어야 한다. 도심에 건물을 짓되 주변과의 조화 그리고 건물 사이의 공간이 확보되어야 그 공간 안에서 시간을 보내면서 창의적인 일과 소풍 같은 일이 발생할 수 있다. 결국 내 공간이 타인의 공간과 어떻게 조화를 이룰 수 있는지를 조율하면서 균형을 이루어 가야 하는 것이다.

공간이 확보되어 이것이 내가 생각하고, 움직일 수 있는 공간이라는 것을 수용하게 되면 그때부터 사람들은 놀이를 시작한다. 인간은 놀이와 쉼을 떠나서 상상할 수 없다. 인간은 역사의 시작부터 도구를 사용했고, 도구의 기술화를 시도했다. 그래서 오늘날의 문화유산이라는 것이 생겨난 것이다. 바람직한 공간의 '놀이'라는 것은 인간의 긴장을 완화시키는 문화, 여가, 휴식 및 취미생활 등이라 생각한다. 즉, 내가 일에서 벗어나 나를 자연의 세계로 되돌리는 요소다.

쉴 수 있는 공간과 시간의 형성에 영향을 미치는 것은 두

가지로, 첫째는 부모이고, 둘째는 사회의 구조다. 이 두 가지
는 한 인간이 성장하는데 지대한 영향을 미친다. 내담자들을
만나 상담을 하다 보면 이 두 가지 요소가 거의 절대적이라
는 것을 알 수 있다. 부모의 영향이 절대적인 어린 시절에 부
모로부터 공간과 시간을 침해당하고 박탈당한 사람이 성인이
되어 가는 과정에서 이를 회복할 기회가 없었다면 성인이 되
어서도 신경증적 불안에 시달리게 된다. 그리고 자신의 과거
와 비교해서 더 좋은 환경이 주어졌어도 현재 주어진 공간과
시간을 효율적으로 사용하지 못한다.

출처: http://www.pulitzer.org/awards/1973

위 사진은 1972년 6월 베트남 전쟁 시 사진이다. 가운데 있
는 여자아이는 당시 9세였다. 그녀의 이름은 티킴푹이고, 현

재는 52세가 되었으며, 20년 전 캐나다로 망명해서 가족과 함께 살고 있다. 사진에 그녀가 옷을 입지 않은 것은 당시 전쟁으로 인해 옷에 불이 붙어 군인들이 옷을 벗겨 주었기 때문이다. 그런데 이 사진은 수십 년간 베트남 전쟁이 언급될 때마다 공적으로 매스컴에 나타났는데, 그녀는 벌거벗고 있는 자신의 모습이 언론에 노출될 때마다 전쟁으로 인한 트라우마와 함께 끊임없이 괴로웠다. 그녀는 이렇게 고통받는 세월을 보내다가 어느 날 더 이상은 괴로워하면서만 살 수 없다는 생각을 하기 시작했고, 그 극복의 출발점을 반전운동으로 시작하였다. 그녀는 자신의 트라우마를 역전시켜 더 이상 전쟁 없는 세상에서 살자는 평화주의 운동가로 변신한 것이다. 이 운동을 시작하면서 사진 속에 나온 여자아이는 더 이상 그녀의 자존감을 떨어트리며 트라우마에 빠지게 하지 않고 오히려 평화주의 운동과 반전운동을 하는 데 긍정적으로 사용되었다.

어린 시절 아이가 누려야 하는 공간과 시간이 박탈과 상실로 얼룩져 있다면, 성인이 되어서도 그때 상황과 그 상황에 연관된 부모나 형제를 매우 부정적으로 생각한다. 그래서 현재 부모나 형제를 회피하거나 부정하려고 한다. 내 생애 그들을 그리 중요하지 않은 사람으로 여기고, 자신을 힘들게 한 그들을 긍정적으로 수용하지 못하는 것이다. 필자는 이것이 우리가 신경증적 불안에 빠지는 중요한 원인 중의 하나라고 생각한다. 물론 그들이 힘들게 한 것은 사실이지만, 부모와 형제를 회피하거나 부정하려는 것은 자신이 과거에 먹은 '김치'를 부정하는 것과 같다.

우리는 한국 사람이기에 어려서부터 익숙하게 먹은 것이 있다. 그것은 아마 김치, 고추장 그리고 된장과 같은 것이며, 한국 사람이 공통적으로 일상생활에서 먹는 것이다. 따라서 이것을 부정하고 마치 외국인처럼 행동할 수는 없다.

어린 시절과 성장과정에서 부모와의 관계가 너무 좋지 않았던 사실은 우리에게 부모를 회피하거나 부정하게 한다. 그래서 현실에 적응하는 데에 회피하거나 부정하고 싶은 과거가 콤플렉스로 남고, 이 콤플렉스는 현실에서 나를 가면에 더 충실한 인간으로 만들어 버린다. 즉, 진정한 나는 없어지고, 무엇인가 가장되고 거짓된 내가 현실에 어색하게 서 있게 되는 것이다.

사람은 자신의 과거 김치를 먹어야 한다. 그것이 아픈 것이든 쓴 것이든 그것은 자신만이 가진 고유한 김치다. 그 김치를 회피나 부정하는 것은 개인이 현실과 미래를 살아갈 정신적인 고향이 없이 살아가게 하기 때문에 매우 비효율적이다.

연어가 자신이 태어난 민물을 다시 찾는 것은 알을 낳고 생명을 다시 키우기 위해서다. 자신의 과거를 알고, 그곳을 다시 찾아가는 것은 생명과 건강한 움직임의 시작이다.

생명, 살아 있는 진정한 삶의 시작은 자신의 과거로 돌아가 그동안 먹지 않았던 김치를 다시 먹는 것이다. 그리고 우리는 김치를 다시 먹기 위해 두 가지 중요한 일을 해야 한다. 첫째는 내 편견과 오만으로 얼룩진 과거의 이야기에 대해 부모를 포함한 가족 구성원의 이야기를 다시 경청하여 재해석하고 재조명하는 힘을 가지는 것이며, 둘째는 과거를 회피하고 부정하며 감정을 억제했던 마음을 열어 자신의 아픔을 솔직하게 부모와 형제들에게 말하고 표현하는 것이다. 이 두 작업은 어두운 과거를 벗어날 수 있는 기회를 제공할 것이다.

2012년 통계에 의하면 우리나라의 중독인구가 618만 가량이라고 한다. 중독자가 가장 많은 중독의 순서는 인터넷 게임중독 233만 명, 도박 220만 명, 알코올중독 155만 명 그리고 마약 10만 명 순이다. 이것은 우리나라의 4대 중독이다. 그리고 이 중독들로 인한 사회·경제적 손실은 연간 110조 원이다. 중복된 경우를 제외하더라도 최소 600만 명이 앞에 언급한 4대 중독에 노출되어 있고, 이 통계는 마약을 제외하고는 세계 1위다. 적게 잡아도 국민의 8~9명 중에 한 명이 이러한 중독과 연관되어 있는 것이다. 또한 이들과 연관된 가족을 최소 3명으로 잡으면 1,800만 명이 중독 가족의 굴레에서 힘든 경험을 하면서 산다고 추정할 수 있다. 고발, 고소, 폭행 그리고 차량사고도 세계에서 수위를 달리고 있고, 사기 통계도 전 세계의 1위에 해당한다.[4] 이러한 통계는 우리 국민과 사회구조가 극심한 불안을 가지고 있고, 이 불안한 사회구조와 개인환경에서 어려서부터 익숙하게 살아가고 있다는 것을 보여 준다. 근본적으로 사회와 개인이 몹시 불안한 구조 가운데 놓여 있기에 이렇게 표면적으로 부정적인 일들이 많이 있다. 이 심한 불안은 그것과 같은 수준의 어떤 것으로 없앨 수 있는데 그것이 중독이다. 일반 사회만이 아니라 종교계도 부정과 싸움판의 불안으로 가득 차 있다. 수행과 선을 추구하는 종교덕목이 사회의 경쟁구도, 성공과 성취방식에 말려 가면서 발생한 결과다. 결국 사람이 살아가면서 쌓일 수 있는 부정적인 정서와 감정의 영역을 건강하게 풀 수 있는 통로들이 사회적으로나 개인적으로 막혀 있기 때문일 것이다. 그러기에 이런 문제를 매우 극단적으로 풀려는 것들이 우리 사회에 발생하는 중독의 문제라고 본다.

사람이 가진 정서적인 갈등과 불안의 문제는 적합한 놀이문화를 통해서 어려서부터 표출되고 해소되어야 한다. 대기만성이라는 표현을 썼지만 인생이 건강하고 나름의 행복을 가지기 위해선 잘 놀 수 있는 문화가 형성되어야 한다. 서양 선진사회의 학생들이 공부하는 모습을 유학생활을 통해서 살펴볼 수 있었다. 수시로 운동을 하고, 특별히 일과가 끝나고 나서 또는 식사를 하고 나서 체육관이나 길거리에서 운동을 하는 모습을 자주 보았다. 필자도 그 환경에 따라 주말과 주중에 규칙적으로 운동을 하였다. 오히려 몸이 피곤하겠다고 생각할 수 있으나, 이렇게 운동을 하고 도서관에서 가서 책을 보면 보통 새벽 2~3시까지는 하늘에 별이 쏟아지는 것과 같은 상쾌한 기분으로 집중할 수 있다. 우리의 문화 분위기가 변화는 되고 있지만 아직은 사회구조가 개인을 존중해서 공간과 시간을 제공해 주는 데 익숙지 않다. 그러나 개인이나 조직체의 구성원에게 놀이공간과 쉼의 공간과 시간을 제공하는 것은 장기적으로 훨씬 조직에 유익하다. 이것을 못 보는 사람들은 눈앞에 보이는 것에만 급급해서 노는 것과 쉬는 것을 참지 못할 것이다. 발달심리학자 에릭 에릭슨(Erikson, E.)은 놀이를 다음과 같이 정의한다.

> (놀이 · 쉼은) 자신의 미세한 현실(micro-reality) 안에서 과거 경험을 안도(relieve)시키고, 정정하며, 재창조하고, 모든 창의적인 의식(ritualization)을 성격 지우는 자발성과 수용성을 가지고 미래의 사건과 역할을 기대하도록 하기 위하여 (놀이) 장난감을 사용한다.[5]

에릭슨이 정의하는 놀이를 보면서 우리는 많이 놀라야 한다. 흔히 우리는 정서적 영역이 우리에게 어떠한 영향을 미치는지에 대하여 민감하지 않지만, 에릭슨은 놀이를 통한 정서적인 영역이 우리의 과거, 현재 그리고 미래의 시간을 움직이고 있음을 말한다. 사람은 지나간 과거의 경험으로부터 불쾌한 감정을 충분히 가질 수 있다. 그러나 이 불쾌했던 경험을 놀이를 통한 정서적인 영역으로 보면, 그 과거의 불쾌한 경험

을 다른 각도에서 재해석할 수 있는 힘이 생길 수 있다는 것
이다. 우리의 인간관계에서 가장 큰 문제는 내가 보는 것, 내
가 말하려고 하는 입장에서만 주장하려는 태도 때문에 대부
분의 문제가 발생한다. 이런 사람들은 과거의 발생한 사건을
다른 각도에서, 다른 사람의 입장에서 볼 수 있는 힘이 없기
때문에 자신의 입장에서만 말하고 행동하려고 하는 획일성을
가지게 된다. 하지만 놀이는 과거의 불쾌했던 경험을 안도시
키고, 정정하며, 재창조하기도 하는 내면을 변화시키는 힘을
가진다.

미국 캘리포니아 주에 거주하는 한 심리학자는 좋은 기후
여건에서 스쿠버다이빙을 즐기는 사람이었다. 그에게 스쿠버
다이빙은 크게 두 가지 사실을 알려 주었다. 첫째, 우리가 땅
위에 살기 때문에 알 수 없는 물속의 아름답고 조화로운 세계
다. 특별히 열대지방의 바닷속은 아름다움과 조화로움의 매
력을 가지고 있다. 둘째, 그 심리학자가 어느 때처럼 물속으
로 들어갔는데, 그날따라 물속의 풍경이 너무 좋아서 그 아름
다움에 푹 빠져 있었다는 것이다. 그때 그는 같은 장소인데
왜 그날따라 물속의 풍경이 달라 보였을까 하는 의문을 가졌
다. 그리고 그는 그 의문에 대한 답을 자신의 마음속으로 생
각해 보았다. 자신이 마음을 달리 먹고 바닷속의 풍경을 보았
기 때문에 늘 같아 보이던 풍경이 색다르게 보였던 것이다.

심리적으로 건강하고, 과거의 상처로부터 잘 회복하는 사

람들의 공통적인 특성은 과거의 상처를 다른 각도에서 보려는 마음이 있고, 그 당시 가족 구성원들이 그 과거의 사건에 대하여 자신과는 다른 관점으로 보고 있다는 사실을 깨닫는다. 그래서 부모의 입장은 어떠했을까 또는 형과 동생, 언니의 입장은 어떠했을까 하는 공간의 유동성을 가지고 사건을 재해석하여 생각하는 힘이 생긴다. 재해석은 당시 상황을 이해하고 용서하려는 용기를 포함한다.

앞에서도 잠시 언급했지만 나는 결혼하는 젊은 청년들에게 제발 부부학교나 부부교실에 가서 결혼생활에 대한 교육과 실습을 어느 정도 받아서 남성과 여성의 다른 점, 본인의 성장배경과 배우자에 대한 이해 그리고 육아양육에 대한 것 등을 배우고 결혼에 임할 것을 말하곤 한다. 왜냐하면 외형적인 조건, 예를 들어, 근사한 예식장에서 결혼하고, 집을 구입하며, 차를 사고, 가구 및 가전제품 그리고 필요한 생활용품을 사는 것 등에 집중하여 결혼 전의 시간과 물질을 다 투자하였는데, 정작 부부의 정서적 이해가 없으면 자연적으로 발생할 수밖에 없는 부부간의 갈등으로 결혼을 위해 준비한 모든 것이 몇 달이나 몇 년도 못 되어 무용지물이 될 가능성이 있기 때문이다. 결국 정서적인 준비가 물질세계를 지배하고 있다는 중요성을 간과하기에 발생하는 일들이다.

부모가 원하는 대로 공부만 잘하는 자녀가 되어 준다면 무엇을 하든, 무엇을 요구하든 다 들어준다는 부모가 간혹 있다. 물론 부모가 가진 열등감의 발로에서 시작된 것이 분명하지만, 이러한 가치관으로 성장한 자녀는 실제로 부모와의 정서적 교감이나 사회에서의 경쟁으로부터 안도할 수 있는 경험이 적었기 때문에 성장하면서 어딘가에 함몰될 가능성이 크다. 인간은 정신적인 동물만이 아니라 신체적인 동물이기 때문에 자신의 신체를 일부러 움직이게 하거나, 몸이 너무 피곤할 때는 자신의 몸을 쉬게 해 주는 것이 필요하다. 그래서 놀이라는 정서적 영역은 사람이 자신의 일생을 훨씬 더 멀리 보게 하며, 현실에 창의적으로 적응하도록 하고, 나름대로 인생의 답을 찾을 수 있는 안내자 역할을 하는 에너지다. 동시에 정서는 미래에 자신의 역할을 할 수 있도록 자발성과 수용성을 갖도록 한다. 즉, 과거의 일을 거울 삼아 다시 그러한 경험을 할 때 어떻게 대처할 것인지 판단하고 미래를 두려움 가운데 수용하는 것이 아니라 자발적인 수용성을 가지고 대처하려는 적극성을 가지는 것이다.

종교사회 심리학자 피터 버거(Berger, P.)는 놀이에 대하여 매우 흥미로운 제안을 했다. 그의 말을 빌리면 다음과 같다. "(놀이라는 것은) 신성한 초월성의 신호다. 왜냐하면 사람들은 놀이를 통해 일상생활에서 벗어나 다른 공간에 있는 것처럼 느낄 수 있을 뿐만 아니라, 평범한 시간에서 영원 속으로 가는 것처럼 느낄 수 있게 된다"[6] 다람쥐 쳇바퀴 도는 것과 같은 일상생활에서 일이 모든 것의 중심이 된다고 하면 일상의 중요성을 놓치는 커다란 함정에 갇히게 된다. 반면, 인간은 현실에 살고 있지만 놀이라는 쉼을 통해서 현실이 초월의 세계와 연관되어 있다는 것을 느끼기 때문에 놀이를 초월성의 신호라고 한다. 즉, 놀이는 이 복잡한 세상에서 개인이 자신만의 시간과 공간을 가지게 하고 삶이 신비 속에 있다는 것을 알게 한다.

젊은이들은 컴퓨터와 스마트 폰의 열풍에 휩싸여 있지만, 중요한 것은 인간이 기술에 집중할수록 우리가 잃어 가는 것은 초월적 영역에 대한 향수라는 것이다. '인간이 초월성을 가진 존재다'라는 도식보다는 사람은 최소 세 가지 관계성을 가지고 살아야 한다는 의미다. 첫째는 사람과 사람과의 관계성이고, 둘째는 사람과 자연과의 관계성이다. 물론 이 자연이라는 것은 동식물을 포함한 피조의 세계다. 셋째는 사람과 초월적 영역과의 관계성이다. 물론 이 초월적 영역에 대한 명확한 답이 종교마다 다양하지만, 초월적 세계와의 관계성을 가질 필요가 있다. 그리고 이 관계성은 인생에 대한 신비감을 줄 수 있다. 이것은 마치 사람이 고향에 대한 향수를 가지는 것처럼 인간의 근원처에 대한 본능적 향수이기 때문이다. 이렇게 기술문명의 발전과 거대해지는 소비문화의 틀 속에 그리고 그 소비의 축을 따르기 위해 쫓아가는 경쟁사회에서 놀이는 잠시 우리가 망각하고 있었던 초월성을 느끼게 하고, 무미건조한 일상생활을 넘어서 영원이라는 것을 약간이나마 맛

볼 수 있게 한다.

놀이문화의 형성은 가족에서부터 시작되는 것이 맞다. 형제와 좌충우돌하면서 실수와 타협, 배려와 협상을 배우고, 그것을 통해서 사람의 기본을 배우는 과정이 곧 놀이문화의 시작이다. 우리는 가족과 형제간의 놀이를 통해 경쟁과 협동을 배우면서, 이것을 지탱하고 유지시키는 것이 결국 배려라는 걸 알게 된다. 그리고 이 과정에서 발생하는 희로애락의 감정을 표현하고 조절하는 사회성을 익히게 된다. 놀이가 없이 사회로부터 시간과 공간의 박탈을 경험한 개인은 피해자로 살아가며, 언젠가는 피해자가 가해자가 되는 악순환을 밟게 된다. 예를 들어, 부모의 폭행을 받고 성장한 아이는 어린 시절에 비참함을 경험하며 자존감이 아주 낮은 아이로 자라게 되고, 성장한 후에는 그 폭행을 자신의 가족에게 풀어 버리는 악순환을 발생시킨다. 폭행을 당한 아이들이 치료와 관심으로 회복의 길로 들어서지 않으면 언젠가는 자신들이 폭행의 가해자가 될 가능성이 높은 것이다.

놀이의 공간을 상실하고 개인의 영역을 사회로부터 구조적으로 억압당하면 '탐욕', 즉 과하게 어떤 것에 집착하여 자신의 것으로 만들려고 하는 악이 발생한다. 그래서 타인의 상황이나 감정을 고려하지 않고 자신의 목적만을 성취하려는 자기중심적인 성향이 발생한다.[7] 결국 남을 배려하지 않는 개인과 사회는 반사회적인 경향과 문화를 형성할 수밖에 없다.

그래서 개인의 공간과 시간을 배려하는 것은 그 개인의 존엄성을 인정하는 것이 되며, 만일 배려하지 않으면 상대는 자신의 존엄성을 뺏기고 있다고 생각할 수 있다.

우리 사회의 중요한 이슈 중의 하나는 저출산 문제다. 저출산으로 인해 당장 몇 년 뒤면 대학 입학 인원 20만 명이 감소하기 때문에 대학에 대한 평가로 구조조정이 시작되었다. 하지만 이 문제를 해결하기 위해서는 왜 젊은 세대가 결혼하지 않으려 하고, 결혼을 하더라도 자녀를 가지려 하지 않거나 한 명 정도로 계획하고 있는지를 먼저 파악해야 한다. 출산율을 높이기 위해 육아비 얼마를 지급하는 것이 도움은 될 수 있겠지만 근본적인 문제는 해결되지 않기 때문에 문제는 지속될 것이다. 문제는 젊은이들이 개인적으로 향유해야 할 자유의 공간과 시간이 박탈되는 사회구조에 산다고 느끼는 등 사회가 여러 가지 면에서 젊은이들의 불안을 가중시킨다는 데 있다. 경쟁은 있지만 상생은 없는 것 같고, 최소한의 어떤 것을 갖고 있지 않으면 사회에서 사람 구실을 할 수 없을 것이라는 주홍글씨와 같은 낙인이 찍힐 것 같으며, 어려서부터 사교육과 경쟁체계 속에 갇혀 힘들었던 경험을 직접 해 왔기 때문에 결혼을 하지 않거나, 자녀를 낳으려 하지 않거나, 한 명 정도로 만족하려는 것이다.

기술과 교육에만 집중해서 그 실적과 결과에 만족하는 것은 고작 10년 후의 미래만 내다보는 구조다. 청소년과 청년

이 발상을 전환하며 창업을 하는 등 새로운 미래를 살아가게
하기 위해선 사회에서 교육과 병행된 정서적 쉼과 놀이를 제
공해 주는 문화가 필요하다. 그래야 현실에 안주하지 않는다.

곰을 훈련시켜서 영화에 출연시키는 곰의 주인 겸 조련사
가 있었다. 일반 남자 성인보다 3배가량 큰 곰이 주인과 노는
장면을 보면 마치 부자가 함께 씨름 놀이를 하는 것처럼 보인
다. TV에 나온 장면은 주인과 곰이 서로 마주 보며 서로의 손
을 상대에게 걸친 상태로, 처음에 곰이 자신의 혀로 주인의
얼굴을 아래서부터 위로 훑어 주는 것이었다. 지저분하게 보
이기도 하겠지만 곰의 이러한 행위는 주인을 좋아한다는 뜻
이란다. 애완견도 주인이 좋을 때 주인의 얼굴에 같은 행동을
하곤 한다. 그다음에 이 행위 의식이 끝나면 곰은 다시 자신
의 입을 힘껏 벌리고 있고, 그 입안에 주인이 자신의 머리를
집어넣는다. 그리고 곰은 주인이 머리를 뺄 때까지 입을 하염
없이 벌리고 있는다. 이것 역시 곰이 주인에게 좋아한다는 것
을 보여 주는 의식이다. 이러한 주인과 곰의 행위를 본 사람
이 어떻게 신뢰하는 관계로 발전했는가에 대하여 물어 보았
는데, 주인의 한마디는 자신은 곰이 가진 존엄성(dignity)를
인정한다는 것이었다. 이렇게 사람인 주인이 동물에게도 존
엄성이 있다는 사실을 생각해서 그 곰을 존중해 주었기 때문
에 곰은 주인과 상생 관계로 들어갈 수 있었던 것이다. 동물
도 자신의 존엄성을 인정해 주면 주인에게 유·무형의 대가

로 보답한다. 사람은 동물 이상의 존재이기에 내가 존중받고 있다는 느낌을 받을 때 욕심보다는 바른 목적과 탐구의 정신이 발달하고, 그 결과물은 사회와 이웃에게 환원된다.

> 목적은 타인을 무례하게 대하지 않게 한다. 그리고 그들이 가진 고유성을 인정케 하며, 반대로 공동의 목표를 향해 일하는 사람들에게 협력하는 정신을 가지도록 촉진한다. 목적이 제시될 때 탐욕에 대한 추구는 탐구의 정신으로 바뀐다. 탐욕은 "나는 이것을 반드시 가져야 해. 나에게 줘"라고 말하게 하는 반면, 목적은 "재미있는데, 이것은 어디에 쓰이지? 어떻게 작동되는 거지?"라고 말하게 한다.[8]

놀이와 쉼을 통해서 공간과 시간을 가진 사람은 사회생활에서 탐욕이 아닌 바른 목적을 가지게 되는데, 이는 각 개인이 가진 고유성을 인정하면서 동시에 협력과 경쟁의 정신을 가질 수 있다는 것을 뜻한다. 우리가 사회나 개인이 불안하다는 것은 탐욕의 정신이 너무 팽배하기 때문이다. 외형적인 것으로, 소유함으로 그리고 몸으로 자신을 나타내려는 것은 나에게만 중심을 두고 있는 탐욕이기에 삶에 대한 진지한 통찰이나 신비성을 가지는 목적은 없고, 먹고 마시며 소유하는 것만이 자신을 나타낸다는 생각을 가지고 있다. 즉, 탐욕과 정복이 자신의 전부가 되는 것이다.

탐욕을 기반으로 한 성공과 성취가 사람을 보는 척도인 세상이 되어가다 보니, 혹자는 놀이의 공간을 외형적이거나 물질적인 것으로 생각할 수도 있다. 하지만 이것보다 더 우선이 되어야 하는 것은 놀이를 하는 주체가 느끼는 환경에 대한 안정감이다. 사람들을 만나서 이런 저런 이야기를 듣다 보면 제일 중요한 것은 부모가 정신적인 지주가 되어 주는가다. 이 부분이 많이 흔들리지 않고 최우선적으로 자리를 잡아준다면 그리고 사회구조가 법과 규범의 원칙을 가급적 흔들지 않고 모든 사람에게 올바르게 적용하려는 원칙을 세운다면, 개인과 사회는 질적으로 훨씬 더 좋은 삶을 만들 수 있을 것이다.

3. 마음의 집이 없는 사람들

하루에는 해 뜨는 시간을 포함한 오전의 시간대가 있고, 해가 정상에서 떨어져 저녁으로 향하는 오후의 시간대가 있다. 인생도 마찬가지로 오전이란 시간이 있고, 아무도 모르는 밤으로 향하는 오후라는 시간이 있다. 사람의 신체와 정신발달 단계로 보면 오전은 청소년과 청년까지의 시기라고 할 수 있다. 본격적인 오후는 중년부터 노년에 이르는 시기다. 인생오후의 시간은 인간이 태어나서 성장과 성숙의 과정을 거치고 나이가 들어 흙으로 돌아가는 과정을 누구나 겪게 된다는 것이 보이기 시작하는 시기다. 따라서 사람이 살아갈 때 오전과 오후를 다 볼 수 있는 지혜가 있다면 인생을 조금 더 행복하게 살 수 있을지도 모른다.

그러나 우리의 현실은 인생의 양면을 다 볼 수 있도록 만들어지는 것 같지는 않다. 대체로 인생오전에는 '성공과 성취'라는 것을 부모가 자녀에게, 사회가 국민에게 보이지 않게 강요하는 구조가 매우 심하게 형성되어 있다고 생각한다. 우리나라 직장인의 80%가 늘 피곤에 묻혀 있다는 통계가 있다. 그래서 이들을 위한 힐링산업이 각광받는 시대가 되었다. 이렇게 거의 모든 사람이 피곤에 묻혀 있다는 것은 우리의 삶이 성공과 성취에 대한 목마름으로 살아가는, 정말 처절한 삶의 현장이 되고 말았다는 것을 보여 준다.

영국의 아동정신과 의사였던 존 볼비(Bowlby, J.)는 인생은 일련의 소풍과 같아야 한다고 했고, 이 소풍이 되는 가장 중요한 배경에는 부모, 특히 어머니의 역할이 중요하다고 보았다. 물론 현대에서 이 말은 어머니만이 아니라 부모의 역할을 의미한다. 이 어머니의 역할은 자녀가 어떠한 상황에 놓여 있든지 일관성을 가지고 관심과 사랑을 보여 주는 것이다. 또한 이 관심은 어머니 입장에서가 아니라 자녀의 입장에서 느낄 수 있는 사랑과 돌봄이다. 즉, 자녀를 사랑하며 돌보는 데 부모의 성숙된 내공이 필요하다는 것이다. 그리고 이것이 아동의 성장과정에서 가장 중요한 요소라고 했다. 그래서 그는 정신과 의사로서 잘 사용하지 않는 '영적(spiritual)'이라는 용어를 저서에서 사용했는데, 아동이 성장하는 데 가장 필요한 '영적 자양분(spiritual nourishment)'은 '사랑과 즐거움(love & pleasure)'이라고 했다.9) 사랑과 돌봄은 그 어떤 외부적인 요소보다도 아동이 성장하면서 살아가는 데 평생에 중요한 영적 자양분이 된다는 것이다. 아동은 부모와 사회구조로부터 사랑과 돌봄을 받고 싶다는 생각을 가지고 있지만, 대부분의 부모는 외적인 조건인 물질이나 환경을 잘 제공해 주는 것이 부모의 중요한 역할이라고 생각한다. 하지만 이것은 다분히 상업주의 사회에 길들여진 부모의 편견이다. 부모나 사회가 성공과 성취에 집중적으로 물들어 있는 것은 자신이 경험한 '불안'과 상당한 연관이 있다. 이미 성공과 성취에 관한 불안의 경험이 많기 때문에 무의식적으로 자녀에게 희생을 강요하는 것이다. 만약 자녀가 자신의 뜻대로 움직이지 않거나 결과가 좋지 않았을 때 부모가 자녀에게 흔히 하는 이야기는 '내가 너희를 위해 절약하면서 얼마나 희생을 했는데'라는 말이다. 하지만 정작 자녀는 잘 변하지 않는다. 왜냐하면 부모가 말하는 희생은 자녀의 입장에서 한 것이 아니라, 자신의 해결되지 않은 욕구에 의해서 한 것이기 때문에 자녀에게 감동이 전해지지 않는 것이다.

필자는 10여 년 전에 지인으로부터 강아지를 입양했다. 요크셔테리어(Yorkshire Terrier) 종의 강아지는 작지만 꽤 볼품이 있는 강아지였다. 4살 무렵에 입양한 이 강아지는 10년 정도를 함께 했는데 짖지도 않고 주인과 즐겁게 노는 경우도 없었다. 집안에서 강아지를 위해 내가 한 일은 대소변 처리, 2주에 한 차례 목욕시키기, 사료 제공 등이었다. 나는 강아지 생존에 가장 중요한 것을 제공하고, 제일 어려운 일을 맡아서 해 왔다고 생각했다. 아내는 강아지 밥을 챙겨 주는 역할을 했다. 반면, 내가 보기에 아들 녀석이 한 일은 거의 없었다. 다만 학교 갔다 와서 강아지를 무릎에 앉혀 놓고 이야기를 하거나 같이 놀아 주는 정도였다. 그런데 가족이 모였을 때 이 강아지가 가장 선호하는 자리는 아들 옆자리였다. 아내와 나는 우리의 희생에 대하여 몰염치하게 애정을 보이지 않는 강아지를 원망했지만, 세월이 흐른 후에 깨달은 것은 우리가 강아지에게 한 일은 의무감에서 한 것이지 애정을 가지고 한 것은 아니었다는 것과, 아들은 적은 시간이지만 강아지와 진심으로 대화를 나누었다는 것이다.

이와 비슷한 예도 있다. 1950년대의 오래된 실험이지만 당시의 심리학자들은 먹는 것과 정신적 돌봄에서 어떤 것이 더 먼저일까 하는 호기심을 가지고 원숭이에게 실험을 했다. 실험의 목적은 과연 원숭이는 먹는 것을 제공하는 것과 돌봄 중에서 어떤 것에 더 관심을 가지는가를 보고, 이를 통해서 사람의 본능을 보기 위함이었다. 이 원숭이 애착 실험을 한 심리학자는 해리 할로우(Harlow, H.)인데, 그는 원숭이는 당연히 먹는 것에 더 많은 관심과 시간을 소비할 것이라 생각하였다. 하루 24시간을 우리에 집어넣어 한쪽에는 천으로 만든 원숭이 모양의 인형을 놓고, 다른 한쪽에는 나무와 철로 만든 원숭이 모양의 인형과 빨대를 놓아 우유가 공급될 수 있도록 하였다. 결과는 24시간 중 6시간은 우유가 공급되는 곳에 있었고, 나머지 18시간은 천으로 만든 원숭이를 안고 있었다. 동물에게 먹는 것도 중요하지만 정서적 유대감을 가질 수 있는 시간이 3배나 더 필요한 것과 같이 사람도 마찬가지일 것이다. 물질과 환경의 변화보다 우선되는 것은 정서적 지지다.

24개월 동안 어머니와 좋은 관계를 유지하고 있던 아동을 대상으로 한 실험이 있었다. 이 아동은 어머니를 대신한 대리인이 잘 키우고 있었고, 몇 개월 동안 매주 2회를 어머니가 아이를 보기 위해 방문했는데, 아동은 처음과 다른 이상행동을 보이기 시작했고, 방문마저 끊었을 때는 행동이 퇴행하는 현상이 발생했다. 그 현상을 존 볼비는 다음과 같이 설명한다.

> (아이는) 방구석에서 손가락을 빨며 몽상에 빠졌다. 성격은 매우 거칠고, 음식은 아주 적게 먹으며, 식탁 위에 음식을 흘리고, 누가 이유 없이 자신의 몸을 건드려도 아무런 반응도 하지 않았다. 유아와 같은 인상을 주었으며, 말을 거의 하지 않았고, 동료집단에 다시 들어갔을 때 아주 행복해하지 않았으며, 늘 말썽을 일으키고, 항상 도움과 위로를 필요로 하였다.[10]

부모로부터 공간적 · 시간적으로 어린 나이에 분리된다는 것은 정신적인 트라우마가 될 수 있고, 그것이 몇 살 때 시작되었고, 어느 정도의 경험이었으며, 그 경험이 얼마나 지속되었는지에 따라 어린아이에게 다양한 정신적인 상처를 남긴다.

전쟁은 아니지만 현대의 한국 사회에서 부모의 개인 상황과 사회가 주는 유 · 무형적인 강요에 의해 자녀에게 요구하는

것이 많다. 인류학적으로 자녀에 대한 부모의 기대는 17세기
부터 본격적으로 시작되었다고 본다. 이전에는 대부분의 아
이들은 태어난 후 생존확률이 적었다. 이 때문에 당시 사람
들은 부모의 기대와 관심이 자녀를 죽인다고 생각했다. 그러
고 보면 우리나라도 한때는 자녀를 낳고 자녀가 사망할 확률
이 높아서 죽을 고비를 넘긴 후에야 비로소 호적에 등록을 했
기 때문에 실제 나이와 호적 상의 나이가 차이가 나는 경우가
있었다. 그러나 의료시설의 발달, 식생활 등의 개선을 통하여
자녀의 사망확률이 낮아지자 현대의 부모는 자녀가 어린 나
이임에도 후기산업사회 구조에 적응하도록 여러 가지 요구를
했다. 현대에는 대부분의 부모가 자신의 자녀에게 어릴 때부
터 많은 기대를 한다. 특히 현대사회의 산업구조는 가족과 떨
어져 혼자 직장을 다니는 경우가 많기 때문에 가족이 분리되
는 것을 방지하고, 가족이 한 장소에 안정되게 머무르기를 원
한다. 따라서 자녀가 안정된 직업을 갖길 원하고 그러한 직업
을 가지기 위하여 강조하는 것이 '교육'이기에, 교육에 대한
열망이 매우 커진다.[11] 결국 교육은 성공과 출세에 대한 것이
다. 성공과 출세의 확률을 높일 수 있는 것이 교육이라고 생
각해서 교육에 집중투자를 하는 것이 현실이다. 그래서 부모
는 이러한 욕망을 가지고 자녀가 어린 나이임에도 너무 많은
것을 요구한다. 따라서 아동과 청소년은 현대의 말라버린 감
정구조와 비인간적인 사회구조를 직면하면서 분노를 느끼게

된다.[12] 그리고 아동과 청소년은 이러한 압박 구조가 심할수록 더 반항적인 행동과 사고를 사회에 표출시킨다.

청소년이 가출을 해서 무리 지어 사는 집단을 '가출 팸(family)'이라고 하는데 통계상으로 우리나라에는 대략 20만 명 정도가 된다고 한다. 하지만 이 수치는 통계상일 뿐 실제로는 더 많은 수의 가출팸이 있으리라 생각한다. 가출하게 된 다양한 이유가 있겠지만 그중 공통된 이유는 자신의 현재 가족, 특히 부모로부터 정서적인 지지를 받지 못하고 신체적으로나 정신적으로 학대를 심하게 당했다는 점이다. 사람에게는 외형적인 건물의 집도 중요하지만, 더 중요한 것은 정서적으로 좋은 유대관계를 가질 수 있는 마음의 집이다. 정서적으로 안정이 되면 외형적인 집이 누추하다 해도 아이는 정신적으로 건강하고, 집을 떠나는 일이 없을 것이다.

사람에게 사회성이란, 내가 하고 싶은 것이 있지만 사회적 약속을 위해 하고 싶은 것과 그것을 했을 때의 만족을 지연시킬 수 있는 기술이다. 이 훈련이 잘 되어 있지 않으면 사회적응에 곤란을 겪게 된다. 하기 싫은 것을 하지 않고, 하고 싶은 것을 하는 것만으로 보면 동물과 인간의 차이는 없다. 동물은 자신의 본능적 욕구에 철저히 따르고, 그 본능에 따른 행동에 대하여 후회나 반성과 같은 작용은 하지 않는다. 맹수는 배가 고프면 들판에 뛰어다니는 약한 먹잇감을 죽여서 시장함을 해소하지만 먹잇감을 살해한 것에 대한 도덕적 갈등이나 양심의 가책은 가지지 않는다. 그저 본능에 의한 행동이기 때문이다. 이렇게 동물은 본능만 계속 되풀이하기에 과거에서 현재까지 그렇게 해 온 것처럼 앞으로 수천 년, 수만 년이 지나도 큰 변화가 없을 것이다. 인간이 동물과 다르게 문화를 형성할 수 있는 이유는 동물적 본능에 대한 참을성과 후회와 반성 그리고 새로운 행동이 있기 때문이다. 그리고 사람이 본능에 따른 행동 욕구에 대해서 참을성을 가질 수 있는 가장 중요한 요소는 정서적으로 안정된 부모와 사회를 통한 학습과 교육이다.

필자는 한 강연에 참석한 초등학생들과 함께 이야기할 기회가 있었는데, 그때 다음과 같은 질문을 해 보았다. "아침에 학교를 가야 하는데 밖에 비가 너무 많이 내리고 있어요. 그럴 때 학교에 가고 싶어요, 아니면 가고 싶지 않아요?" 초등학생들은 이 질문이 끝나기도 전에 이구동성으로 "가기 싫어요"라고 대답해서 다른 청중들이 한바탕 웃은 적이 있다. 대다수의 아동은 비가 많이 오는 날이면 학교에 가기 싫은 마음을 가지는 것이 정상이다. 그러나 그 옆에서 아동을 지지하며 학교에 데려다 줄 수 있는 부모가 있어서 아동은 본능적으로 자신이 하고 싶지 않는 일도 해야 한다는 의식을 서서히 가지게 되는 경험을 하는 것이다.

K는 참으로 슬픈 인생을 산 소녀다. 어린 시절부터 가정불화로 인해 몇 년간 부모와 헤어져 할머니 밑에서 성장을 했

다. 다른 형제들은 부모 밑에서 성장했지만, 막내인 그녀는
집안의 경제적인 이유와 정서적인 이유로 부모, 형제들과 헤
어져 살아야 했던 것이다. 할머니의 보호 아래 성장했지만,
나중에 자녀가 부모 품으로 돌아왔을 때는 두 가지 딜레마에
빠진다. 첫째는 할머니의 양육방식과 달라진 부모의 양육방
식으로 인한 혼란과 적응의 어려움이고, 둘째는 할머니의 가
치관에서 부모의 가치관으로 옮겨 오는 데 빠지는 혼란이다.
K는 불행히도 돌아온 현 부모와의 관계가 최악이었다. 특히
아버지의 술주정과 구타가 계속되었고 이로 인한 불안구조
는 K의 학교생활까지 지속되었다. 가족이 주는 정서적 안정
은 아동의 불안을 잠식시키고, 지적인 호기심을 가지게 하며,
학교 생활에 능동적으로 임할 수 있게 하고, 정서적으로 마음
의 집을 만들게 하여 내외부에 방어벽이 생기게 한다. 그러나
정서적인 쉼터가 되어야 할 가족으로부터의 위협은 사춘기를
맞이하는 아이들에게 자신의 살길을 찾아 가출을 감행하게
만든다. 과거 할머니와의 환경 그리고 현재 부모와의 정서적
충돌과 신체적 폭행으로 인한 학교생활의 부적응은 K를 잦은
가출로 이끌었다. K는 결국 가출팸과 어울리게 되었고, 마침
내 비행의 구렁텅이에 빠져 전과자가 되었다. 그리고 자신의
비행으로 피해를 입는 사람들의 절규를 자신의 몸을 스스로
가학함으로써 망각하려고 했다. 십여 년 동안의 거친 자학적
인 생활로 인해 몸은 병들어 갔지만 돌봐 줄 사람이 없어 병원

에서 죽어가는 그녀가 마지막으로 한 말은 "집에 가고 싶다" 였다. K에게 집은 자신을 떠나게 했지만, 여전히 돌아가고 싶은 정신적인 원형(archetype)이며, 고향이기 때문이었다. 또한 자신을 학대하고, 정서적 기반을 무너트린 가정이었지만, 회복하고 다시 찾고 싶은 마음의 고향인 집이기 때문이었다.

우리가 살아가는 현대문명에서는 외형적인 집이 정말 필요하다. 그러나 이 외형적인 집보다 우선되어야 하는 것은 정서적 기반이 갖추어진, 특히 부모가 마련해 주는 마음의 집이다. 왜냐하면 마음은 외형적인 건물보다 먼저 있는 것이기 때문이며, 외부환경을 변화시키는 힘이 있기 때문이다. 이 마음의 집을 짓지 못하고, 마음의 집이 우선하지 못하면 크거나 호화스러운 외형적인 집을 갖더라도 만족을 모르고, 오직 크기와 호화스러움으로 나와 가족과 타인을 평가하는 가치를 가지게 되며, 오만과 편견 속에서 불행을 자초하면서 살아갈 수 있다.

소풍이 소풍답고, 여행이 즐거울 것이라고 예상할 수 있는 이유는 그 모든 것이 끝나고 돌아갈 집, 나를 수용해 주는 집이 있기 때문이다. 반대로 나를 반겨 줄 집이 없다면 인생은 소풍과 여행이 아니라 힘겨운 노동과 같을 것이다. 필자는 유학시절을 마감하고, 한 해를 같은 분야의 직업을 가지면서 미국에 체류할 계획을 가지고 학교당국과 협의하여 필요한 서류를 제출한 적이 있다. 그러나 유학생 신분이 다 끝나고, 근로자 신분으로 학교에 가서 확인한 결과 사무원의 실수로 서류가 제날짜에 접수되지 않았다는 것을 알았다. 물론 이후에 학교가 조치를 취해서 불이익을 당하지 않았지만, 그 처리가 되기 전까지 나는 어디에도 속하지 않는 사람이었다. 한국으로도 돌아갈 수 없는 상황이고, 미국에서도 문제가 합법적으로 해결되지 않은 상태여서 나는 과연 어디에 속한 사람인가라는 고민에 빠진 적이 있다.

우리는 예전보다 더 좋은 시설, 음식, 환경 그리고 교육수준을 가지고 있고, 국가의 경쟁력도 선진국에 비길 수 있는 힘이 있지만, 우리 사회에 그리고 가족에게 그 어떤 것보다 먼저 확고히 있어야 할 마음의 집이 어떤 상태에 있는지 확인해 보아야 한다. 우리 모두가 돌아가야 할 마음의 집에 관심을 가지지 않는 것은 너무나 많은 경쟁과 풍요로움이 그 이유일 수도 있다.

4. 책임의 회피와 자유의 유혹

고인이 된 심리학자 스콧 팩(Peck, S.)은 인생을 고난의 연속이라고 정의한다. 인생은 어려움이 지속되는데 고난을 헤쳐 나갈 수 있는 자신에 대한 훈련(discipline)이 필요하다. 자신에 대한 훈련이란 자유와 책임에 대한 경계선에서 가지는 훈련이다. 어차피 인생의 모든 일에는 선택이 있는데, 선택을 할 때는 나의 자유를 먼저 생각할 것인가, 아니면 책임을 먼저 생각할 것인가에 대한 문제가 생긴다. 그래서 현대인에게 가장 큰 문제는 자유와 책임에 대한 것이고, 이 중에서도 우리가 본능적으로 추구하는 자유에 대한 편식으로 인해 책임을 지기 어려운 개인이 되어 간다.

과거 봉건적이고 가부장적 사회문화에서는 짜여진 큰 틀 안에서 내가 속해 있는 사회가 굴러가고, 나는 그것을 따르기만 하면 되는 구조였지만, 개인이 중요시되는 현재는 그 큰 틀이 없어짐에 따라 개인이 자유와 책임에 대한 결정을 해야 하고, 그 결과를 자신이 책임져야 하는 상황이다. 하지만 현대인의 많은 문제는 자유의 방만함으로 책임지기 어려운 습성에 노출되어 있다는 것이다. 인간관계와 사회생활에서는 내가 참아야 하고, 책임져야 할 일이 많은데 이것들을 감당하기에 정신적으로 너무 어려운 것이다.

현대인에게 책임을 진다는 것은 고루한 것일 수 있지만, 책임 없이 자유는 있을 수 없다. 책임을 자유와 분리해서 이분법적으로 '책임은 고루한 것이고, 자유는 좋은 것이다'라고 말하는 것은 정말 짧은 안목, 눈에 보이고 만져지는 것만을 생각하는 매우 근시적인 생각이다. 물론 너무 책임만을 이야기하는 것도 문제가 있다. 그래서 자유이든 책임이든 어느 한쪽만을 지나치게 강조하는 것은 사람의 균형을 잃게 한다. 너무 자유만을 추구하다 보면, 구조적인 사회생활이나 책임을 져야 하는 가족제도나 단체생활에 적응하기가 매우 힘들다. 그렇다고 책임만을 너무 강조하다 보면 책임에 시달린 억압된 사람이 될 것이다. 그래서 책임과 자유는 불가분의 관계이고 항상 이 두 가지를 동시에 보는 사람이 건강하다. 그리고 가급적이면 우선 자신이 먼저 해결해야 할 책임을 선택하는 것이 사회성 발달에 좋다.

예를 들어, 청년이 결혼을 하면 처음부터 집이나 혼수장만을 너무 크게 하기보다는 규모에 맞게 준비하는 것이 슬기롭다. 그리고 꾸준히 노력해서 세월이 지남에 따라 조금씩 파이를 키워 나가는 것이 결혼생활의 맛 중의 하나라고 할 수 있다. 그러나 처음에 크게 집을 장만했는데 가정에 일이 발생하여 집 규모를 줄여야 할 때면 줄이는 것이 그렇게 쉽지는 않다. 그래서 쓴 것을 먼저 취하고 단 것을 나중에 먹는 것이 살아가는 지혜다. 만약 맛있는 사과와 정말 맛없는 사과를 다 먹어야 한다면 자유와 책임의 논리에서는 맛없는 사과를 먼저 먹는 연습이 필요하다. 맛있는 것을 먼저 먹다가 후에 맛없는 것을 먹기가 쉽지 않기 때문이다. 즉, 작은 것에서부터 시작하는 훈련이 필요하다. 이 점에서 자유라는 것은 책임을 지는 사람이 갖는 열매다. 이 둘을 따로 생각하는 것이 바로 현대인이 가지는 병일 수도 있다.

의사들은 우리 몸은 언제든지 병약해질 수 있는 질병에 걸릴 가능성을 가지고 살아간다고 한다. 혹 어떤 사람이 독감에 걸려서 병원에서 치료를 받고 며칠 후 회복이 되었다는 것은 그 사람 몸에서 병원체가 없어졌다는 의미가 아니라, 이제 그 사람의 몸과 정신에 병원체와 싸워서 이겨 낼 수 있는 항체가 형성되었다는 것이며, 이것이 치료의 정의다. 사람은 선하게 될 가능성과 악하게 될 가능성이 있다. 마치 건강한 몸에도 잠재적으로 병들게 될 요인들이 있는데 자신의 몸과 신체를 어떻게 관리하느냐에 의해 건강하거나 병에 걸릴 수 있는 것과 같이 우리도 중립성을 가지고 있지만 나의 의지를 어느 곳에 두느냐에 의해서 선하거나 악하게 될 수 있는 것이다. 이러한 관점에서 마틴 부버(Buber, M.)도 우리가 선한 것을 추구하지 않으면 악해질 수 있다고 했다. 악은 없애는 것이 아니라 개인과 사회가 선한 목적을 가지고 살아감으로 악에서 멀어질 수 있는 것이다. 앞의 두가지 비유에서 우리가 생각할 수 있는 것은 살아가면서 항상 두 가지의 상반되는 선택 사항들이 우리 앞에 놓여지는 데 우선적으로 지향해야 하는 것이 있다는 것이다.

예를 들어, 결혼제도 중 일부일처제는 인간이 이 땅에서 좀 더 합리적으로 살아갈 수 있게 하는 제도다. 현재의 결혼제도는 완벽하지는 않지만 그래도 인간이 살아가는 데 있어 가장 합리적인 제도일 것이다. 이것이 가장 좋은 것인지는 모르겠지만, 가족이 형성되고 책임을 잘 수행하는 데 있어서는 이 제도가 인류의 진화 가운데 선택된 가장 합리적인 제도라는 말이다. 만일 일부일처제에서 쌍방이 책임을 지려 하지 않고, 자유만을 추구하거나, 부모와 자녀 간에서도 어떤 책임이나 개인의 자유를 보장하는 규칙 같은 것이 없다면 가족 긍정적인 공동체의 형성은 어렵다.

자유라는 것은 참 좋은 것이다. 그러나 자신을 통제하지 않고 성찰과 반성하지 않는 자유는 자신에게 피해를 주고, 결국 타인에게도 피해를 줄 수밖에 없다. 그래서 사람의 인생이라는 것은 자신을 절제하는 기술, 자신의 이기성과 쾌감을 누리려는 것을 연장하는 훈련이 있어야 한다. 젊음은 활력과 자유를 갖고 있다는 장점이 있지만 사람은 나이가 들어가면서 그 나이에 다가오는 환경과 생의 주기를 수용하고 성숙해 가는 것은 더 중요하다. 계속 젊음에 머물려고 하거나, 계속 젊음을 유지하려는 욕구들은 책임을 지지 않으려는 사람이 하는 행동이기 때문에, 스스로가 책임을 회피하여 얻은 그 자유는 언젠가는 개인을 옥죄는 요인이 될 것이다.

무조건 느끼는 대로 행동하고, 말하고 싶은 대로 말하고, 내가 하고 싶은 대로 다 한다는 것이 자유이고 좋은 것처럼 보일 수 있겠지만, 또 다른 축인 책임에 대해서 느끼지 않고 자신의 입장에서만 생각하고 행동하는 것은 방종이다. 그리고 결국 그 자유로 인해 개인이 피폐해지며, 그 자유는 '악' 이 될 가능성이 크다. 잘생긴 사람이나, 물질적으로 너무 풍요로운 상태에서 태어난 사람이 자신이 가진 것을 절제하는 힘이 없다면 그것은 결코 복이 아니다. 이러한 조건에서도 자유와 책임에 대한 것을 잘 배울 수 있다면 좋겠지만, 자신이 가진 장점을 절제할 수 있는 힘이 없다면 결국 외모, 재산 등의 호조건이 그 사람을 망하게 할 수 있다. 그래서 사람이 사회생활과 가정생활에서 가져야 하는 원칙은 자신이 우선적으로 선택하여 가지려는 만족을 지연시키는 연습을 꾸준히 해야 한다는 것이다. 나의 편리함을 추구하려다 나타나는 이기성을 조금씩 참아가는 훈련이 필요하다는 것이다.

지금도 전후방에서 수고하는 군인이 많이 있고, 필자도 군에 있던 시절이 기억에 많이 남는다. 특히 모든 것이 송두리째 뺏긴 것과 같은 환경의 훈련병 시절엔 하루하루가 정신적으로, 신체적으로 힘든 시기였다. 훈련을 받는 강도가 점점 심해지다 보니 옆에 있던 동기가 무릎 관절에 이상이 왔다. 11월 중순경에 입대를 했으니, 늦가을의 바람은 더 차가운 것 같았고, 마음은 불안했다. 새벽에 일어나 정신없이 정리하고 훈련 장소로 뛰어갈 때마다 그 동기는 의무실에 앉아서 몸조리를 했는데, 그 모습을 볼 때마다 부러웠다. 빼앗긴 자유, 억압된 환경, 친밀한 사람과 익숙했던 환경으로부터의 고립이라는 상황은 자유를 누리고 싶은 향수로 가득했다. 부상을 당한 동기는 부대 내에서 치료가 되지 않자 국군통합병원으로 후송이 되어 치료를 받다가, 더 이상 무릎을 사용하는 것은 무리라는 판정을 받아 제대를 하였다. 군 입대한 지 3개월만에 일어난 일이었다. 이 때문에 부대가 발칵 뒤집혔다. 나도 심리적으로 동요했다. 나는 30개월을 더 지내야 하는데 그 친구는 3개월만에 제대라는 계산은 공황과 같은 충격이었다. 앞으로 남은 30개월은 올해 달력을 다 넘겨도 제대 날짜가 나오지 않는 먼 시간이었고, 두 해가 지나고 나서야 달력에 제대 날짜가 보인다는 것은 상상할 수 없는 암울한 미래였다. 한겨울에 눈 덮인 들판을 걷고 뛰면서 저만치 아주 먼 거리의 농가에서 피어나는 장작불 냄새에 향수에 젖고, 눈 가득한 농지를 헤집고 다니는 개들을 보면서 내가 차라리 저 개라면 좋겠다는 생각도 해 보았다. 이렇게 저렇게 동료들과 희로애락하는 동안에 인내의 시간은 거침없이 지나가 버렸고, 군생활을 3분의 2정도 했을 때 내 마음에 밀려온 생각이 있었

다. 모진 세월을 견디어 온 내가 자랑스럽기 시작했다는 것이
다. 일찍 제대한 친구가 그때는 그렇게 부러웠고, 나도 내 몸
에 어떤 결격이 있어 제대를 했으면 좋겠는데, 몸이 멀쩡해서
훈련을 받는 나를 보며, 나는 참 재수가 없다는 생각을 한 적
도 있었다. 그러나 군 생활 중반 이후 나는 더 이상 어떤 것
도 부럽지 않았다. 이런저런 정신적이고 신체적인 어려움이
있었지만 잘 인내한 내가 그저 자랑스러웠던 것이다. 아마 그
마음은 인내 속에서 건진, 책임 속에서 찾아낸 자유였을 것이다.

　몇 해 전 군 상병 때 여자친구 문제로 탈영을 했다가 20여
년 간을 숨어 지내던 사람이 자수를 한 사건이 있었다. 여자
문제로 탈영한 이 사람은 여러 가지 상황에 의해 책임을 저
버리고 자유를 찾겠다고 나왔던 것이다. 그러나 탈영한 20여
년 동안 그는 탈영병으로 쫓기는 신세가 되었고, 모든 것에
제약되어 일상적인 활동을 할 수 없게 되었다. 탈영병으로 숨
어 살아야 했기 때문에, 주민증부터 시작하여 취업, 보험 등
을 다 활용할 수 없어 20여 년간 자신을 숨기며 살아야 했다.
책임을 포기하며 얻으려 했던 자유가 오히려 자신을 속박하
는 도구가 되어 버린 것이다. 도피 후 20여 년이 지난 40대
초반에 그는 자수를 했다. 군에서는 훈련 기간이 1년 더 남았
지만 40대에 자수한 사람이 1년 동안 군대에서 훈련받는 것
이 불가하다고 생각하여 3개월만 군 생활을 하도록 했고, 대
신 3개월간 군 장병들을 대상으로 자신의 탈영이 어리석은

것이었고, 탈영을 하면 자신처럼 비참해지니, 병영생활에 충
실해야 한다는 내용의 강연을 해야 하는 임무를 주었다고 한
다. 마치 이 탈영병처럼 우리는 지금까지 하지 말았어야 하는
일들을 하고 나서 많이 후회한 적이 있으며, 해야 할 일들을
자유의 방만함으로 도피시켜 버린 경험이 있어 후회한 적이
한두 번이 아닐 것이다.

> 인생은 많은 즐거움이 있을 수 있기에
> 청년들의 정체성에 대한 필요조건은
> 먹고, 마시고, 성적으로 즐기는 것이다.
> 물론 이 쾌락의 철학은 인간 삶의 관점에서 보면
> 믿을 수 없을 정도 단순하다….
> '활기차게 살아가는 삶'은
> 유행에 따른 옷, 음식과 술, 영화, 음악과 책이 있는
> 풍요로운 사회에 의해 제공되는
> 쾌락의 자기중심적 추구를 의미하는 것으로 나타난다….
> 근본적으로 인간은 소비자이며,
> 그의 소명(vocation)은
> 자신이 즐길 수 있는 소비를 극대화하기 위하여
> 일과 사람을 조정하는 일이다.
> 이것은 인생이 만족을 누리는 연속적인 순간들을 위하여
> 조건을 제공하는 것 외에

어떤 진지한 것에도 헌신하지 않으려는 것이며,

만족은 단순하고 천박한 방법으로 이해가 된다.[13]

페리 레페브레(Perry LeFevre)

최고의 전성기를 지냈던 1970년 후반의 미국 사회를 관찰한 한 학자는 당시 사회는 섹스, 술, 유행, 음식과 영화에 빠져 먹고 마시는 풍토가 만연해 있다며 이를 지적했다.[14] 1970년대 미국 사회를 본 그의 글은 마치 오늘날의 한국 사회의 문화경향을 말하는 것과 비슷하지 않을까라는 생각을 해 본다. 술, 옷과 음식, 영화, 노래와 인생을 즐기는 것이 삶의 중요한 목적이 되어 가고 있다. 오늘날 한국 사회는 진지한 것에 흥미를 잃어 가고 헌신을 하지 않으려는 사회현상을 보이며, 모든 것을 매우 단순한 방법과 천박한 방법으로 이해하려는 사회구조가 만들어지고 있는 것은 아닌지 모르겠다. TV 방송국의 대부분 프로그램이 연예인들의 신변잡기나 재미 위주의 내용으로 가득 차 있다. TV 프로그램은 재미라는 대중성만이 아니라, 프로그램 안에서 보이지 않게 전문성을 다루면서 대중에게 진지성을 제공해 줄 수 있어야 한다고 본다. 하지만 우리는 이런 것이 너무 결핍된 문화 속에 있지 않는지 우려되기도 한다. 마치 이러한 우려는 혹 조지 오웰(Orwell, G.)의 수필 『유원지(*Pleasure Spots*)』에서 설명한 것과 같은 상황이 아닐까 생각해 본다. 음악과 등불이 계속 켜

져야 하는 이유는 지금 우리가 어디에서 무엇을 하고, 어디로 향하고 있는지에 대한 삶의 진지성을 직면하면 너무 고통스럽기 때문일 것이다.

> 등불은 꺼지지 말고,
> 음악은 항상 연주되어야 한다.
> 그래야 우리가 어디에 있는지 알지 못할 테니,
> 음침한 숲 속에서 길을 잃은 우리.
> 어둠의 공포에 질린 아이들은
> 행복과 선함을 전혀 알지 못한다.

우리는 속박을 싫어하고, 속박 자체를 너무나 무리하게 하거나 강제당했기에, 충동적 자유를 만끽하려는 시대에 살고 있다. 그러나 규범과 자제력이 없는 자유가 얼마나 개인, 가정 그리고 사회에 악을 미치는지 여러 가지 사건을 통해서 익히 알고 있다. 자본, 물질은 좋은 것이지만 그것을 바르게 사용할 수 있는 정신세계가 없다면 그 자본은 천박한 방법으로 사용된다. 그 어떤 시대보다 개인의 자유를 마음껏 누릴 수 있는 시대와 문화를 만나고 있지만, 그 자유행동에 대해 책임을 회피하는 것은 자신을 악의 구조에 노출시키는 것이다. 반대로 과도한 책임만을 강조하는 분위기의 억압된 구조는 서투른 자유를 추구하게 하여, 또다시 자유로부터 도피하게 한다. 책임만을 강조하는 억압된 구조 속에서 서투른 자유를 추구하는 것은 나를 항상 초라하게 생각하게 하고 상대는 너무 큰 존재로 생각하게 만들기 때문이다.

5. 불안의 회오리

Y는 명석한 사람이다. 따라서 모든 일을 잘 처리하며 완벽하게 하려고 했고, 동시에 무엇이든지 완벽하게 끝내려고 했다. 거기에다 일에 대한 열정도 대단했으며, 그 넘치는 에너지는 가히 또래와는 견줄 수 없을 정도였다. 그리고 그는 자신 안에 정숙함과 교양을 갖추려고 노력했는데, 이상하게도 이러한 것이 아주 어색하게 느껴졌다. 그는 일할 때마다 자신보다 나은 사람에게는 극진한 태도를 보였지만 상대적으로 자신보다 낫지 못한 사람에게는 자신도 모르게 차별적인 행동을 하는 모습이 노출되었다. 그러면서도 자신이 가진 것에 대해서는 어느 정도 이상 노출하지 않았고, 거의 완벽하게 자신을 포장하며 생활하는 것 같았다. 이렇게 열성을 다하면서 자신의 약점은 가급적 노출시키지 않으며 완벽한 사람이 되려는 꿈을 꾸는 사람 같기도 했다. 자신을 방어하며 노출을 심히 꺼리던 그의 문제는 어린 시절부터 형제와의 비교 속에서 싹트기 시작했다. 즉, 그 내담자는 다른 형제들에 비해 열등감을 많이 가진 사람이었다. 특히 손위 형제가 매우 뛰어난 사람이었다. 학교와 집안에서 그 형제는 인정을 받는 반면,

자신은 여러 가지로 뒤처져 있었다. 이 때문에 자신이 선택한 것은 부모에게 인정받기 위해 집안의 허드렛일과 같은 것을 도맡아 하는 것이고, 이런 일을 할 때마다 부모로부터 칭찬을 받았으며, 그에 익숙해졌다. 그래서 지금도 이렇게 일하는 것이 익숙하다. 그러나 자신의 내부는 강요당하는 것 같은 희생에 늘 불편했으며, 완전체를 꿈꾸는 비현실적 신념으로 늘 어두워졌다.

그는 사람을 사귀더라도 자기보다 나은 사람과 어울리는 것을 좋아했고, 무의식적으로 그렇지 못한 사람을 향해서는 행동이 미묘하게 변하였다. 늘 자신에 대해 만족하지 못한 것은 초조함과 불안으로 변했고, 그 불안은 자녀들에게 아주 명확하게 투사가 되었다. 누구나 불안이 있고, 콤플렉스가 있지만 이 불안에서 오는 콤플렉스를 제대로 이해하고 수용하지 못하면 우리는 콤플렉스에 의해 좌지우지되는 사람이 되고만다. 이렇게 되면 자녀에게 성심껏 다 해 준다고 생각하지만 자녀는 전혀 감동이 없다. 만일 우리가 가진 불안이 정상적인 것인지 신경증적인 것인지를 판가름하려면 자녀로부터 판단을 받아보는 것도 좋은 방법일 것이다. 부모는 자녀에게 모든 것을 다해 준다고 생각하는데 자녀는 전혀 그렇게 느끼고 있지 않다면 그것은 부모의 불안에서 오는 콤플렉스를 가지고 자녀를 양육하고 있다고 보면 된다. 불안에서 오는 콤플렉스를 통한 열정을 자녀가 좋게 받아들이지 못하는 이유는, 그것이 부모의 욕심에서 시작하는 것이지 자녀의 입장에서 시작하는 것이 아니라는 것을 자녀도 느끼기 때문이다.

L은 주변 사람들이 정신과에 가서 진단을 받아보라고 권유할 정도였다. 하지만 정작 자신은 주변 사람들이 이상하게 여긴 것만큼 심각성을 느끼지 못했다. 병원도 갔으나 뚜렷한 증상을 발견하지 못했다. 그는 잦은 부부싸움을 하며, 대인관계 그리고 특히 자녀에게 거칠게 요구하는 경우가 많고, 자녀에게 특정 직업 갖기를 강요하는 것으로 충돌이 많이 발생했다. L은 집안의 막내로 성장하였다. 부모는 소위 엘리트 출신이고 형제들도 마찬가지였다. 그러나 자신은 집안에 남자로서 생활하고 있지만, 학창시절부터 형제들이 치고 달리는 수준까지 따라 가기는 엄두가 나지 않았다. 부모도 이런 자신을 근심을 가지고 지켜보는 것 같았다. 무엇인가 인정을 받아야 했지만 인정을 받을 수 있는 것은 아무것도 없었다. 엘리트 집안에 태어났지만, 인정받지 못한 존재로서 학창시절을 보냈다. 부모의 인정을 받고 싶었지만, 부모가 하는 말이 다 자신을 원망하는 것처럼 들렸다. 늘 주변에는 자신이 자란 환경의 유복함과 형제의 유능함을 자랑하듯이 말하고 다녔지만 자신 안의 허망함은 가시질 않았다. 자기 안에 있는 이 불안의 콤플렉스는 유독 일터에서 만나는 사람들과 특히 가족에게 적나라하게 표출되었다. 자녀에게 자신의 형제들이 가진 특정 직업을 가질 것을 강요했으나, 이 분야에 재능이 없는 자녀는

어릴 때부터 혹사당했고 자녀가 사춘기를 맞이하면서부터는 전쟁을 치르고 있었다. 그의 행동과 사고에는 어린 시절부터 가정환경에서 시작된 콤플렉스가 작용하고 있었던 것이다. 그리고 그는 그것을 재해석할 수 있는, 다른 각도에서 바라볼 수 있는 힘이 없었다.

불안은 사람에게 문제를 발생케 하는 가장 중요한 원인이다. 불안은 신경증적 불안과 정상적인 불안으로 나뉘는데, 신경증적 불안의 원인에 대한 명확한 이유는 성장과정에서 발생된, 특히 부모와의 관계에서 발생된 콤플렉스가 주된 원인이며, 이것으로 인해 자신이 인정되지 않고 수용되지 않는다는 것이 '무의미(meaningless)'로 연장된 것이다. 이 '무의미'에 대한 생애 최초의 기억은 부모의 일관된 정서양육의 실패에서 온다. 좋은 외적 조건은 다 갖추고 있지만 정서적으로 공급되어야 하는 의미가 부재하기 때문이다. 그래서 이 신경증적인 불안에 갇혀 있는 개인과 사회는 외부적인 조건을 통해서 자신의 정체성을 나타내려고 한다. 더 많은 물질, 명성 그리고 외부적 요인을 획득하려고 한다. 신경증적 불안은 외적인 사실들을 통해 개인이 침체에 빠지게 되는 원인이 되지만, 핵심은 죽음불안이다. 즉, 내가 사라질 것 같은 불안이다. 성장과정에서 돌봄의 기본으로 성장을 체험하는 사람들은 오히려 정상적인 불안을 통해서 사람의 한계를 수용하는 존재론적인 불안을 경험하여 개인이 생활하는 데 있어 동반자가 될 수 있지만, 신경증적 불안은 이러한 기저가 되는 것들이 무너져 외부적인 요소로 자신을 평가하는 신경증에 빠지게 된다. 그래서 계속 무엇인가를 해서 이 불안을 달래야 한다.

대학생들에게 자신이 가진 어린 시절 기억 중에 가장 행복했던 순간들을 말해 보라 하면 거창한 것이 아닌 부모님과 정답게 이야기하면서 저녁식사를 하는 것과 같은 풍경 등을 이야기하곤 한다. 신경증적 불안의 주된 핵심인 무의미는 성장 과정 그리고 그 이후라는 인간의 본연적 핵심에 추억과 즐거움을 남길 만한 기억이 없다. 부모를 비롯해서 주변의 환경이 자신을 질식시키는 듯한 환경이기에 어린 아이는 그 환경에 적응하며 생존하려고 발버둥치는 과정에서 개인에게 익숙한 불안이 형성된다.

생명의 태동은 공간과 시간이 있어야 한다. 우주의 생성과 활동도 공간과 시간이 있어야 한다. 그래서 공간과 시간은 사람에게 운명이고 숙명이기도 하다. 내 공간과 시간이 마련되면 거기에 내가 앉아서 일하고 쉴 수 있는 '의자'를 가질 수 있게 된다. 비록 이 의자도 미래에 다른 사람에게 물려줄 의자이지만 당장 지금 현실에서도 필요하다. 결국 사람이 살아가는 것은 자신의 공간과 시간을 가지면서 살아가기 위한 것이라고 생각된다. 우리는 평생 땅과 건물이라는 공간을 차지하기 위해 열심히 일해서 물질을 모으고, 그것으로 안정된 나만의 공간을 확보하려고 한다. 그런데 이 시간과 공간은 사람이나 외부 환경에 의해서 너무 조여 오면 사라져 버린다.

필자는 몇 해 전 호주에서 지인을 만난 적이 있다. 한국과 계절이 반대인 호주의 한 음식점에 초대를 받았는데 당시 그곳은 화창한 봄날이었다. 그리고 그곳에서 바라본 한적하지만 잘 어우러진 자연과 건물 그리고 틈틈이 균형을 맞추어 주는 사람들이 한가롭게 산책하던 광경이 아직 눈에 선하다. 커다란 나무 아래와 풀밭 사이를 애완견을 데리고 자연스럽게 산책하는 노부부의 모습은 주변의 건물, 다른 사람들 그리고 자연과 적당한 공간을 유지하였고, 그 사이로 불어오는 봄바람은 각각을 나타내 주면서 서로 조화를 이루었다. 모든 것은 각자 있는 것 같지만 서로 어우러져서 하나의 완성된 그림을 보여 주었는데 그 광경을 잊을 수가 없다. 이러한 점에서 적합한 공간과 시간의 조화는 종교적 영성이며 생명 그 자체이기도 하다.

자연과 사람 사이의 공간이 자연스럽게 존재하는 것이 자연과 인간이 함께 호흡할 수 있는 것처럼 사람과 사람 사이도 마찬가지다. 사람과 사람 사이가 좋으려면 '따로 또 같이'라는 명제를 가지고 살아야 한다. 특히 가족 간에도 마찬가지다. 부모가 자녀의 개인적인 공간을 존중하지 않고 자녀를 간섭하거나 침해하면 자녀의 공간은 무너진다. 같이 하는 공간과 내 개인의 공간은 상존하면서 따로 존재해야 건강한 자기를 형성할 수 있다. 어느 날 택시를 타고 가는데 택시 운전사에게 전화가 왔다. 부인에게서 전화가 온 모양이다. 그런데 매우 신경질적으로 대화를 나누더니 전화를 끊어 버렸다. 그리고서는 나에게 자신의 부인이 너무 자주 업무 중에 전화를 한다고 불평했다. 부인이 남편에게 어디에 있느냐, 무엇을 하느냐 식으로 오전에 몇 차례, 오후에 몇 차례 전화를 해서 업무를 하지 못할 정도라고 기분 나빠했다. 거기다 음성통화 대신 영상통화를 하자는 부인의 제안에 혀를 내두르고 있었다. 그 사람에게 오는 부인의 전화는 그 사람을 배려하는 것이 아니고, 그를 지나치게 간섭하여 그 사람의 공간과 시간이 피폐해지게 만듦으로, 거기에 생명도 의미도 없는 것이다.

시간은 과거, 현재 그리고 미래로 구성되어 있다. 그런데 불안을 많이 경험한 사람의 경우는 특히 과거와 미래의 시간이 없어진다. 과거에 기억하기 괴로운 시간이 많이 있었기 때문에 무의식적으로 과거를 기억에서 지워 버리는 것이다. 기억이 없거나, 기억이 나더라도 과거의 기억이 일관성이 없고, 간헐적으로 생각날 뿐이다. 그러나 과거는 사람이 힘들 때 회상을 통해서 우리에게 힘을 공급하는 원동력이 되기도 한다. 이것이 추억의 힘이다. 과거를 회상하여 추억거리로 삼을 수 있는 것은 그것이 가진 소중함이 마음속에 남아 있기 때문이다.

이스라엘은 민족적으로 '기억'을 가장 많이 교육하는 나라다. 이들은 자신의 조상들이 과거 이집트의 노예로 있다가 해방되어 나온 과정이 어떻게 성취되었는지에 대한 교육을 한다. 그리고 그 의식(rites)을 현재에도 되풀이한다. 당시 탈출할 때 먹었던 음식, 살았던 천막 등을 그 시기가 돌아오면 의식처럼 행하는 사람들이 있다. 그리고 하나님을 믿는 이 민족은 하나님의 영원한 시간과 인간이 가지는 시간을 구분해서 이를 교육한다. 즉, 인간의 시간은 과거, 현재 그리고 미래인데, 하나님의 시간 관점에서 보면 이러한 시간의 세 구분은 없다는 것이다. 그래서 하나님의 시간을 '영원한 현재(Eternal Now)'라는 개념으로 이해한다. 모든 인간의 사건은 영원한 현재 안에서 발생했기 때문에 자신의 조상들이 이집트에서 해방된 과정도 영원한 현재 안에 있다고 믿는데, 이것을 연결시켜 주는 것이 곧 '기억'이라고 생각하고 있다. 그래서 기억은 과거의 것을 생각하는 힘이지만 그것이 과거의 사건으로 끝나는 것이 아니라 현재에도 있는 사건이며, 앞으로도 올 사건이라는 생각을 가지고 있는 것이다.

불안이 많으면 과거가 없어지고, 동시에 미래는 기다리기 어려운 것이 된다. 기다린다는 것은 보이지 않는 미래에 대한 희망이지만, 그것을 얻기 위해 인내가 필요하고 때론 고통이며, 기다림이라는 것이 익숙하지 않기에 미래를 생각해서 현재를 절제하거나 책임을 다하는 일은 적어진다. 그래서 눈앞에 보이는 것, 만져지는 것만을 신봉하게 되고 집착하게 되는 것이다. 그래서 불안이 많은 사람일수록 눈앞에 현상에 급급하고, 먼 미래의 일이 마치 지금 당장에 불안을 가져다줄 것처럼 생각을 한다.

G 또한 명석한 머리를 가진 사람이었다. 그러나 그의 문제는 현재 직업에 관심이 없다는 것과 빨리 돈을 버는 방법에 몰두함으로 집안의 경제적 위기가 왔다는 것이다. G의 과거, 어린 시절의 집단, 특히 부모에 대한 기억은 '불안'으로 가득차 있었다. 술 중독에 빠진 아버지 그리고 어머니와 자신에게 향한 아버지의 폭행으로 아버지가 집에 들어올 때마다 이웃집으로 피해야 했다. 아버지는 자식 앞에서 어머니에게 폭행을 수없이 하였고 집안의 경제적 책임도 지지 않았으며, 당연히 그 몫은 어머니가 해내야 했다. 이로 인해 발생한 G의 문제는, 자신은 가난을 벗어나려 했지만 늘 중도에 포기하게 되고 점차적으로 미래를 향한 노력에 관심을 기울이지 않으려 한다는 것이다. 그에게 과거, 부모와의 경험은 생각하기도 싫은 것이며, 기억도 나지 않는 것이고, 미래를 위해 한 발씩 내딛는 것은 기다릴 수 없는 지겨움과 불안이었기에 지금 당장에만 빠져 있었다.

현재의 기다림과 꿈이 미래의 현실이라는 것은 심리학자 알프레드 아들러(Adler, A.)가 '가상주의(fictional finalism)'라는 용어를 사용하여 설명했다. 그에 의하면 가상주의는 현재에 이루어지지 않았지만 그것을 믿고 기대하고 노력하는 현실이 곧 미래가 된다는 의미다. 이런 의미는 독자들이 많이 읽은 책인 『연금술사』『더 시크릿』의 내용과도 일치한다. 이

책들의 저자에 의하면 많은 사람이 모르는 비밀이 있는데, 그
것은 개인이 가지는 꿈이 곧 미래가 된다는 사실을 간과하고
있기 때문에 이 귀중한 선물을 사람들이 망각하고 있다는 것
이다. 꿈과 희망은 현재 한 개인이 가지고 있는 조건에서 꾸
는 것이 아니다. 조건이 갖추어져서 꾸는 꿈은 현실이지 꿈이
아니기 때문이다. 꿈과 희망이란 조건이 갖추어지지 않음에
도 미래에 향하여 닻을 올리고 그곳에 갈 것이라는 희망을 가
지고 움직이는 것이다. 결국 적절한 돌봄의 시간과 공간을 가
질 수 있는 사람은 현실에 있지만 과거로부터 힘을 얻고, 미
래를 향하는 사람이 되는 것이다.

우리 정서에 적절한 시간과 공간의 분배가 영향을 미치지
않으면 우리는 눈에 보이는 것만을 생각하고, 자신만의 생각
으로 외부를 보게 된다. 그리고 더 무서운 것은 내 생각이 변
하지 않는 진리라고 생각한다는 점이다. 내가 특별하다는 생
각을 가지면서 그 관점으로만 사람과 세상을 바라본다.

내 생각 안에서 눈에 보이는 것만을 이기적으로 추구한다
면 그것은 상당히 큰 불안을 갖고 있기 때문이다. 그런데 사
람들은 이 불안을 없애기 위해 현실에 집착하다 보니 그 불안
이 어떤 업적과 결과를 낳게 된다. 그리고 그 업적과 결과를
사회 구성원이 모델로 삼고 있다. 필자는 그것이 '영웅주의'
라고 생각한다. 후기 프로디안 학파였고, 플리처(Pulitzer) 상
을 수상한 어네스트 베커(Becker, E.)는 프로이트가 말하는

거세불안(castration anxiety)을 죽음에 대한 불안과 위협으로 보았고, 이것을 피하기 위해서 선택한 것이 영웅주의라고 보고 있다. 영웅주의에는 불안에 대한 위협이 상당한 영향을 미치고 있다. 경쟁 사회에서 불균형과 혼란을 겪는 개인과 사회 구성원은 대중문화와 사회가 만들어 주는 영웅주의에 빠지고 그것을 획득하려고 한다. 사회 전반이 주체성 없이 대중성 그리고 영웅주의에 빠지는 것이 개인 가치의 공허현상의 결과이며, 이는 개인의 깊은 불안에서 생겨나는 것이다.

필자는 우리 사회가 구조적이고 내용적인 불안이 많은 사회 중의 하나라고 생각한다. 못사는 국가가 잘살아보려고 만든 지난 수십 년간의 사회적 구조가 공헌한 것도 있지만, 먹는 것의 어려움을 탈피한 이 시점에서 이제 너무나 많고 치열한 경쟁 구조 속에 살아가는 각 개인들이 가진 불안이 많은 것이다. 경쟁 속에 생사가 달려 있는 것과 같은 구조는 살아가는 것에 대한 진지한 생각을 하기도 전에 마치 이 사회에 적응하지 못하면 패하는 것이라고 생각하게 만든다. 과도한 불안은 개인이든 사회구조든 우리가 직시해야 하고 가장 기본적으로 수용해야 할 것, 다른 말로 하면 사람에 대한 생각보다는 형식과 틀에 집착함으로써 개인과 사회를 더 우울함 속에 빠지게 한다. 그리고 이 사회구조 틀에 적응하지 못하는 사람들에게는 자신이 무능력자, 부적격자라는 수치심(shame)을 가지게 한다.

2014년에 발생한 세월호 참사도 사건의 전후과정을 지켜보면 우리 개인과 사회가 불안하니 사람을 어떻게 구할까 하는 생각보다는 형식과 틀에 매여 더 많은 피해를 낳았다. 2015년 메르스 감염도 같은 맥락이다. 뉴스 보도와 행정기관의 일 처리 그리고 국민의 반응도 모두 같은 맥락이다. 언론매체는 메르스로 인한 사망률, 전염률에 대한 보도에만 급급했다. 사실 미국 교포들이 우리나라 언론매체를 보면 사건에 대한 보도에만 집중하지 무엇이 문제이고 어떻게 진지하게 풀어 나갈까라는 미래에 대한 것을 다루는 데는 매우 관심이 없다고 말한다. 메르스에 대해 의사들이 말하는 것과 같이 개인이 평상시 위생을 철저히 하고 환자와 직접 접촉하지 않으면, 국민 대다수는 메르스에 감염될까 봐 불안해할 이유가 없다. 메르스에 감염되어 치료된 의사도 메르스의 고통이 독감에 걸린 고통의 30~40%에 불과하다고 하였으며, 사망한 대부분의 사람도 메르스가 직접적인 원인이기보다는 이미 다른 병을 앓고 있었기 때문에 사망했다. 그런데 이 바이러스 하나로 나라의 경제와 교육이 휘청이고 있다. 메르스는 정말 휴교해야 할 정도의 바이러스는 아니다. 바이러스로 인해 휴교를 한 경우는 세계적으로 매우 드물다. 그리고 혹 사람이 많은 곳에서 기온의 변화로 재채기를 한 번이라도 하면 매서운 눈초리가 자신을 향하는 것을 볼 수 있다. 지하철에서는 사람들이 손잡이를 잡지 않고 버티고 있는 광경도 많이 본다. 우리의 불안이 이웃을 의심하고 왕따시키며 경계하는 불신을 낳았다. 혹 이 나라에 세균전이라도 잠시 발생하면 나라 전체가 지옥이 될 것 같은 기분이다. 필자는 이 모든 현상이 우리의 과도한 불안으로 너무 민감하게 생활을 하고 있기 때문에 발생하는 현상이라고 생각한다. 그래서 이 과도한 불안을 가진 사람들은 과도한 불안을 잠식시킬 만큼의 어떤 충동적인 행동과 결과를 봐야 잠시 안심을 하지만, 그 목마름은 영원할 것이다.

6. 숨긴 그림자와 가면세계의 확장

성공 신드롬(success syndrome)이란 신조어가 생겼다. 학창시절부터 직장생활을 할 때까지, 하는 일마다 좋은 결과를 가져와서 모든 일이 일사천리로 된 사람이 이렇게 되기 위해서 많은 노력을 하였지만 은퇴와 노령이라는 불가항력적인 현실에 부딪히면서 심하게 좌절을 겪고 자살을 하는 경우가 있는데, 이것을 성공 신드롬이라고 한다. 좌절을 겪어보지 않은 성공, 비상한 지적 능력, 뛰어난 미모, 애쓰지 않아도 부가 축적되어 있는 것은 한편으로는 부러움의 대상이 될 수 있지만 자중하지 않으면 독이 될 수도 있는 요소다. 지적으로 매우 뛰어난 사람이 있는데 이 사람은 같이 공부하였음에도 누구는 왜 좋은 대학에 가지 못하는가라는 생각을 가진 사람이다. 어린 시절부터 자신은 마음먹은 대로 거의 다 이룬 사람이기 때문이다. 그러나 그가 눈에 띄는 한 송이의 귀한 꽃을 위해 배후에 숱한 잡초가 드리워져 있다는 사실을 안다면 이렇게 단적으로 이야기할 수는 없을 것이다.

심리학자 아들러는 인간은 성공과 완전을 향한 욕구를 가지고 있다고 했다. 철학자 프리드리히 니체(Nietzche, F.)가

말하는 '권력의 욕구'와 같은 맥락이다. 성공과 완전은 인간 생활에 있어 심리적 건강을 위해 중요한 요소다. 사람은 어제 보다는 오늘이 낫고, 내일은 오늘보다 좀 더 나은 상황이 되면 좋다. 한 주부는 평생 주부로 살면서 남편의 수입에 의존하여 살아왔다. 그러다가 어느 날 자신이 무엇인가 해 봐야겠다는 생각을 하고 장사를 하기 시작했다. 과거의 경험을 살리고 조언을 얻어서 시장에서 장사를 시작했고 첫 달 수입이 백여만 원이 되었는데, 자신이 노력해서 평생 처음 돈을 손에 쥔 성취의 맛이 매우 좋아서 마치 세상을 다 얻은 것 같다는 표현을 했다. 사업을 하는 사람은 사업의 발전을 통해 성취를 느끼고 학생의 경우는 학업의 향상을 통해 성취를 느끼고 학문의 즐거움을 깨달으며, 직장인은 승진과 연봉의 향상으로 인생의 조그마한 기쁨을 맛본다는 것은 분명하다.

심리학자 칼 융(Jung, C.)은 인생의 전반부인 오전에 자신이 설정한 목표를 달성한 경험을 한 사람이 인생의 오후에 바른 자기실현의 가치에 관심을 가질 수 있다고 했다. 처음 이 말을 접했을 때 필자는 충격이 컸다. 과연 세상에 얼마나 되는 사람이 오전의 목표를 달성해 보았을까? 또는 그 목표를 달성한 사람은 과연 참된 가치를 위해서 인생의 오후에 헌신할 수 있을까? 하는 의문이 들었다. 그러나 이런 의문은 사람을 만날수록 점점 사라졌다. 이런 말에 대해 힘을 실어 준 것은 신학자였던 테야르 드 샤르뎅(Chardin, T.)의 말이다. 그의 말은 우리가 남에게 무엇인가 주기 위해서는 우선 우리가 가져야 한다는 논리다. 정신적인 것이든 물질적인 것이든 남에게 줄 여유가 없는데 어떻게 남에게 줄 수 있겠느냐는 의미다. 아는 만큼 세상이 보이는 것이고, 나의 지식의 깊이만큼 남에게 전할 수밖에 없는 구조에 우리는 놓여 있다. 내가 분명히 가진 것이 없으며 그 안에서 생활을 해야 하는데, 내가 과도하게 무엇을 준다는 것은 자신을 과하게 나타내는 것이기에, 그리고 그것은 결핍에서 온 자기 과시일 수 있기에, 이것 역시 자신과 타인과의 관계에 문제가 될 수 있다. 물론 여기서 샤르뎅이 말한 것은 무조건 소유하고 가지라는 의미보다는 자신의 내면세계에 더 충실해야 외부로 나갈 수 있다는 의미가 더 깊다. 이처럼 무엇인가 자신을 채우고 성취의 즐거움을 맛보는 것은 인생살이에 중요한 요소가 된다.

사람의 손이 비어 있는데 변화되기 위해서 어떤 소유를 내려놓을 수 있을까? ⋯ 존재하기 위해 당신을 발전시키고, 세상의 소유를 취하십시오. 이것이 일단 성취되면 포기에 대해 생각할 시간이 옵니다. 다른 존재로 존재하기 위해 떠남을 받아들여야 할 때가 옵니다. (그러므로) 먼저 자기 자신을 발전시키십시오.[15]

성공과 성취는 개인과 사회에 매우 필요한 것이다. 물론 이 성공 · 성취 개념은 주관적 성공과 객관적 성공의 두 관점을 다 가질 수 있으면 좋다. 이것을 경험하지 못한 개인은 이것에 늘 굶주려 있어 다른 의미 있는 것에 눈을 돌리기가 쉽지 않다. 어린 아이에게 먹을 것이 충족되지 않으면 현실의 놀이와 관계의 모험 안에 참여하기가 어렵다. 먹을 것이 충족되야 아이는 자신의 배고픔의 불안을 잊고 나서 새로운 일을 할 수 있다. 그런데 심리학자 아들러는 성공과 성취에 대하여 좀 더 건전한 것을 제시한다. 많은 사람이 성공과 성취를 꿈꾸지만 만일 개인이 이룬 성공이 자기중심적이어서 자신의 것으로만 사용한다면 그것은 병리적인 성공이라고 본다. 그래서 진정한 성공은 이웃을 위해서, 이웃과 함께 되어야 하는 것이 맞다고 본다. 자신만이 중심이 되는 것은 모든 소득과 생산물이 나를 중심으로 파생하였다고 생각하는 것이기 때문에 상대를 생각하는 경우가 매우 희박하다. 이 세상에서 자신의 힘으로만 되는 것은 없다. 우리는 항상 상생 관계에 있으며, 누군가의 희생과 노고를 통해 우리가 이 자리에 있는 것이다.

하버드 대학교와 시카고 대학교의 교수였던 폴 틸리히(Tillich, P.)는 인간이 모든 것의 중심이 되려는 성향은 아무리 성스러운 것이 동기가 된다 하여도 악마적인 힘(demonic power)을 나타내게 된다고 보았다. 절대자의 뜻을 가지고 있으나 그 특성이 나를 중심으로 생각하고 행동하려 한다면 성스러움이 악마적인 힘으로 변형된다는 것이다. 나와 상대 관

계의 보편적인 특성은 매우 일방적이고, 수직적이며, 명령적
이다. 가는 말과 명령은 있지만 되돌아오는 반응, 평가는 허
락되지 않는다. 그래서 이러한 수직적인 사회의 구성원은 사
회가 외적인 조건, 외모를 매우 중요시하는 사회라고 믿는다.

성취와 성공만을 중요시하는 것이 왜 영혼이 없는 성공이
되는 것일까? 앞서 필자가 예화로 든 가족이나 애완견의 이
야기를 잠시 생각해 보면 쉽게 답이 나온다. 자기중심, 이기
성 가운데 사람들과 관계를 가지는 것이나, 남을 배려하면서
관계를 유지하는 것은 겉으로는 똑같아 보인다. 그러나 자기
중심적인 것은 항상 자신의 목적이 우선이 되고, 나에게 이
익이 되는 것을 중심으로 상대에게 필요한 것을 제공하기 때
문에 엄밀한 의미에서 상대방에게는 감동을 줄 수 없다. 인
간의 영혼은 조금이라도 자기 자신을 버리고 희생하려는 마
음과 태도로 인해 상대방에게 감동을 주는 것이기 때문이다.
즉, 한 개인의 진정성은 말, 촉각, 톤, 얼굴표정 등 오감을 통
해 상대방에게 전달되기 때문에 상대방은 그 진정성의 정도
를 감지할 수 있다.

심리적 관점에서 보면 자신의 내면을 가장하고 자신의 것
이 표면적으로 잘 나타내는 것을 페르소나(persona, 가면)라
고 한다. 이는 일종의 외향적이고 사회적인 특성을 위해 필요
한 가면이다. 인간에게는 누구나 이 가면이 있다. 그리고 이
가면은 사회의 역할을 위해 어느 정도 필요하다. 그러나 이

가면, 즉 자신을 과도히 나타내고, 마치 약점은 하나도 없는 것처럼 하려는 것은 심리적 관점에서는 그 사람 안에서 자신을 움직이고 충동을 주는 그림자(shadow)이며, 이 그림자는 콤플렉스(complex)로 구성되어 있다. 성공과 성취만을 목표로 하는 사회와 개인이 있다면 반드시 그 내부에서 개인과 사회를 움직이는 콤플렉스가 무엇인지 파악해야 한다. 그림자가 없는 사람은 없다. 살아있는 사람은 모두 그림자를 가지고 있고, 이동에 따라 그림자가 움직이듯이 인간 모두는 자신의 열등한 부분, 감추고 싶은 부분을 가지고 있다. 그것이 외향적인 것이든, 내향적인 것이든 말이다. 이것이 없는 사람은 땅에 누운 사람, 이 세상을 떠난 사람뿐이다.

해리슨 포드가 주연을 맡은 영화 〈헨리의 이야기(Regarding Henry)〉는 매우 감동적인 가족영화다. 필자는 주로 칼 융의 개성화 과정을 소개하고 나서 이 영화를 학생들에게 소개하곤 했다. 이 영화는 픽션이지만 우리에게 주는 교훈이 많다. 헨리는 잘나가는 유명한 로펌의 대표 변호사다. 헨리는 아버지를 닮아 매사에 적극적이고 어떤 변호 의뢰가 들어오더라도 의뢰인의 요청대로 판결을 뒤집을 수 있는 능력을 가진 사람이다.

필자의 한 지인은 법학전문대학에 진학한 후 첫 수업에서 들은 충격적인 이야기를 해 준 적이 있다. 첫 수업 시간에 교수는 변호 의뢰인으로부터 어떤 사건이 들어오더라도 '그것이 진실이다 혹은 거짓이다'라는 판단을 하지 말고 이길 수 있는가 없는가를 먼저 판단하고 그 결정에 따라 움직이는 것이 중요하다고 했다는 것이다. 어려운 사람들을 위해 순수하게 살아보려는 그 사람에게 교수의 말은 첫 시간부터 매우 충격적이었다. 하지만 헨리의 사고구조는 교수의 충격적인 말 그 이상이었다.

헨리는 매사에 준비가 철저했고, 변호에도 너무 철저했기 때문에 그 생활 구조에 익숙해졌고 따라서 가족들이 하는 실수에 대해서 용납하기 어려웠다. 평범한 가정주부인 부인에게도 불만이 있었고, 초등학교에 다니는 딸의 잦은 실수와 적극적이지 않은 학교생활 또한 용서하기가 어려웠다. 먹은 음식과 가구에 대하여도 지나칠 정도로 까다로웠다. 그러나 이렇게 자신을 잘 포장하고 외부로부터 언제나 칭찬을 받는 그에게는 치명적인 어두움이 있었다. 부인 모르게 사내에서 연인관계를 맺고 있는 자유의 방만함이었다. 영화에는 설명하지 않지만 필자의 생각으로는 헨리가 가족과 사내 사람들에게 엄격할 수밖에 없는 것은 양심을 거스르며 행하는 자신의 도덕적 문제는 용서하고, 남의 작은 실수는 용납하지 않는 모순을 위장하려는 가면인 것이다. 자신의 콤플렉스를 개방하지 않을수록 인간의 '가면'은 강해진다. 성공과 성취는 외형적인 결과다. 만일 사회구조나 개인이 성공과 성취 또는 외형적 업적과 결과만을 유도하고 추구한다면 이는 매우 불행한 사회와 개인이 된다.

필자는 한 지방의 유지로 살아가는 사람이 막내딸의 결혼에 대해 불만을 가졌다는 한 기사를 읽었다. 다른 딸은 자신의 기대에 만족할 만한 신랑을 얻어 결혼을 했지만, 막내딸은 자신이 원하는 사람이 아닌 막내딸의 의지대로 결혼을 했기 때문이다. 이들은 비영리단체를 통해 사람들을 도와주는 일을 직업으로 가지고 있었다. 성공과 성취에 익숙한 아버지의 눈에는 막냇사위와 막내딸이 늘 마음에 안 들었다. 성공과 성취를 추구하고 그것을 인생의 목표로 삼는 사람에게는 성취가 미진한 사람이 눈에 들어오지 않고, 그런 사람은 다 낙오자로 보일 수도 있다. 그래서 명절이 되어 찾아올 때마다 핀잔을 주듯이 자신들 앞가림도 못하면서 무슨 남을 도와주느냐는 식의 말을 하곤 했다. 하지만 그때마다 막내딸과 막냇사위는 자신들이 좋아하는 일이라는 말로 답했다. 그러던 어느 날 아버지는 몸에 이상이 생겨 검진을 받다가 말기 암이라는 판정을 받았다. 수술이나 의료적 치료도 별 도움을 주지 못하고 임종을 맞이하게 되었는데 임종 시 그가 간호사에게 남긴 말이 있다. 자신은 죽음을 앞두고 막냇사위와 막내딸이 하는 일이 인생의 진실이라는 것을 알게 되었지만, 막내딸과 막냇사위는 오래전부터 그 진리를 알고 있었다는 고백이었다.

우리는 모두 죽는다. 따라서 '어차피 다가올 죽음 앞에서 과연 무엇을 위해 사회구조가 개인에게 성공과 성취를 요구

하고, 개인은 그 성공과 성취에 끌려가듯이 맹종하면서 살아
가야 하는 것인가?'라는 질문을 우리는 살아가면서 수없이 모
든 방면에 해 봐야 한다. 심지어 이런 불안한 사회구조는 종
교에도 만연해 있다고 생각한다. 세속적 가치관에서 벗어나
새로운 관점과 통찰로써 성공과 성취에 찌들어 있는 현대인
에게 멈춤과 쉼을 제공해야 할 종교도 오히려 성공과 성취를
신의 덕목으로 더 조장하고는 있지 않은지 생각해 봐야 한다.

부모가 성장과정에서 그리고 지금까지 이루려다 좌절한
꿈을 자녀가 이루는 것을 보면서 대리만족을 하거나, 이루지
못하면 자녀를 탓하면서 책망하는 것 등은 모두 영혼 없는 성
공과 성취일 뿐이다.

우리가 좀 더 바람직한 개인과 사회가 되기 위해선 개인이
가진 콤플렉스와 그림자에 대한 애환을 말할 수 있고, 그것을
수용하고 들어줄 수 있는 부모의 정서적 성숙과 사회구조가
필요하다. 이런 수용과 이해를 보면서 우리는 우리와 다른 사
람들의 생각을 수용하는 성숙성을 가질 것이다. 그러나 이렇
게 되지 아니하면, 우리는 끊임없이 우리의 그림자를 숨기려
할 것이고, 그로 인해 우리를 위장시키는 가면세계에서 살아
가게 될 것이다.

제2장

불안의 편향성

인생은 많은 즐거움이 있을 수 있기에

청년들의 정체성에 대한 필요조건은

먹고, 마시고, 성적으로 즐기는 것이다.

물론 이 쾌락의 철학은 인간 삶의 관점에서 보면

믿을 수 없을 정도로 단순하다….

'활기차게 살아가는 삶'은

유행에 따른 옷, 음식과 술, 영화, 음악과 책이 있는

풍요로운 사회에 의해 제공되는 쾌락의 자기중심적 추구를

의미하는 것으로 나타난다….

근본적으로 인간은 소비자이며,

그의 소명(vocation)은

자신이 즐길 수 있는 소비를 극대화하기 위하여

일과 사람을 조정하는 일이다.

이것은 인생이 만족을 누리는 연속적인 순간들을 위하여

조건을 제공하는 것 외에

어떤 진지한 것에도 헌신하지 않으려는 것이며,

만족은 단순하고 천박한 방법으로 이해가 된다.

페리 레페브레(Perry LeFevre)

1. 획일성 사고와 행동

심리학자 칼 융(Jung, C.)의 자서전에 의하면 초등학생 시절 그가 가장 싫어한 과목은 수학과 체육이었다. 체육을 싫어한 이유는 몸으로 하는 것에 익숙하지 않았기 때문이고, 수학을 가장 싫어한 이유는 진리를 숫자에 대입하여 답을 얻는 것을 이해할 수 없기 때문이라고 했다. 숫자를 대입하여 명확하게 나온 답을 얻는 것을 진리라고 생각하지 않는다는 말이다. 그는 진리라는 것은 규정되거나 공식에 대입해서 나오는 것이 아니라고 보았다. 우리 인생살이에 명확한 답이 없는 것과 같이, 그러나 살아가면서 이것저것을 경험하여 진실을 조금씩 깨달아가는 것과 비슷한 이치다. 수를 공식에 대입해서 나온 것이지만 진리는 수와 공식을 넘어서 있는 것이다. 마치 인간의 이성은 논리적인 영역이지만, 이 논리적인 영역을 포함하면서 넘어 있는 '초월적 이성(ecstasy reason)'이 있다는 것과 같다.

불안한 개인과 사회일수록 확실하고, 획일적인 '답'을 요구한다. 솔직히 말해서 확실하고 획일적인 답이 어디 있는가? 가장 합리적이고 이성적이라는 과학이론도 세월이 지나가면 누군가 모순점을 발견하게 된다. 이런 면에서 진리는 계속적으로 그 진리를 밝히려는 과정이 중요한 것이지, 진리를 규정하고 못 움직이게 하는 것은 문제가 될 수 있다. 종교적으로 보면 불안한 사람일수록 종말론에 빠지거나 매우 열정적으로 강변하는 종교적 지도자를 추종한다. 이들에게는 유순하게 순리대로 가르치는 종교적 지도자가 마음에 차지 않기 때문에, 자기불안을 달래기 위해 그 불안만큼이나 강한 충동 · 중독에 휩싸이게 된다. 10여 년 전 줄기세포 논문조작 사건으로 세간을 시끄럽게 했던 황우석 박사 사건 후에 황우석 박사의 많은 추종자는 정부나 특정인들이 이 사실을 모함한다고 생각하고 황우석 박사를 옹호하기도 했다. 그러나 그렇게 황우석 박사를 옹호한 많은 사람은 그의 연구가 자신의 병을 고칠 수 있을 것이라는 데에 유일한 희망을 걸고 있었던 사람들이었다. 자신의 '불안'이 특정인을 추종하게 하였고, 논문조작이 사실이 아니라고 한 것이다. 결국 불안이 과도하면 자신의 '불안'을 해소시킬 수 있는 '답'만을 좇아가기에 획일적 틀에 갇히게 되어 객관성을 잃게 되는 한 예를 보여 준 것이다. 이들은 자신의 과도한 불안을 해소하여 살기 위해 진리를 자기 식으로 해석했다.

인생에 답이 있을 수 있지만 그 답은 여러 종류일 것이다. 우리가 여러 종류를 보지 못하고 소개하지 못하는 것은 자신이 불안하기 때문이고, 그 불안 가운데 내가 선호한 답만을 보려고 하기 때문에 다른 길들이 보이지 않는 것이다. 자칫 잘못하면 우리는 진실을 좇아 가는 것이 아니라, 과거부터 현재까지 강요받았거나 교육받은 익숙한 구조를 따라가게 될 것이다. 동물은 자신이 다니는 익숙한 길이 있고, 그 익숙한 길 외에는 잘 다니지 않으려고 한다. 동물과 마찬가지로 우리가 '진실'이라고 믿는 것은 우리에게 익숙했기 때문이다. 그래서 진실이라는 것을 알기 위해 우리는 삶의 현장(human contexts)에 집중하고, 그 장소와 현상에 대해 말하고, 행동하는 것을 배우고 가르쳐야 한다. 왜냐하면 사람이 살아가는 '현장'을 제외하고 진리를 규정할 수는 없기 때문이다. 이와 같은 맥락에서 프랑스 작가 앙드레 지드(Gide, A.)는 "진리를 찾았다는 사람을 믿지 말고, 진리를 찾고 있다는 사람을 믿어라"라는 말을 남겼다. 진리를 찾았다는 말은 자신에게 익숙한 구조에서 벗어나지 못하고 습관적으로 따르고 행동했던 것을 의미할 수 있기 때문에 그것은 진리이기 보다는 자기에게 익숙한 것이라는 의미다. 그래서 진리를 찾으려고 노력하고 있다는 것이 진리를 찾았다고 말하는 것보다 더 진솔한 것이다. 개인, 가족 그리고 사회는 획일적이고, 마치 '이것이 진실이다'라는 모순에 빠지지 말아야 한다. 물론 우리는 진실과 진리를 찾기 위해서 생각과 행동에 계속 질문을 던지면서 살아가야 한다. 그리고 이러한 진리를 찾으려는 몸부림과 애쓰는 과정이 사람을 더 사람되게 할 수 있고, 사회를 성숙하게 한다. 결국 그것이 진리에 근접할 수 있도록 만들기 때문이다.

우리는 이렇게 자기입장과 열정에 빠진 모순된 행동을 역사 속에서 되풀이한다. 예를 들어, 갈릴레오의 지동설을 당시 교황청에서 수용할 수 없었던 것은 그것이 과학적이지 않았기보다는 당시 교황청을 비롯해서 권력자들이 믿고 있던 천동설의 가치에 도전하는 것이고, 이것을 수용한다면 자신들의 신념과 가치체계가 흔들릴 것이라는 불안으로 인해 지동설을 수용하지 못한 것이다. 지동설의 도전에 응전할 진정한 용기가 없던 것이다. 인간은 늘 자기경험과 자기중심으로 세상을 바라보기 쉽다. 이것은 인간이 가진 이기적 유전자의 자기중심적 영향이기 때문일 것이다. 그러나 태어나서 죽을 때까지 이기성을 가지고 살아간다면 그것처럼 허망한 것이 있을까? 그래서 이기성을 가지고 태어났지만 이기성에서 이타성을 바라보는 관점으로 살아가야 좀 더 균형을 가질 수 있는 것이다.

부모로부터 적합한 돌봄을 경험하지 못하고, 갑작스러운 분리를 자주 경험한 아동은 부모와 격리될 때마다 공포 속에 울부짖는다. 그래서 가급적이면 죽을 힘을 다해 떨어지려 하지 않는다. 틈만 나면 부모가 자신의 주변에 있는지를 확인하느라고 다른 곳에 에너지를 소비할 겨를이 없다. 생존이 급한데 외부환경을 어떻게 탐험하고 감상할 수 있을 것인가? 생존이 위협받고 급하면 인간의 창의성은 묻혀 버린다. 애완견의 경우도 마찬가지다. 안심되고 안정된 분리의 경험이 없다면 애완견은 주인이 밖에 나갈 때마다 또는 주인과 떨어질 때마다 큰 혼란에 빠지게 된다. 먹을거리가 있어도 혼자서 잘 먹지도 않는다.

해리 할로우(Harlow, H.)의 또 다른 원숭이 실험은 언급한 사실을 더 확증시켜 준다. 그는 원숭이 새끼를 새로운 장난감이 많은 낯선 환경에 떨어트려 놓고 관찰했다. 원숭이는 처음 보는 놀잇감이 많이 있었지만 환경이 낯설어서 실험시간 내내 장난감에 접근할 수 없었다. 그러나 원숭이 엄마와 비슷한 천을 이 낯선 환경에 놓자, 잠시 후 원숭이는 낯선 장난감을 만지면서 호기심을 가지고 탐험하기 시작했다. 외부의 낯선 환경이 자신의 놀이터가 된 것이다.

필자는 우리 사회가 아주 불안한 구조를 가지고 있다고 생각한다. 물론 이것은 우리 민족이 근원적으로 불안하다는 것은 아니다. 어린아이의 불안이 대다수 부모의 잘못된 양육방식인 것과 같이, 우리가 불안한 대부분의 이유도 부모와 사회환경에서 온 것이라 생각한다. 근본적으로 분단 상황에서 습관처럼 위협하는 전쟁의 상상, 일제치하 그리고 6·25전쟁 이후 맨땅에서 생존하기 위해 몸부림쳤고, 잘살고, 잘 먹고, 성공하기 위해 실적과 교육에 집중한 것이 구성원에게 획일적으로 사고하고 행동하는 문화를 형성하게 했다. 그래서 우리 사회와 구성원은 획일성이라는 것에 익숙하게 길들어져 있다.

우리의 인생오전 교육이 무엇을 위한 것인가라는 목적이 잘 먹고 잘살기 위해서라는 이기성을 벗어나지 못하고, 개인의 성공과 성취 위주의 교육과 사회환경으로 되어 있기에 우리에게는 여러 가지로 불안한 병리적인 현상이 발생한다. 이 모든 것은 균형상실에서 오는 것이다. 소위 요즈음 자주 언급되는 '갑'질에 대한 이야기다. 정말 교육을 잘못 받은 일부 사람의 갑질이기만을 바라지만, 이 현상은 사회의 구조가 획일성에서 벗어나지 못하고 있다는 증거일 수 있다. 산 위에 올라가면 우리가 사는 곳의 모든 것이 보이는 것과 같이 우리의 몸과 마음을 좀 더 높은 곳에 올려놓고 보면 성공과 성취는 무엇을 위해서 해야 하는지에 대한 답이 나온다.

마틴 부버(Buber, M.)의 지적과 같이 획일성 구조를 가진 개인과 사회는 수직적 사회이며 이 사회가 가장 중요시하는 가치는 외형적인 것이며, 이것은 눈에 들어오는 것들에 대한 지나친 관심을 의미한다. 물론 한국 사회는 선진국으로 가는 과정에서 발생하는 여러 가지 과도기적 사회현상이 있으리라 생각한다. 선진국이 되고 현대화가 될수록 국가와 도시는 다양성을 수용할 수밖에 없다. 생각과 사상 그리고 문화에서만 아니라 다양한 인종을 통한 다양한 이해를 가짐으로써 유화적(sophisticated)인 사람이 되도록 한다. 선진국화와 현대화는 모든 것이 다양하고, 공개되는 것을 특성으로 가지기 때문이다.[1] 현대화와 선진국으로 달려감에도 사회가 안정되지 못하고 신뢰가 부족한 것은 상대적으로 강했던 집단문화로의 편의성을 가진 회귀가 아닐까 생각한다. 동시에 선진화는 제도권이 가진 객관적 질서에서 개인이 가진 주관적 영역으로 옮기게 되는데 우리는 아직 개인이 가진 주관적 영역이 집단문화의 틀에 끼여 있는 느낌이다.

우리는 불명예스럽게도 전 세계에서 성형을 가장 많이 하는 성형공화국이 되었다. 성형을 반대하는 것은 아니지만, 10명 중 7~8명 정도가 돈이 생기면 성형을 하겠다는 20대들의 고백은 현 세대가 외모를 가꾸는 데 많이 빠져 있다는 것을 의미한다. 전 세계 남성들 중 화장품을 제일 많이 사용하는 나라도 우리나라다. 예뻐지고 젊어지려는 경향을 비판하는 것이 아니라 왜 이런 외적인 것으로 전 세계의 주목을 받을 나라가 되었을까라는 것이 의문이다. 이러한 현상은 내적 공허 또는 가치 공허가 주된 이유라고 생각한다. 물론 필자가 성형이나 화장에 대해 무리한 반대를 하는 것은 아니다. 지인 중에 성형을 한 사람을 만난 적이 있는데 정말 잘 되었다고 생각했고, 한번 해 볼만하다고 생각하기도 했다.

외모가 중요치 않은 것은 아니다. 그러나 사람이 가진 최고의 가치는 내면에 있다. 살아보면 사람의 진정한 가치는 외면의 꾸밈이 아니라 내면의 가치가 훨씬 향기롭다는 것을 깨닫는다. 성숙한 생각이 미적인 것을 이겨 내는 것이 인생의 원리가 아닐까? 미국 성형외과의 통계에 의하면 성형 중독자들은 자신의 요구대로 성형을 해 주면 처음에는 상당히 만족하는데 3개월이 지나면 마음이 변한다고 한다. 그래서 또 다른 곳을 성형하게 되는데 이것을 성형 중독자라고 본다. 그래서 성형외과의들은 먼저 얼굴을 고치기 전에 마음을 바로 잡지 못하면 성형이 되풀이되고, 만족도가 낮을 수밖에 없다고 본다.

세상에 모든 사람의 지문이 각기 다르듯이 얼굴과 성격도 각기 다르다. 그런데 성형을 통해서 누구와 같은 코, 입, 심지어 얼굴의 형태를 바꾸는 것은 다양성을 부정하고 획일화된 인간으로 살아가려는 욕구다. 우리 사회의 남녀노소가 이런 생각을 많이 가지고 있다면, 도시는 현대화되어 다양화로 달려갈지라도 우리의 가치체계는 집단문화의 획일성을 넘지 못하고 그 단점을 그대로 껴앉은 채 기형적 문화가 되어 버린다. 정말 얼굴이나 몸에 무슨 문제가 있어 성형을 해야만 하는 상황이라면 모르겠지만, 그런 것이 아니라면 다양한 모습으로 살아가는 것이 훨씬 건강한 사회가 된다는 것이다. 성형의 국민적 붐이 일어난다는 것은 외적인 모습에 대한 획일성의 마성(魔性)이 사회 전반을 횡행한다는 의미다. 즉, 얼굴에 흠이 있는 사람은 사회에서 스스로 사회적 분위기에 의해 자신을 부적격자라고 여길 가능성이 있다는 것이다. 외모를 통해서 사람을 판단하는 것은 후진국의 민족정신에서 벗어나지 못했다는 것이다. 가령 선진국의 TV 연속극이나 토크쇼에서는 아무개는 누구를 닮았다는 표현을 잘 하지 않는다. 왜냐하면 외모에 대한 판단은 인격에 대한 평가도 될 수 있기 때문이다. 그러나 우리는 이런 말을 아주 자주 방송매체에서 접하게 되고, 그러한 모습을 아무렇지 않게 생각하고 있다.

한번은 집안과 학교에서 욕을 심하게 상습적으로 하는 학생을 보았다. 욕이 생활화되어 있어 부모와 형제들이 곤란을 겪는 것이다. 욕의 시작은 학생이 중학생일 때부터였다. 눈이 조금 작은 이 학생은 눈이 작다는 이유만으로 반 학생들에게 왕따를 당하기 시작했다. 한두 명이 아니라 집단으로 당하는 왕따는 이 학생에게 트라우마가 되었다. 그러다가 자신이 그러한 환경에서 이기고 생존해야겠다는 생각을 가지고 거친 욕을 입에 담기 시작했다. 거친 욕은 자신이 강하다는 것을 증명이라도 하듯이 자신을 괴롭히는 학생들이 서서히 물러가기 시작했다. 그리고 욕은 일상화가 되었다. 생존을 위해 욕을 수단으로 삼았고, 그것이 일상화가 된 것이다. 결국 외적인 것이나 내적인 어떤 조건으로 인해 사람을 공격하는 풍토는 획일성의 기준이 강해서 발생한 것이다.

획일화된 미를 추구하는 이유는 정해진 미의 기준에 들지 못하면 불편이나 손해를 본다는 사회적 정서가 바탕에 깔려 있기 때문이다. 신문의 보도에서도 회사에서 면접을 볼 때 중요시하는 것이 외모라는 평가가 있는 것을 보면 미의 획일화가 사회 전반에 뿌리내리고 있다는 것을 알 수 있다. 대중적인 미를 따라가기 위해 갖게 되는 성형의 관심은 후에 언급할 기술백치라는 현상과 유사하다.[2] 대중은 모두가 같은 미의 기준에 속하려는 분위기에 살게 될 것이고, 만약 미의 기준 안에 들어가면 마치 진리를 잡았다는 도취적 자아 속에 살 것이며, 그렇지 못한 사람들은 자신을 부적격자라 생각하여 낙심하며 살아갈 수도 있다.

미와 성형이 젊은 여성들 사이에서 대세를 이루는 것과 같이 젊은 남성들도 몸을 만드는 작업에 몰두하는 것이 같은 맥락이 아닐까 하는 생각이 든다. 우리는 현재 내면세계에 대한 관심보다는 외관에 대한 관심이 극도로 심한 시대에 살고 있다. 혼수는 산더미처럼 준비했는데 어떻게 서로를 이해하고 결혼생활을 해야 할지에 대한 정신적 준비는 안 되어 있는 상태로 결혼을 한다면 정말 결혼이 자신에게 실익이 될지 곰곰이 생각해 봐야 한다.

미와 젊음에 대한 획일화, 이와 같이 내면세계가 공허하고 외적인 것에 치중하는 것도 비슷한 결과를 낳게 한다. 우리 사회는 모습이 이상하다는 이유로 또는 병들고 나약하다는 이유로 노인들을 무의식적으로 사회의 한 모퉁이로 몰아내 버린다. TV 속의 상품 광고만을 보더라도 20~30대를 겨냥한 상품과 50~60대 이상을 대상으로 한 상품의 광고는 여러모로 다르다. 20~30대는 살아있는 대상, 50~60대 이상은 수리하고 고쳐야 할 대상으로 보고 광고를 한다. 그런데 이처럼 미를 획일화하면 젊음과 미를 잃어 가는 중년 이상의 세대는 사회적으로 설 곳을 잃게 된다. 인간의 에너지는 제한되어 있는데 그 에너지를 외적 조건에 쏟아 부음으로 정작 일상생활에 필요한 에너지는 부족해진다. 사회와 가정이 정신적으로 건강하다고 볼 수 있는 객관적인 증거는 남녀노소가 어우러져서 살아가는 것이다. 이것을 통해서 우리 사회에는 젊은 이도 있고, 또 자연적 노화에 따라 세월을 비켜갈 수 없는 노인도 있으니, 자신도 세월이 지나서 노인의 부류에 들어가게 될 것이라는 걸 깨닫는다면 다양성을 수용할 수 있는 건강한 사회가 될 것이다.

우리나라는 지체장애인을 집단으로 관리하는 단체가 많이 있다. 그래서 한동안 이러한 단체들이 가지고 있는 여러 가지 인권 문제와 더불어 경제적인 문제에 대하여 사회적 논란거리가 많이 있었다. 하지만 서구에서는 더 이상 장애인들을 집단으로 수용하지 않는다. 일단 집단으로 수용하게 되면 인권 유린에 대한 문제가 많이 발생하는 부작용 등이 있기 때문이다. 그래서 현재는 외딴 곳에서 집단으로 수용하지 않고, 이들에게 정상인이 사는 곳에 주거지를 마련해 주어 한두 사람이 관리할 수 있을 정도의 인원을 배치한다고 한다. 이것은 두 가지 의도가 있는데, 첫째는 장애인이 정상인과 함께 더불어 살아가는 것을 통해 힘을 얻게 된다는 것이고, 둘째는 정상인에게는 자신이 사는 세계에 건강한 사람만 있는 것이 아

니고, 이렇게 병약한 사람들이 함께 있다는 사실을 알려 좀
더 다양한 시각을 가지고 세상을 살아가도록 하는 것이다.

　장애인이 사회로부터 격리되면 우리 사회에는 두 가지 문
제가 발생한다. 첫째는 우리가 사는 사회에는 다 건강한 사람
들만 있다고 착각을 하게 된다는 것이다. 그래서 사람과 사회
를 획일적으로 보고, 나와 다른 사람은 수용하기 어려워진다.
이것은 현재 우리 사회에서도 발생하는 현상이다. 예를 들어,
주택가에 장애인 시설을 반대하는 것이 이같은 현상이다. 심
지어 같은 아파트인데 임대주택이라는 이유로 담을 쌓고 어
울리지 않으려는 구조는 우리가 병을 앓고 있다는 것을 보여
준다. 끊임없이 차별하려 하고 피해는 보지 않으려는 획일성
은 결국 개인과 사회가 가진 과도한 불안이 원인이다. 둘째는
장애 입은 사람들이 사회로부터 격리되어 있기에 늘 외진 자
리에서 신체적·심리적으로 소외의식을 가지고 살아간다. 이
렇게 사회와 그 구성원으로부터 무의식적인 차별을 받은 사
람들의 원망은 얼마나 클까?

　전 세계 거의 모든 인종이 모여 사는 미국은 이민자들로 형
성된 나라다. 그러나 이 국가가 잘 흩어지지 않고 자국 중심
으로 세계의 중심축을 유지하며 강해질 수 있는 것은 모든 민
족의 장점이 되는 문화와 종교를 수용하고 잘못된 것은 '법과
공동체'에 대한 실행과 관심으로 해결하기 때문이다. 결국 모
든 민족을 껴안을 수 있는 제도와 포용력을 가짐으로써 자국

을 계속해서 키워 나갈 수 있는 국가가 되었다.

획일화된 시각으로 세상과 나를 보면 모두가 비슷한 사람이 되어야 하고, 혹 내가 그 기준에 맞지 않는다면 그 기준을 따라가는 비슷한 사람이 되려고 하는 과정에서 우리는 잘못된 마성에 휘둘리게 될 것이다. 한 사회나 가정이 건강하려면 모든 남녀노소의 특성을 인정하고 각자의 특성을 수용해야 한다. 필자가 이 책에서 지적하는 '외면'이라는 것은 우리 사회의 외적인 관심이 너무나 지나치게 광적이고 획일성을 추구한다는 것이다. 외면을 강조하는 것, 즉 심리학적으로 페르소나라는 사회적 가면은 필요하지만 여기에 대한 지나친 관심은 자신 내면에 있는 지나친 콤플렉스로 인한 것이다. 이 지나친 콤플렉스는 개인과 사회의 제도가 책임을 져야 한다. 한동안 TV에 성형을 한 것을 후회하는 사람들을 모아서 원래의 모습으로 되돌려 주려는 프로그램이 방영된 적이 있었다. 출연진으로 나온 사람들의 현재 모습과 성형 전 사진을 보면서 놀란 것은 성형 전의 모습이 훨씬 보기가 좋았다는 점이다. 동시에 출연한 사람들이 공통적으로 내면의 세계가 너무 약하거나, 자신감을 가지는 내공이 너무 빈약하다는 것을 느꼈다. 그래서 자신의 취약점이라고 생각하는 외형을 변형시켜 자신감을 가지려고 했지만 결국 실패한 사람들이었다.

우리 사회가 가진 건강에 대한 관심도 너무나 광적이다. 필자의 지인은 독일에서 오래 생활을 하고 있는 사람이다. 하루는 그분과 이야기를 나누면서 독일과 우리나라가 대표적으로 다른 점 하나를 말해 달라고 부탁을 하니 이런 말을 했다. "한국 사람들은 건강에 대해서 너무나 병적으로 관심을 갖는다"는 것이다. 물론 독일 사람들도 건강에 대해 관심을 가지지만 한국 사람들처럼 지나친 관심은 가지지 않는다고 한다. 우리보다 앞선 선진국 사람들도 미와 건강에 대해 관심을 가지고 있지만, 중요한 것은 인생이라는 전체를 보는 가운데 미와 건강에 대해 관심을 가지는 것이지, 인생 전체를 보지 않고 건강과 외적인 것만을 끄집어 확대하여 보려는 우리의 경향과는 많이 다르다는 것이다. 지인의 말을 듣고 곰곰이 생각하여 TV를 보니 정말 상당히 많은 프로그램이 건강을 어떻게 관리하는지, 어떤 음식이 몸에 좋은지에 대해 방송을 한다는 생각을 했다. 젊은 사람들은 외관에 대한 병적인 관심을 가지고 있고, 중년 이상의 사람들은 건강에 대하여 병적인 관심을 가지고 있다. 예뻐지고 건강해지지만, 내면이 부실하면 어떤 일이 일어날까?

스위스 심리학자 칼 융은 자신의 시대에 가장 큰 고민은 장수(長壽)와 무의미의 문제로 보았다. 사회로부터 주거시설과 의식주에 대한 문제를 해결받고 복지제도가 뒷받침되어서 장수사회로는 이어지는데 장수를 지탱해 줄 정신적 차원의 의미의 부재가 문제였다. 이 말을 들을 때마다 뱀파이어(vampire) 영화 하나가 생각이 난다. 〈뱀파이어와의 인터뷰(Interview

With the Vampire: The Vampire Chronicles)〉(1994)라는 영화로 기억하는데, 뱀파이어들은 자신의 생명을 영구적으로 연장할 수 있는데 그 방법은 짐승이나 사람의 피를 먹고 그 피를 공급받아 생명을 무한으로 연장하는 것이다. 그런데 뱀파이어 중 하나가 고민에 빠진다. 영원히 사는 것은 좋지만 이렇게 다른 생명을 죽여가면서 살아가는 자신의 모습에 회의를 가지기 시작한 것이다. 장수는 하는데 사회가 '의미'를 부여해 줄 구조를 제공하는 문화가 형성되어 있지 않고, 개인도 그 의미를 스스로 가지고 있지 않다면 우리도 뱀파이어와 같은 고민에 빠지지 않을까 생각해 본다.

사람은 인생을 살아가면서 전체를 보고 부분을 말할 수 있어야 한다. 부분을 과대하게 해석하여 강조하고 그것이 인생의 전체인 것처럼 하면 언제가 우리는 인생을 잘못 살았다는 말을 할 수밖에 없을 것이다. 외적인 모습은 머리가 뛰어나거나 예체능에 발군의 실력을 나타내는 것과 같다. 그것은 사람에게서 부분만 나타낼 수 있는 분야이지 그것이 자신의 전체를 대변하는 것은 아니다. 부분을 마치 전체인 것처럼 여기는 사람이나 사회구조는 언젠가 혹독한 시련을 당하기 마련이다. 혹 우리에게 잘할 수 있는 하나는 전체 그림을 보기 위하여 기초로 나가야 하는 발판일 뿐이지 그것이 전체는 아니다.

젊은 날에 외적인 것이 눈에 크게 부각되어 들어올 수는 있지만, 사람은 미(美)라는 외관이나 조건만으로 사는 것은 아니다. 오히려 자신의 내면세계를 더 바르게 하는 것이 장기적으로 훨씬 좋다. 한 유명배우가 잘나가던 시절에 인기를 등에 업고 자신의 배역에 태만하고 콧대가 높아져 보이는 것이 없던 시절이 있었다. 하지만 세월이 지나면서 사람들이 거만한 자신을 싫어하고 배역으로 써 주지 않았다. 그래서 나락을 거듭하다가 주연에서 조연으로 겨우 살아가게 되었다. 주연급 배우의 모욕적인 결과였지만, 그는 자신의 태만으로 이렇게 된 것임을 인정하고 조연으로서의 역할에 최선을 다했다. 그런데 이 조연이 최선을 다해 노력을 하자 드라마의 내용이 조연 중심으로 움직이기 시작하였고, 자신의 명예도 회복하게 되었다. 조연이지만 자신이 맡은 일에 최선을 다할 때 주연 같은 조연이 된다는 법칙은 삶의 교훈이다. 주연을 할 만큼의 외적 조건이 중요한 것이 아니라, 조연을 하더라도 그 역할에 충실하면 오히려 조연이 주연이 될 수 있다는 내면세계의 철학과 가치관을 가지는 것이 훨씬 중요하다.

아주 부분적인 것을 마치 전체인 것처럼 생각하여 개인과 사회가 움직이는 것은 개인과 사회가 가지고 있는 '불안(anxiety)' 때문이다. 이 세상에 불안이 없는 사람은 없다. 그러나 과도한 불안을 가진 사회와 개인은 분명히 있다. 과도한 불안은 한 가지 사실밖에 보지 못하게 한다. 그 한 가지가 해결되면 모든 것이 다 해결된 것처럼 여기고, 그 한 가지가 안 되면 절망 가운데 놓이게 된다. 그래서 우리가 가진 지나친 불안은 매우 획일적 사고와 행동에 익숙해지도록 우리를 내몰아 버리는 것이다.

이 불안의 내부에는 '죽음'을 부정하려는 마음이 깊게 뿌리내리고 있다. 죽음은 삶과 함께 인생을 이루는 두 가지 축이다. 잘 죽으려면 바르게 살아야 하고, 바르게 살면 죽음을 내 삶의 다른 한 부분으로 수용할 수 있는 것이다. 삶과 죽음은 동전의 양면과 같은 것이어서 둘 중 하나를 버리고 살 수는 없다. 모든 살아 움직이는 생명체에게 그림자가 함께 이동하듯이 사람에게는 죽음이 삶과 늘 함께 있어서 균형을 이루어야 한다. 그러나 이 균형은 한쪽에 치우칠 때 깨져 사람에게 문제를 일으킨다. 사람이 정신적으로 성숙하기 이전에 죽음과 같은 상실과 박탈의 경험을 많이 하면 불안한 신경증에 시달리게 된다. 그래서 현실 생활의 적응에 어려움을 겪는다. 반대로 죽음을 등한시하면 외적으로 쏠린 관심에 모든 것을 집중해 버리는 개인이 될 수 있다. 그래서 외모를 포함한 외적인 것에 과도한 관심은 죽음불안에 대한 무의식적 방어다.

우리 사회가 외관과 건강에 지나치게 관심을 가지고 있다는 것은 죽음을 부정하는 사회구조 속에 살고 있다는 것과 같다. 숙명적인 죽음을 너무 일찍 받아들일 필요는 없지만 누구나 피할 수 없는 죽음을 관심 밖으로 내몰고 죽음과 전혀 무관한 것처럼 살려는 것은 극심한 균형상실을 초래하여 삶 자체를 한쪽으로 몰고 갈 수밖에 없게 만든다. 외관과 건강에 지나친 관심을 갖고 동시에 우리 사회가 대학을 선호하고 가급적 좋은 대학에 보내려는 심리는 무엇일까? 사회에 깊이 뿌리내리고 있는, 좋은 대학 아니면 마치 인생에 답이 없다는 생각으로 가득 차 있는 획일성의 불안 때문이다. 그러나 인생의 길은 획일성에 있지 않고 다양성의 바다에 모험하는 것을 통해 깨닫는 길에 있다. 적당한 외관이나 건강 그리고 교육에 대한 관심은 인간이면 누구나 바라는 것이겠지만, 지나친 관심은 불안에서 오는 것이며 특히 외관과 건강이 늙어 가는 것 그리고 죽음이라는 것을 극도로 경계하고 가까이 하지 않으려는 것을 반영하는 것이다. 이렇게 무의식적으로 죽음을 삶의 부분에서 배제해 버리려는 것은 많은 에너지가 투입되어 정작 관심을 가져야 하는 일상의 소소함을 느낄 수 있는 정상적인 생활이 관심 밖으로 밀려나 버리기도 한다.

109

2. 교육의 편향성과 기술백치

뉴질랜드에서 고등학생이 가장 선호하는 직업이 양털을 깎는 직업과 건축업이라는 말을 들었다. 물론 고등학생의 30% 정도만 대학에 진학하고, 나머지는 취업을 비롯한 다양한 가능성을 선택한다. 대다수의 선진국은 고등학교 학생들의 30% 정도만이 대학에 진학한다. 독일의 교육제도는 초등학교 내내 한 명의 교사가 담임을 맡아 학생의 적성 및 수학능력을 평가하여 학생에게 맞는 고등학교에 가도록 지도한다. 고등학교는 대학 진학을 위한 곳, 사무직 그리고 기능직을 위한 곳이 있어 학생들은 교사의 추천에 의해서 진학을 한다. 그리고 기능직 고등학교를 졸업해도 대학교를 졸업한 사람들과 비슷한 수준의 급여를 받기도 하고, 때로는 기능직이 더 많은 급여를 받기도 한다.

우리나라는 교육과 대학에 대한 선망이 가득 차 있다. 교육의 관심과 투자가 오늘의 한국 사회를 형성했다는 긍정적인 부분도 있지만, 장기적인 면에서 보면 여전히 부정적인 요소가 많다고 생각한다. 그동안 상담을 나눈 많은 내담자가 자신의 교육환경이나 자녀의 교육환경으로 인해 불안과 불행 가운데 살아가는 것을 목격했기 때문에 나는 우리의 교육제도에 대한 시급한 수술이 필요하다고 생각한다.

언어와 기술은 인간이 동물과 구별되어 개인과 집단의 문화를 형성하게 된 이유다. 그리고 이 언어와 기술은 인간이 만든 교육제도에 의해서 학습교육과 반복을 통하여 습득된다. 그런데 이 교육을 제공하는 학교가 교육내용을 기술과 방법에만 중점을 두면 학생들의 인간성이 이탈되고 소외되는 현상이 발생한다. 학교에서 배우는 교육이 인간성을 중요시하지 않고 단순하게 학습만을 강조하다 보면 실체는 없고 부수적인 것을 중요시하는 형식주의적 교육에 빠지게 되고, 자신이 교육에서 습득한 기술과 방법만을 최고로 여겨 그것에 완벽하게 의지하게 되는 완벽주의에 묻히게 된다.[3] 그리고 그 배운 기술과 방법으로 자신과 타인에게 피해를 주는 것을 '기술백치(Craftidiocy)'라고 한다.

교육을 통한 기술과 방법은 필요한 것이지만 교육이 기술과 방법만을 과도하게 강조하면 사람들은 기술과 방법을 마치 진리처럼 여기게 된다. 학교에서 학습되는 교육은 진리를 알아가기 위한 수단인데 그 자체가 진리라는 목적성을 가지게 되면 진리가 아닌 것을 진리인 것 같이 여기게 되고, 이 기준에 맞는 사람을 가장 진리에 가까운 사람인 것처럼 여길 수 있다.[4] 기술과 방법만이 이 세상을 사는 최고의 가치라고 생각하는 부모와 학교 그리고 국가의 교육정책이 지속되면 그 교육은 효율성만 지나치게 강조하고 이것에 의해 인간의 성패가 좌우된다는 허상의 진리를 학생과 국민들에게 심어 줄 것이다. 특히 이러한 교육적 구조가 어려서부터 가정과 교육에 뿌리 내리고 있다면 심각한 두 가지의 피해가 나타나는데 이 교육구조에서 두각을 나타내지 못하는 학생들과 관련된다. 하나는 학생들 자신이 그러한 교육구조 안에 들어가서 어떤 실적을 쌓지 못하면 열등감을 가지고 자신이 부적합 (inadequacy)하다는 생각을 가진다. 그리고 자신이 무능력하다는 것을 느끼게 된다.[5] 다른 하나는 이 범주 안에 들어오는 학생들이 가지는 환상이다. 자신이 교육구조의 생존에서 최상을 달림으로 마치 진리를 잡은 것과 같은 착각을 가지게 되는 것이다. 그래서 기술백치는 크게 두 가지 피해를 주는 것이다.

필자는 초등학교 시절에 관심 있는 과목이 미술과 체육이었다. 그것을 잘해서가 아니고 스스로 무엇인가에 간섭 받지 않고 할 수 있는 과목이었기 때문이다. 초등학교 5학년 미술 시간에 데칼코마니 기법을 사용하는 것을 배운 적이 있다. 데칼코마니는 색종이 위에 물감을 짠 후 색종이를 반으로 접으면 모양이 나오는데 내 생각에는 순전히 우연의 일치로 작품이 나오는 것 같았다. 장난기 많은 나는 물감을 색종이 위에 짜서 색종이를 접었는데 큰 나비 모양이 나타났다. 지나가던 담임선생님이 내 작품을 보고는 칭찬을 해 주었고 그 칭찬은 내가 처음 듣는 칭찬이었다. 내 작품은 교실 뒤편 게시판에 한동안 전시되었고, 나는 매시간 뒷문으로 출입하면서 내 작품이 전시되었다는 뿌듯함에 사로잡혀 지냈다. 그래서 지금도 남색의 색종이 위에 그려진 대부분 검은 색인 나비 모양과 중앙에 점처럼 찍혀 있는 주황색과 흰색이 첨가된 제비나비의 형상을 기억하고 있다.

미술시간의 칭찬은 그해 겨울방학 때 숙제였던 풍경화 그려오기에서 효과가 나타났다. 겨울방학에 풍경화를 그려오라는 숙제가 조금은 이상했지만, 다른 해와 다르게 그해 겨울방학 풍경화 숙제는 내게 어떻게 하면 잘 그릴 수 있을까 하는 고민에 빠지게 했다. 나는 탐색하며 호기심을 가지고 그릴 풍경을 찾았고, 마침내 달력 속에 그려진 겨울 풍경화가 눈에 들어왔다. 창조는 모방에서 온다고 했던가. 심혈을 다해서 족자 모양의 달력에 그려진 얼음이 녹는 시냇물의 풍경을 모방해서 그리기 시작했다. 그래서 아직도 나에게는 그 풍경화의 풍경이 눈에 뚜렷하게 남아 있다. 방학이 끝나고 방학숙제를 학교에 가지고 가서 서로의 그림을 보았는데 당시 친구들이 내가 그린 풍경화를 보고 이구동성으로 누가 그려 준 것이라고 의심했다. 선생님의 관심을 받고 그린 풍경화가 친구들의 눈에는 초등학교 5학년이 그릴 수 없는 그림으로 보였던 모양이었다. 내가 그린 것이라고 했지만 아무도 믿지 않아 속상했었다. 만일 내가 미술적인 재능이 있었다면 선생님의 격려와 더불어 나는 아마 미술계에서 일하고 있었을 것이다. 그러나 불행히도 미적인 감각이 없어서 미술과 연을 잇지는 못했지만, 선생님의 관심은 어린 나에게 잠시나마 미술에 대한 열정을 가지게 했다. 필자가 아는 한 학생은 국어시간에 시를 썼는데 선생님이 칭찬을 해 줘서 그날 이후로 연속해서 시 300편 정도를 써 보았다는 말도 들었다.

심리학자 에릭슨은 교육을 통해 기술과 방법을 습득하는 학창시절에 가장 중요한 것은 교사이며, 그 이유는 학생들이 교사의 관심을 받기 위해 근면성을 익히기 때문이라고 했다. 대다수는 머리가 좋으면 세상의 모든 일이 잘될 것이라는 망상 속에 살아가고 있고, 그것을 규정화하며 생활하고 있으며, 나라의 교육구조가 이 신념을 개선해 주지 못하기에 대다수의 사람이 그것을 주문처럼 외우고, 부적처럼 가지며 살아가고 있다.

우리의 교육구조는 앞서 지적한 대로 기술백치에 빠져 있다. 그래서 학창시절에 모범생이던 내담자는 열등생이던 자신의 동기와 자신을 비교하면서 열등생이던 그 친구가 지금 잘된 것에 대해 심한 자괴감을 갖는 경우가 종종 있다. 그 사람은 학창시절의 모범생은 사회에서도 잘나가야 하고, 학창시절의 열등생은 사회에서도 열등하게 살아가는 것이 당연하다는 생각을 품고 있는 것 같았다. 아주 획일적인 교육의 환경이 우리로 하여금 이런 생각을 하도록 만들었다. 옛말에 이런 말이 있다. 잘난 자식은 효도하는 법이 없고, 오히려 못난 자식이 효도를 한다는 말이다. 이 말은 결코 세상살이가 획일적이지 않고 역전이 일어날 수 있다는 것을 의미한다. 학교 우등생이 사회 열등생으로 살 수도 있고, 학교 열등생이 사회 우등생으로 살 수 있는 것이다. 그리고 우리는 이런 인생의 역전을 통해 그리고 사람들의 이런 변화를 통해 인생의 답이 하나만이 아니라는 사실을 조금이나마 깨달아 가는 것이다. 너무 근시적으로 사람을 보면 사람과 생명을 잃는다.

필자가 사는 동네에서 가까운 곳에 고등학교가 있다. 동절기 어느 날 저녁 9시 무렵에 그 학교 앞을 지나는데 학교 전체 교실에 형광등이 켜져 있는 것을 보고 문득 학교가 마치 '정신병원' 같다는 생각이 들었다. 아이들을 새벽 일찍 깨워 적어도 8시부터 수업을 시작하여 저녁 9시까지 학교 안에 집어넣고 교육으로 통제하는 모습을 보니 사람이 교육을 받는 것이 아니라 동물을 집어넣고 사육하는 것 같았다. 양계장을 하는 사람들 중에는 좋은 계란을 가지기 위해서 닭들이 잠을 잘 시간이 되면 양계장 전체에 불을 꺼서 잠을 잘 잘 수 있는 환경을 조성해 주는 사람이 있다. 이렇게 밤과 낮을 구분해서 활동을 시켜 주면 닭들이 낳는 계란이 훨씬 크고 양질의 것이 된다는 것이다. 해마다 가축 전염병으로 농민들이 피해를 많이 보고 있는데 이렇게 가축이 전염병에 취약한 이유는 가축이 방목되지 않고, 자유로운 공간 없이 비좁은 울타리 안에서 먹고 자고 배변하는 일상을 되풀이하기 때문이라고 보는 사람들도 많다. 한 지인은 자신이 기르는 가축은 거의 방목을 하기 때문에 전염병이 돌았을 때도 병으로 피해를 입지 않았다고 했다.

우리 사회에 청소년 문제가 심각한 것은 아이들이 호흡하고 자신의 시간과 공간을 가질 시간을 사회구조와 교육제도에서 마련해 주지 않기 때문이다. 젖소에게 젖을 짤 때 음악을 들려주면 훨씬 편하고 안정되게 젖을 짤 수 있다고 한다. 음식도 발효과정에 음악을 들려주면 정말 맛깔나는 음식이 된다고 한다. 이와 같이 사람들에게 개인이 가질 수 있는 시간과 공간의 '쉼'은 '숨'이며, '숨'은 '영혼'이다. 이것을 확인할 수 있는 개인은 의미있는 행복을 가질 수 있다. 입시철이 아니더라도 학부모들로 인해 매년 교회와 절은 인산인해를 이룬다. 신도 고민에 빠지겠다. 어떤 아이는 붙여 주고 어떤 아이를 떨어트려야 하는데 한국 학부모 때문에 신조차도 불안할 것 같다. 입시 후에는 학교별 지원전략을 학원에서 주관하고, 대학교들은 영어, 수학, 과학 등의 경시제도를 통하여 학부모들을 부추기고 있으며, 입시설명회나 입시전략설명회에 가면 학생보다 학부모가 더 많이 모이니 누가 학부모고 누가 학생인지 헷갈린다. 이러한 부모의 극성에는 좋은 대학을 가야만 안정된 인생길을 갈 수 있다는 생각이 있고, 그러한 관념이 우리 사회를 지배하고 있다는 것을 반증하는 것이다. 이렇게 사회적 관심이 대학을 위한 교육에 집중되어 있으니 사교육 시장이 너무 방대해졌다. 사교육이 어느 정도 필요한 것은 사실이지만 우리 사회를 지배하는 사교육 풍토는 어려서부터 아이들의 인성을 망치는 결과를 낳는다. 아이들의 공간과 시간은 없어지고, 사회구조와 부모가 마련한 공간과 시간은 질식할 것 같은 것이다. 우리 아이들은 부모와의 유대관계를 통해 심리적 안정과 가정이라는 울타리를 배우는 시간을 교육제도로 인해 다 빼앗기고 있다. 어떻게 대화하는지, 어떻게 배려하는지, 부모의 근심이 무엇인지 또는 부모는 자녀의 걱정이 무엇인지에 대한 것을 알 수 있는 시간과 공간이 어쩌면 전부 상실되고 있다.

자신을 어려서부터 너무 학원으로만 돌리는 부모를 향해 한 청소년은 어려서는 부모의 말에 따를 수밖에 없었지만 청소년이 되어서는 도저히 참을 수 없어서 "나를 잃어버리려면 학원에 보내고, 얻으려면 학원에 보내지 마세요"라는 말을 부모에게 했다. 그리고 부모는 이 말을 듣고 정신을 차렸다고 한다. 중산층의 어느 한 부부는 두 아들이 고등학교를 다니고 있는데 학원비만 한 달에 몇백만 원 정도 든다고 했다. 학원에 보내기 위해서 부모가 맞벌이를 하였는데, 아버지도 일을 했고, 어머니는 맥주 집을 운영했다. 맥주 집은 저녁시간부터 새벽시간까지 영업을 하기 때문에 어머니는 새벽 5~6시경에 집으로 와서 잠이 들고 남편이 일어나 아이들이 학교 가는 것

2. 교육의 편향성과 기술백치 ··· **117**

을 돌보아 준다고 했다. 아버지가 아침에 퇴근을 할 때는 어
머니는 일을 하러 나가니 아이들이 부모와 대면할 시간이 거
의 없고, 부부간에도 대면할 시간이 거의 없는 것이다. 나는
이 상황을 지켜보면서 잘못된 교육구조가 가정을 해체시키고
있다는 생각을 했다. 사교육은 경우에 따라 필요하지만 지금
은 너무 과하다. 우리나라 사교육 시장은 1년에 33조 원가량
으로 매우 크다. 이 과한 지출로 인해 가족이 힘들고, 부모의
노년생활이 더 어려워지는 것이다.

말할 수 없는 폭력과 상상할 수 없는 청소년의 비행이 학
교 안과 밖에서 발생하는 이유는 무엇일까? 종교사회 심리
학자 피터 버거(Berger, P.)는 안정되고 정착된 생활의 구조
가 산업사회로 들어가면서 사람들에게 불안을 가중하고, 특
히 산업사회가 공교육 제도를 만들어 교육 틀과 제도에 대한
반란을 가져왔으며, 이 공교육 제도에 갇혀 있는 사람들은 마
치 '집을 잃어버린 자(the homeless)'와 같은 심리적 충격 속
에 있다는 말을 했다. 그리고 어떤 생산을 위해 이미 제도화
되어 있는 부르주아적 구조와 그 구조 안에서 경험하는 비인
간적 추상적 구조를 청소년이 직면하고 여기서 발생하는 것
이 청소년의 분노다. 어쩌면 우리 사회에서 청소년의 탈선과
비행은 자신의 공간과 시간을 송두리째 빼앗아 가는 교육제
도와 거기로부터 보호해 주지 못하는 사회와 부모세대에 대
한 분노의 표출이며, 자유롭고 절제된 공간과 시간을 찾아달

라는 절규일 수 있다. 가출 팸, 학교폭력, 교사와 학생의 갈등, 자살 등은 기술백치를 조장하는 제도권 교육과 이를 방관하고 있는 기성세대에 대한 분노다.[6] 에릭슨은 '톱니바퀴(cogwheel)'라는 용어를 사용하면서 한 가정에서 부모의 영향을 자녀들이 습득하게 된다는 것을 설명한다. 자녀는 정확하게 부모가 가진 정신적이고 신체적인 습관을 모방한다는 것이다. 더 확대해석하면 우리 사회가 가진 기술백치의 경향은 청소년의 문제가 아니라 기성세대의 가치를 교육과 청소년의 세계가 그대로 물려받은 것이라는 것이다.

사회는 변하여 집단의 가치에서 개인의 가치가 중요한 시기가 되었는데 교육은 잘못된 교육제도로 인해 여전히 기술백치에 빠져서 학생들의 다양성을 보는 데 실패하고, 명문학교의 기준은 좋은 대학을 몇 명 입학시켰는지, 의대를 몇 명 보내었는가로 판단하는 사회구조가 되었으며, 이 구조 속에서 아이들은 창의성을 잃어 가며, 이는 국가적 손실이 된다. 이런 잘못된 교육구조가 초래하는 문제는 최고의 교육기관인 대학에서도 여실히 나타난다. 그래서 요사이 대학은 취업을 얼마나 많이 시키는가에 의해 평가를 받고 정부지원금을 수령하니, 대학이 자유롭고 창의적인 생각을 펼칠 수 있는 장이 아니라 취업 박물관이 되었다. 이것은 초등학교부터 시작되는 교육방식과 사회환경과 무관하지 않다. 기술과 방법에 대한 교육은 필요하고, 또 잘할 필요가 있다고 생각한다. 그러나 이것만이 학교와 개인을 판단하는 데 있어 중요한 판단기준이 된다면 마치 얼굴과 근육질만을 강조하는 사회분위기와 도대체 무슨 차이가 있을까?

요요마(Yo-Yo Ma)라는 음악인에 대한 기사를 보면서 유명한 연주가로서 이렇게 오랫동안 사람들에게 좋은 음악을 들려줄 수 있는 이유는 무엇일까 생각하다가 대학에서 배운 공부와 연관되었다고 생각하였다. 요요마는 첼로리스트임에도 학부에서 철학을 전공했다. 물론 악기를 잘 다루어서 전문적으로 악기를 연주하는 대학에 들어간 사람도 많지만, 음악을 포함한 예술의 분야에는 결국 '인간'에 대한 고민이 자리 잡고 있기 때문에 길게 음악 인생을 보면서 인간에 대해 공부한 것은 좋은 결정이었다고 본다. 인간에 대한 정의와 고민 그리고 불가지론에 대한 고민이 자신의 예술세계를 넘나드는 사람의 음악은 그냥 도제식으로 학습되어 연주되는 기교와는 많은 차이가 있으리라 생각한다.

여행 중에 프랑스에서 재즈기타를 배운다는 학생을 우연히 만나서 이야기를 한 적이 있다. 이 학생이 하는 말은 한국에 재즈기타를 잘 치는 사람이 너무 많다는 것이다. 그래서 각 나라의 재즈기타 연주 평점을 비교하면 우리나라가 훨씬 높다고 한다. 그 이유는 그들은 모방과 도제식 교육을 통해서 기술과 방법을 배웠기 때문이다. 그런데 재즈기타를 잘 치는 사람은 많지만 탁월한 사람은 많지 않다고 말했다. 탁월한 사람이 되려면 단순히 반복된 교육의 기술과 방법을 뛰어넘어야 하는데 그것을 넘지 못하기 때문에 탁월하게 잘 치는 사람이 없다는 것이다. 우수한 사람이 되려면 기술과 방법에 대한 습득만이 아니라, 그 이전에 그러한 것이 인간사회를 위해 왜 필요한지에 대한 고민을 하도록 해야 한다. 그리고 그 기술과 방법이 인간사회에 '왜?(why)' '어떻게?(how)'라는 질문을 하게 하여 획일적 답으로부터 고착되지 않도록 근원적 질문을 제기함으로써 풀어 가도록 해야 한다. 결국 모든 교육과 기술은 근본적으로 사람에 대한 고민에서 시작되어야 그 답들이 정갈하게 나올 수 있다.

나라 경제가 어려워서 사람들은 경제에 대한 관심이 많아지고, 젊은이들을 위한 일자리 창출과 창업 등에 대한 대책에 관심을 갖지만 이 현상에는 아주 중요한 관심의 축이 빠져 있다. 경제가 외적인 것이라면 경제를 다루는 마음을 세우는 교육은 내직인 것이다. 그리고 교육은 기술과 방법만을 가르치는 기관이 되어서는 안 된다. 기술과 방법은 학원이 더 잘 가르칠 수 있다. 기술과 방법은 최종 목적이 아니라, 인간의 장(場)에 대한 이해와 참여를 위한 수단이 되어야 하고, 경제 역시 '돈'이 최고의 목적이 아니라, 공동체의 선을 위한 도구로 여겨져야 한다. 그래서 우리는 돈과 교육에 '사악해지지 말아야' 진정한 인간의 길과 목적이 보이게 되는 것이다. 그래서 교육과 경제는 항상 병행해서 균형을 이루는 것이 필요하다. 뛰어난 기량을 가진 훌륭한 인재들은 사람과 문화에 대한 진지한 고민을 해야 하고, 그것을 기반으로 해서 우리 사회는 기술백치의 오류에서 탈피해야 할 것이다.

3. 이분법적 사고

📖

사람은 불안할수록 획일적인 것과 완전한 것을 선호한다. 완전하려는 것은 나쁜 것은 아니지만, 매사에 완전성을 추구하고 실수하는 것을 용납하지 못하는 사람이라면 이것은 병에 걸렸다고 하지 그 사람이 완전하다는 것을 의미하지 않는다. 필자는 완전을 추구하는 부모 밑에서 성장하느라 멀쩡하던 자녀가 자신을 비하하며 세상에 적응하지 못하는 경우를 많이 보았다. 오히려 부모의 간섭과 완전성이 없었다면 자녀가 성숙하게 성장했을 텐데 부모의 심한 간섭으로 오랜 세월을 방황하고 있다. 완전성 추구가 병이었기에 자녀가 병을 얻은 것이다.

K는 외적 조건이 좋은 집안에서 성장하였다. 그러나 부모가 가진 학문에 대한 욕심으로 인생이 서서히 빗나가기 시작했다. 대개 한국의 부모가 그러는 것과 같이 K의 부모도 K가 공부를 한다고 하면 그리고 공부에 필요하다고 하면 모든 것을 투자하였다. 많은 부모가 자신의 아이가 어릴 때는 천재라고 생각하여 모든 것을 다 시키려고 하는 것처럼 K의 부모도 그랬다. 그런데 K가 중학교 때부터 부모의 기대에 못 미치기

시작했다. 하지만 공부에 대한 부모의 압력은 계속되었고 결국 대학이 맘에 들지 않는 부모는 K를 회유하여 부모가 원하는 대학으로 옮겼지만 K는 내내 적응을 하지 못하고 많은 시간을 스스로 무자격자라고 생각하면서 젊은 날을 보냈다. 필자는 이 사례도 부모가 가진 불안에서(부모 자신에 대한 불만족의 콤플렉스) 시작되었다고 생각한다. 부모의 과다한 완벽성의 추구가 K를 병들게 했으며, 결국 K는 많은 세월을 거슬러가서 다시 원점에서 시작하게 되었다. 아동정신과 의사였던 도널드 위니컷(Winnicott, D.)은 완벽성과 연관된 재미있고도 깊은 통찰력을 제공한다. 그는 부모가 전심으로 자녀를 양육하면 아이는 그것을 즐기면서도 시간이 지나면 '전능성의 환영(illusion of omnipotence)'을 가지게 된다고 보았다. 이것은 부모가 자신의 요구대로 움직이니, 성숙하지 않은 아이는 부모가 자신에게 지극정성으로 양육하는 수고를 보지 못하고, 부모가 자신의 요구대로 움직인다는 착각에 빠지는 것을 의미한다. 그리고 부모가 피곤하거나 아이의 요구를 잘 듣지 못해서 반응을 안 해 주면 아이는 이분법적(dichotomy) 사고를 가지기 시작한다고 보았다. 이분법적 사고란 나에게 잘해 주는 사람은 진짜 부모이고, 나에게 못 해 주는 사람은 가짜 부모라는 생각이다. 그런데 같은 부모를 보고 이분법적으로 생각을 하게 되면 그때부터 아이의 정신적인 성장은 멈춘다는 것이다. 하지만 아이가 자신에게 잘 해 주는 사람도 부모이고, 못 해 주는 사람도 부모라는 사실을 알게 될 때부터 아이의 정신적인 성장이 계속될 수 있다고 보았다.

필자는 위니컷의 교훈이 우리 개인과 사회에 제공하는 것이 많다고 생각한다. 아이가 자기 요구대로 부모가 움직여 주지 않을 때 가지는 '이분법적 사고'는 흑백논리다. 내 뜻대로 움직이는 것은 좋은 것이고, 내 뜻대로 해 주지 않는 것은 나쁜 것이라는 생각이다. 이분법적 사고는 자기 뜻과 일치하는 획일성을 요구하는 생각이다. 그리고 이렇게 생각하는 사람이 정신적인 성장이 멈춘다는 것은 매우 중요한 통찰이라고 본다. 내 뜻에 의해 자녀가 말을 듣고, 가족이 움직이고, 내 뜻대로 조직이 움직여야 한다는 것은 좋은 것이 아니라 장기적으로 보면 그렇게 생각하는 사람의 정신적인 성숙이 이미 정체되어 있거나 퇴보하고 있다는 것을 의미한다. 이것은 마치 살아 움직이는 사람에게 '당신은 그림자가 없어야 해'라고 말하는 것과 같다. 그림자 없는 사람이 어디 있고, 실수 없는 사람이 어디 있으며, 이중성이 없는 사람이 어디 있고, 작심삼일을 경험해 보지 않는 사람이 어디 있으며, 실패하지 않고 살아가는 사람은 이 세상 어디에 있을까? 그림자 없는 사람은 죽은 사람일 뿐이다. '그림자 없이 완벽하게 살아라'라는 말은 심적으로 죽으라는 말과 같다.

한 대학생의 일상을 들으면서 아주 기특한 청년이라고 여겼다. 부모님의 이혼으로 어려서부터 어머니와만 같이 살게 된

이 여학생은 어머니가 살림과 경제를 다 책임졌기 때문에 최선을 다해서 학교생활을 했다. 그야말로 모범생이었다. 어머니가 원하는 대학과 전망 있는 과에 합격해서 4년 내내 장학금을 받으면서 공부를 했을 정도로 학업에 열심이었다. 그리고 이 어려운 취업난 시대에 졸업과 동시에 모두가 선망하는 대기업에 취직도 했다. 그런데 어머니는 이 여학생에게 또 요구하는 것이 생겼다. 그리고 여학생은 그로 인해 어머니에게 가지는 불만을 말했다. 그때 이 학생이 한 말이 가슴이 많이 남는다. "만일 내가 어머니가 요구하는 대로 못했다면, 중·고등학교 시절에 공부도 안 했고, 대학도 원하는 곳에 입학하지 못했으며, 장학금도 받지 못하고, 대기업에 취직을 못했다면 어머니가 나를 사랑했을 것인가?"라는 말이었다. 필자는 만일 이 학생이 그렇게 하지 않았으면 어머니가 딸을 사랑하지 않았을 것 같다는 느낌을 받았다. 어머니는 딸에게 요구하는 것이 너무 많았고, 딸이 자신의 요구에 따라 실행된 결과를 가져옴으로 어머니가 생각하는 것들이 실현되었다는 전능성의 환영에 빠져 있는 것과 같다는 생각을 했다. 그리고 딸도 어머니의 요구를 너무나 충실하게 따랐기 때문에 뒤늦게 '자기'에 대한 정체성의 혼란을 겪은 것이다. 자기 자신이 있기보다는 어머니의 요구에 맞추어 살아갔기 때문이다.

획일성을 추구하는 완벽성은 가족 간에 가장 많은 문제를 일으키지만, 단체나 국가에서도 마찬가지다. 20세기 다양한 분야에 영향을 미쳤던 하버드 대학교 교수였던 폴 틸리히(Tillich, P.)는 그가 1950년대 후반에 쓴 『19세기 · 20세기 프로테스탄트 사상사』라는 책에서 구소련의 붕괴를 예언했는데, 가장 큰 이유는 구소련이란 국가는 국가이념을 모든 이념의 최상위에 놓고 어떤 것도 이것을 비판할 수 없는 위치에 놓았기 때문이다. 한 개인이나 단체 그리고 국가가 명심해야 할 것은 자신이 가진 가치관 등이 어떤 것에 의해서 비판이나 비평을 안 받는다는 것은 획일적이고 독단적이라는 것인데, 이는 자체 내의 모순, 즉 인간이 만든 어떤 것이라도 단점이 있다는 것을 인정하지 않는 것이기 때문에 결국 자기모순으로 이념 혹은 가치관이 해체된다는 점이다. 그러면서 폴틸리히는 개인과 단체나 국가를 비평할 수 있는 '수직적 차원(vertical dimension)'을 인정해야 한다는 말을 했다. 이 수직적 차원은 절대자를 의미하며, 이 절대자 앞에 서 있는 개인과 단체는 항상 갱신이 되어야 한다는 것이다. 그것은 인간이 가진 모순점을 인정하고, 개선해야 한다는 의미다.

가톨릭 교회에서는 기적과 신비에 대한 논쟁이 있기 때문에 '악마의 대변자(Devils' advocate)'라는 제도를 도입했다. 기적과 신비는 있지만 이것을 속이는 사건들이 있어 이에 현혹될 수 있다고 보기 때문에, 이 제도를 통해 기적과 신비에 대한 반대론자들을 일부러 만들어서 반대의견을 집요하게 계속 내놓는 것이다. 그래서 그 반대의견에 대하여 설득력 있는

답과 증거를 보이도록 한다. 이렇게 함으로써 어떻게 하든지 객관적이고 합리적인 대안을 마련하고자 노력하는 것이다.

현재의 개신교나 가톨릭을 종교로 가진 서구사회가 그렇지 못한 사회나 국가보다 사람들의 의식이나 문명 자체가 조금은 앞서 있다는 느낌을 가지는데, 그 이유를 서구사회가 가진 계몽주의에 두고 있다. 중세기 문예부흥부터 시작하여 종교개혁에 이르기까지 이러한 운동이 발생한 가장 큰 원인은 신의 이름으로 집권한 특권층의 자기중심적 이기성과 힘의 오용에 대하여 시민계급이 항거했기 때문이며, 이러한 계몽주의 시기를 겪었기에 서구사회가 조금 진일보해 있는 것이다. 역사가 주는 교훈은 획일성이라는 것이 구심점을 가지는 데는 지금 당장 힘을 발휘할 수 있어 좋겠지만 자기모순에 빠지는 결과를 낳을 수 있기 때문에 계몽주의적 시각에서 논의가 되어야 미래가 있을 수 있다.

구글(google)은 미국인이 가장 취직하고 싶은 회사 중의 한 곳이다. 이 회사도 다른 회사보다 더 높은 경제적 이익을 창출해 내는 것이 목적이지만 타 회사와 다른 것은 회사 내의 친근감, 유쾌함 그리고 협력성이라고 본다. 인간의 진화과정에서 역사와 경험을 통해 알게 된 인간이 친근감, 유쾌성, 협력이 필요한 이유는 공정성·상호성·호혜주의라는 도덕관념 때문이다. 그래서 구글은 성공과 성취 그리고 물질적 이득에 눈이 멀어 있는 것이 아니라 사원들이 '느슨한 창의성

(loose creativity)'을 가질 수 있도록 한다. 획일적으로 너도나도 없이 일에 중독되다시피 하면 일의 성과가 나올 수는 있으나, 이 결과가 나오는 과정과 그 후의 불안과 허전함은 그와 동등한 힘을 가진 중독과 같은 부정적인 요소로 풀어야 할 것이다. 그러기에 느슨함은 노는 것이 아니고, 개인이 가질 수 있는 시간과 공간을 가지게 하는 것이다. 이렇게 함으로써 창출되는 에너지는 창의적이고 이것을 접하는 사람들에게 생동감을 줄 수 있는 것이다. 동시에 구글의 모토는 '사악해지지 말자(Don't be evil)'라고 정해 이것을 지키려고 노력하는 진지한 모습이 있다고 한다. 개인이나 집단이 사악해지는 것은 자기중심적인 획일성만을 추구할 때다.

한 인류학자의 조사에서도 다양성이라는 것이 얼마나 인류에게 도움이 되는가를 지적한다. 현대에도 존속하는 원시부족을 조사하다가 원시부족들이 가진 유전병을 발견하게 되었는데, 이 조사를 통해 조사대상에 있었던 두 부족이 아주 오래전에는 같은 부족이었다는 사실을 발견했다. 그런데 이 두 부족은 결혼제도 때문에 갈라서게 되었다. 한 부족은 부족 안에서만 혼인을 허락하였고 다른 부족은 부족 외의 결혼에도 문을 열어 두었기 때문이었다. 유전적으로 부족 내에서만 결혼을 허락한 부족은 그 부족이 가지는 유전병에서 벗어날 수 없었지만, 족외 혼인을 허락한 부족은 타 부족과의 결혼을 통해서 유전병이 점점 희석되는 결과를 가지게 되었다.

　내 생각, 내 입장만 추구하는 것은 우리가 가진 과도한 불안에서 시작된다. 그래서 이것 아니면 방법이 없다는 망상적 신념, 거짓된 신념에 사로잡힌다. 이것은 획일성을 추구하는 사회에서 마치 해결방법과 정확한 답인 것 같지만, 장기적으로 보면 개인이나 사회를 건강하게 만들지 못한다. 오늘날 우리 개인과 사회가 가지고 있는 이분법적 생각과 구조에서 '공동의 선'이 무엇이고, 이것을 '어떻게 추구해야 하나'는 다양성의 각도에서 논의되어야 한다. 공동의 선을 위한 이분법적 편향성에 대한 비판은 개인으로 하여금 미래에 서서히 소풍 같은 인생살이를 기대하게 할 것이다.

4. 성공과 열정의 함정

인생의 오전에만 보이는 것이 전부라고 말하는 것은 모순이다. 그래서 인생오전의 원칙인 성공과 성취만으로 이 세상을 살 수 있다는 말도 인생오후로 넘어가면서 이게 아니구나 하는 것을 아주 조금씩 서서히 느낄 수 있다. 만약 인생오전의 원칙인 성취와 성공만이 전부라면 우리는 우리 자신과 후세에게 인생의 반쪽만을 가르치는 것이다. 오히려 인생의 진정한 행복을 원한다며 성취와 성공만을 추구하는 사람은 패배자다. 필자는 다른 사람들에게 이러한 방식으로 가르치는 개인과 사회는 흑백논리에 빠져 있는 것이라고 생각한다. 최근에는 명문대를 나온 한 가장이 직장과 물질에 대한 여러 가지 문제로 자살한 사건이 세간에 근심을 던져 주었다. 그가 가진 자산은 7억 원이나 되었지만 오래된 실직으로 인해 자신이 인생 전반에 가진 성공과 성취가 허물어졌다고 생각했기 때문일 것이다. 이런 일만이 아니라 과거 선망의 대상인 직업을 가진 사람들도 여러 문제로 인해 자살하는 사건이 도처에 발생하고 있다. 이런 현상을 접하다 보면 과연 우리 개인과 사회가 심어 주는 성공과 성취에 대한 환상이 무언가 잘못되었다는 생각을 가지게 된다. 어려서부터 우리를 사로잡은 이 환상은 마치 평생 우리를 보장해 줄 수 있다는 단편적인 생각에 빠지게 했다.

2002년 월드컵은 잊을 수 없는 순간이 많이 있었다. 우리 생애에 어쩌면 다시는 볼 수 없는 극적인 장면이 많이 나왔고, 우리 대표팀 선수들도 선전을 하여 4강에 올라가 온 나라가 온통 붉게 물들어 있었다. 필자도 설마설마하다가 4강까지 오르는 감동을 맛보고는 붉은 악마 티셔츠를 구입하여 입고 응원하였다. 그런데 한 외국기자가 사람들이 온통 붉은색 티셔츠를 입고 응원하는 시청광장으로 취재를 하러 가는 도중에 한국사람 간에 대화하는 것을 우연히 듣고 신문에 하나의 글을 실었다.

다들 붉은색 티셔츠를 입고 시청역에서 내려 시청광장 방향으로 가는데 그중 한 사람이 흰색 티셔츠를 입고 있었다. 그런데 옆에 응원하러 가는 사람이 이것을 보고 응원하려면 붉은색 티셔츠를 입고 와야 한다는 식으로 말을 한 것이다. 외국기자의 귀에는 이러한 대화가 너무 이상했다. 시청에 모이는 가장 중요한 목적은 '응원'인데, 응원을 하기 위해 붉은색을 반드시 입어야 한다는 법칙은 없다. 그런데 왜 한국사람들은 붉은색 티셔츠를 입으라고 할까라는 의문을 가지면서 그가 목격한 한국의 독특한 문화를 꼬집었다. 응원 오는 사람들 중에는 붉은색을 선호하지 않는 사람도 있을 것이고,

붉은 악마(Red Devil)라는 영어표현을 싫어하는 사람도 있을
텐데 왜 모두 붉은색을 입어야 한다는 묵시적 동의가 형성되
는 것인가? 오히려 이러한 사회 분위기는 응원보다는 온 나라
를 붉은색으로 일치시켜야 한다는 데 함몰되어 있는 것이 아
닐까라는 의문이 든다. 외국기자의 눈에는 응원이라는 '내용'
이 더 중요한 것이었고, 한국사람에게는 '형식'이라는 유니폼
이 더 중요했던 것이다. 그는 응원을 하려는 의식에 깔려 있
는 우리가 가진 열정의 함정을 본 것이다.

　북한 사회에서 군인들이 열병식을 하는 것을 보면 간혹 질
릴 때가 있다. 너무 일사분란한 광경에는 어떠한 개인의 공간
도 허락되지 않아 보인다. 그저 어떤 목적을 이루기 위해 매
여 있는 듯하여 보는 사람들로 하여금 섬뜩함을 느끼게 한다.
개인이나 사회가 자기 것만을 말하거나, 획일적으로 밀어붙
이는 가장 큰 이유는 개인과 사회가 불안하기 때문이다. 예를
들어 보자. 국제화 시대에 영어를 비롯해서 중요 언어를 익히
려는 사람들이 많이 있다. 필자는 미국식 영어가 친근하기 때
문에 간혹 영국권의 나라에 가면 영어 발음이 달라서 듣는 데
애를 먹는 경우가 있다. 그러나 우리가 미국 본토에서 성장했
거나, 영어를 듣고 말하고 쓰는 데 아무런 어려움을 가지고
있지 않다면 영국식 발음이든 동남아식 발음이든 다 들을 수
있는 귀가 열려 있을 것이다. 결국 내 자신의 결함으로 인해
외부인이 말하는 내용을 충분히 수용하지 못하는 것이다. 청

력이 약한 사람은 남의 이야기를 들을 수 없기 때문에 오히려
자기 소리만 크게 외치는 법이다. 결국 내 것만을 외치는 가
장 큰 이유는 그 사람이 가진 내적 결핍과 심리적 불안 때문
이다. 좀 더 큰 마음이 있다면 타인의 의견을 존중할 수 있을
것이다. 차를 운전하다 보면 다양한 운전자를 가끔 만나게 되
는데 공통적인 것은 운전자가 운전이 미숙하면 자기가 운전
하는 것에 너무 몰두하여 주변에 어떤 차량이 있는지에 대해
관심을 가지지 않는다는 것이다. 혹 옆에 있는 차량이 신호를
주고 들어오려고 해도 그것을 양보해 줄 마음의 여유가 없다.
왜냐하면 자신의 운전이 불안해서 외부를 보지 못하기 때문
이다. 미숙하여 성숙하지 못한 개인과 단체는 항상 자기가 주
장하는 것만 생각할 뿐이다.

　정신분석심리학자 지그문트 프로이트(Freud, S.)는 자신이
종교를 환영(illusion)이라고 생각하는 이유를 그의 저서『문
명과 문명』에서 밝히고 있다.[7] 첫째는 당시 기독교를 가진 대
부분의 서방국가가 노예제도를 만들었다는 점은 기독교가 사
랑의 종교라는 점과 배치되는 것이고, 둘째는 십자군 전쟁을
발생케 했다는 점이다. 이러한 두 가지 사실이 서방종교의 핵
심인 기독교에 대한 비판이고, 결국 기독교는 신에 대한 숭배
가 아니라 인간 자신의 편의성을 위해 만들어 놓은 '환영'이
라고 정의했다. 당시 노예제도와 십자군 전쟁에는 신앙의 이
름으로 발생하는 열정이 있었고, 이 열정이 맹목적으로 한 개

인이나 집단의 이기성을 위해 오용되었다는 점이다.

제1~2차 세계대전의 주범이었던 독일은 개신교 국가의 종주국이나 다름없다. 그런데 왜 사랑을 말하는 기독교와 그 종주국이 역사상 가장 비참한 전쟁을 일으킨 전쟁 주범이 되었을까라는 의문에는 프로이트가 종교는 환영이라 했던 정의가 다시 떠오른다. 역사적으로 이러한 비참한 사건들이 발생했고, 지금도 이와 비슷한 극단 이슬람주의자들의 자살폭탄 테러와 같은 사건이 발생하는 것은 흑백논리에 빠져 '자신의 것이 답이고 다른 것은 답이 아니다'라는 식이 가지는 열정의 함정 때문이다. 오래전 이슬람 극단주의 무장단체에 가입한 초등학교 저학년 여학생은 신문기자와의 인터뷰에서 자신의 꿈은 고학년이 되는 것인데, 이유는 이 나이가 되면 자동차를 운전할 수 있는 자격이 되어 차량 안에 폭탄을 가득 실어 적군으로 돌진하여 죽을 수 있어 곧 순교자의 반열에 오를 수 있기 때문이라고 말했다. 그 어린 소녀는 망상 속에서 열정에 사로잡혔다. 잘못된 생각과 가치관이 어린아이에게 순교라는 망상을 심어 준 것이다. 남을 죽여 자신이 순교자가 된다는 것 이전에 사망한 사람들의 가족이 겪는 고통을 생각한다면, 남을 죽여 자신이 순교자가 된다는 것이 종교적 신념이 아니라, 종교가 거짓된 가르침으로 순교를 가장한 학살을 부추기고 있다는 것을 알 수 있다. 어느 개인이나, 나라나, 종교도 이러한 흑백논리에 서서 개인과 집단의 이기주의로 모든 문제를 귀결시키려는 경향이 분명히 있다. 이 문제점을 바로 보고 직시하여 개선하려는 의지를 가진 개인과 사회가 선진 시민이 되고 선진 국가가 되는 것이다.

열정은 힘을 합한다는 면도 있지만 잘못하면 흑백논리에 빠져서 '답은 하나다'라는 식으로 사람을 교육하기 쉽다. 이 흑백논리는 다른 용어로 '전체주의(totalitarianism)'라고도 한다. 이것은 내 말은 맞고 내 말에 반대하는 상대는 적이라는 뜻이다. 그래서 이러한 마인드를 가진 부모나 교사 그리고 상관을 모시고 있으면 늘 불안하기 짝이 없다.

종교사회심리학자인 피터 버거(Berger, P.)가 제2차 세계대전 후 오스트리아에서 미국으로 이주를 하면서 미국 내에 인종갈등에 대하여 목격한 충격적인 사건이 하나 있었다. 1950년대 후반은 미국의 흑백인종에 대한 갈등이 분출된 시기였고, 흑인의 인권문제가 사회 전면에 부각되는 시기였다. 그가 남부에 내려가서 흑인의 인권운동을 목격해 보니, 그들은 '십자가 군병들아'라는 찬송가를 부르면서 흑인 인권의 정당성을 신앙을 통하여 주장하며 대중 집회를 하고 있었다. 이후 북부로 가서 목격한 것은 백인우월주의 단체인 KKK단이 모여서 백인 인권의 우월성을 주장하고 흑인 인권을 반대하는 것이었다. 이때 그들이 부른 찬송도 '십자가 군병들아'라는 찬송가였다. 피터 버거는 같은 찬송가를 부르고, 같은 하나님을 믿는다고 하면서 자신의 욕심으로 신앙을 변질시키는 모호성에 큰 충격을 받았다고 한다. 그래서 자신의 생각이나 집단의 이념과 사상에 대한 획일적이고 광적이며 배타적인 몰입은 실은 자기 자신에 대한 과신과 애착에서 발생하는 자기중심성을 의미하는 것이라 말했다.[8]

이렇게 양극에 서서 극우나 극좌를 표방한 흑백논리에는 분명한 자기함정이 있다. 교회사에 길이 남는 중세기 석학 토머스 아퀴나스(Aquinas, T.)의 일화는 우리가 가진 흑백논리, 인생에서 성공과 성취만이 제일이라고 생각하는 현대인에게 중요한 교훈을 준다. 그리고 이러한 사회의 병리적 구조에 숨통을 트이게 한다. 그는 어느 날 『신학대전(*Summa theologica*)』을 집필하다가 잠이 들었는데 꿈속에 어린 소년이 바닷가에 서서 모래사장에 웅덩이를 파고 나서 그릇으로 바닷물을 그 웅덩이에 옮겨 담는 것을 보았다. 그래서 그는 소년에게 무엇을 하고 있는지 물어보았는데, 그 소년의 말은 바닷물을 다 떠다가 이 웅덩이에 담으려고 한다는 것이었다. 아퀴나스는 어떻게 바닷물을 그 조그마한 웅덩이에 담을 수 있겠냐고 말하면서 잠에서 깨어났다. 그리고 이 꿈에 대한 해석을 하면서 그 조그마한 아이는 자신이었다는 것을 알았다. 당대의 영향력 있는 석학이 모든 지식을 동원해 책을 집필하는 과정에서 자신이 가진 학문적 열정의 지나침은 마치 아이가 자신이 만든 웅덩이에 바닷물을 다 담으려는 시도와 같은 우매한 짓이었다는 것을 깨달은 것이다.

그에게 또 다른 새로운 경험은 이슬람 문명과의 만남이었다. 십자군 전쟁 후 이슬람 문명이 기독교 세계에 들어오게 되었는데 그 문명이 기독교 문명보다 많이 앞서 있다는 것을 발견하고 놀랐다. 사실 이슬람 문명은 아리스토텔레스 계열의 합리적인 이성을 바탕으로 하는 학문을 수용하였기 때문에 수학, 과학 분야에서 당시 기독교 국가의 것보다 앞선 부분이 많았다. 그 흔적이 영어에도 아직 남아 있는데, 수학(Algebra), 당시 과학의 꽃인 연금술(Alchemy), 알코올(Alcohol), 알파벳(Alphabet)의 단어 앞에 있는 'Al'은 알라의 앞 글자에서 빌려온 것이다. 이처럼 당시에는 이슬람 문명이 우세했다. 아퀴나스가 왜 하나님을 믿는 자신의 국가가 이슬람 국가보다 뒤처지는가에 대한 고민을 하며 만들어 낸 것이 '일반은총'과 '특별은총'의 교리다. 즉, 기독교인은 특별은총이라는 범주에 있지만 이 세상의 모든 사람은 일반은총의 범주 안에서 생활을 한다는 것이다. 그래서 그는 기독교 집단만 가지는 편협성에서 벗어나 타 종교와 타인을 품을 수 있는 공간을 만들어 놓았다. 이는 내 것이 있지만 남의 것을 수용하고 다른 각도에서 보려는 것으로 타민족과 타 종교를 이해하는 발판을 마련한 것이다.

인생오전의 원리만을 강조하고, 이 오전의 원칙인 성공과 성취만을 생각하는 개인과 사회구조는 마치 사람들이 비정상적인 것을 정상인 것처럼 여기고 살도록 한다. 그리고 이러한

방식은 국가 이념, 종교의 신앙에서도 같은 논리로 작용하고
있다. '내가 생각하는 것만이 답이다' '우리 집단이 제일이다'
'인생에서는 성공과 성취만 있을 뿐이다'라는 사고방식은 내
집단과 성공·성취를 위해 혼신의 힘을 다하도록 만들지만,
이런 것이 오히려 우리 인생의 시간과 에너지를 소모하게 만
들며 이는 다 자기불안에서 나온 비합리적인 신념이다.

5. 동물적 본능과 이기성

📖

    부산에 가면 소문난 복어 가게가 있다. 이 가게의 주방장이 어느 날 복어를 가장 맛있게 요리하는 법에 대하여 신문에 글을 쓴 것을 우연히 읽게 되었다. 그 기사 중에 복국과 복어요리를 가장 잘하는 것은 복어에 있는 독을 잘 사용하는 것이라는 말이 눈에 들어왔다. 간혹 우리는 복어요리를 잘못 요리한 아마추어들이 복어를 먹고 혼수상태에 빠졌다는 기사를 접한다. 복어의 백미는 이 독의 균형을 유지하는 것인데, 복어의 독성분을 너무 많이 넣으면 요리를 먹은 뒤 혼수상태에 빠지고 되고, 너무 적게 넣으면 복어 특유의 맛이 나지 않기 때문에 조절하기 어렵다. 그래서 가장 요리를 잘하는 사람은 이 경계선을 잘 유지하여 요리하는 사람이다. 너무 많이 넣어 혼수상태에 빠지지 않게 하고, 너무 적게 넣어 무미건조한 맛을 피하는 것이다. 그래서 복어 독의 균형을 잘 유지하는 요리사가 가장 요리를 잘하는 요리사라는 것이다.

    심리학자 지그문트 프로이트(Freud, S.)은 인간에게 세 가지의 의식 영역이 있다는 가설을 세웠다. 하나는 무의식적 영역인데, 그야말로 이것은 원초적 본능(id)이며, 가장 거칠고

소멸되지 않는 본능으로 보았다. 원초적 본능은 가장 이기적
인 본능이며, 나만이 아는 본능이다. 둘째는 초자아(super-
ego)라고 했는데, 이것은 학습, 교육, 종교, 부모 등의 영향
을 통해서 형성된 것으로 보았다. 그런데 그는 사람은 초자아
만으로, 또는 원초적 본능만으로는 이 세상을 살아갈 수 없다
고 생각하였다.

　본능이 사람에게 중요한 요소이긴 하지만 본능만으로만 살
아간다면 사람은 더 이상 가정생활과 사회생활을 할 수 없을
뿐더러, 개인의 문화를 만들어 그 가치를 창달해 나갈 수 없
다. 또한 기존에 마련된 문화를 파괴하는 역할을 한다. 눈에
보이는 대로, 느끼는 대로 생각하고 행동하기 때문에 책임,
인내, 미래를 위한 준비를 하기 어렵다. 실은 이러한 상황에
빠진 사람에게도 성장과정에서 경험한 부모 및 사회환경에
대한 극도의 불안이 있었을 것이다. 반면, 초자아에 익숙한
사람은 인간으로서 갈 수 없는 도덕적이거나 종교적인 영역
을 선호하고 이것에 따른 규례나 법을 만들어 스스로를 얽매
이게 한다. 그러면서 이 가치를 실현하는 데 실패되는 행동이
나 생각을 하게 되었을 때 스스로를 비난하거나 정죄 속에 몰
아넣는다. 이것 역시 극심한 자기불안이 원천이 되는데, 성장
과정에서 경험한 부모나 사회환경의 원론적인 법칙강조에서
온 영향이며, 이로 인해 신경과민적인 불안에 빠지게 된다.
이러한 점에서 프로이트는 자신의 정신분석학의 최고 목적은

사람은 본능적으로만 살 수도 없으며, 초자아의 규범만으로도 살 수 없기 때문에 초자아와 본능과의 타협점을 찾아 현실에 적응하도록 하는 것이라고 보았다.

본능의 극점에 있는 성(sex)은 야만적이며 거칠고, 자기중심적인 성향을 가지고 있다. 만약 인간이 성에만 집중하면서 살아 간다면 인간에게 문화와 문명이라는 것은 지금까지 없었을 것이다. 동물은 지금까지 성적 본능대로만 살아왔기에 동물세계에는 인간세계가 가진 문화와 문명이라는 것이 없다. 결국 인간세계에 문화와 문명이 있다는 것은 인간이 본능적으로만 살지 않고 그것을 조정, 승화할 수 있는 어떤 것을 가지고 있었기 때문이다. 프로이트는 그것을 초자아로 보았고, 따라서 성이라는 것이 현실에서는 더 고상한 것으로 변화되어 진행된다. 그것이 곧 미(beauty)와 매력(attraction)이다. 결국 성적 본능은 있지만 본능이 초자아와의 긴장 사이에서 균형을 이루면서 미와 매력이라는 특성을 가지게 되어 우리는 생활하고 있는 것이다. 만일 이 과정이 없다면 인간은 동물로 살아가거나, 극심한 신경증 속에 갇힌 벌레가 될 수도 있을 것이다.

세상의 모든 일에는 균형이 필요하다고 믿는다. 가정에서는 남편과 부인의 의견에 균형을 가지는 것이 필요하고, 부모와 자녀의 의견, 사업주와 사원에 대한 의견 그리고 정치에서 좌파와 우파에도 균형이 필요하다. 한쪽으로 치우치는 것은 당장에 힘을 발휘하고 결집력이나 추진력을 나타내는 데에서는 앞서갈 수 있지만, 그 힘은 보편적이거나 합리적 이성에 근거하지 않고 개인이나 특정집단의 이익을 대변하는 힘이 될 수 있기 때문에 장기적으로는 마성(魔性)의 결과가 나올 수 있다. 완벽한 균형, 흔들리지 않은 균형은 없지만 가능한 이 균형을 유지하려고 하는 것이 가장 바람직한 인간관계를 형성할 수 있다. 그리고 이 균형을 이루어 나가려는 과정을 밟아가는 것이 가장 건전한 소시민과 국가를 형성할 수 있다.

세상살이에는 법도 필요하지만 법을 수용할 수 있는 마음도 필요하다. 법은 규격과 원칙이라는 문자주의에 철저하게 몰두하여 집행되지만, 법으로만 세상을 살 수는 없다. 그렇다고 위법하라는 말은 아니다. 법의 근원적인 의도는 인간을 살리는 것이기에 법의 본 취지를 아는 것이 중요하다는 말이다. 그래서 한 법대 교수는 법을 공부하는 사람들에게 '시(詩)'를 공부하기를 권하기도 한다. 법은 문자에 충실하여 그 원칙을 벗어나지 않으려고 하기에 법을 전공하는 사람들은 마음이 메마르거나 모질어질 수 있다. 반면 시는 문자에 충실하지만 단어를 함축적으로 표현하여 법의 문자주의를 넘어선다. 문자주의를 뛰어넘어 단어를 파괴하여 새로운 시상의 세계로 옮겨가고, 거기서 다른 의미를 추구하고 전달하는 것이다. 그래서 시를 배우면 문자주의를 가지고 있으면서 그것을 넘어서고, 시상을 가지고 있으면서 다시 문자로 회귀하는 상호관련성의 균형을 가짐으로써 법의 건강성을 유지할 수 있다.

분석심리학자 칼 융(Jung, C.)은 스위스의 심리학자다. 스위스는 그야말로 환경과 복지 면에서 지상낙원이다. 전 세계 사람들이 가장 여행하고 싶은 나라 중 하나며, 이 나라를 여행한 사람들이 또 다시 방문하고 싶어할 정도로 천혜의 자연을 가지고 있으며, 그것을 잘 개발하고 보존하는 나라다. 복지시설도 잘 되어 있어 노후를 살아가는 데 좋은 나라 중 하나다. 또한 2015년 조사에 의하면 160여 개 국 중 행복지수 1위인 나라다. 프랑스나 영국에 비교하여 웅장한 건물은 없지만 자연 속에서 성장한 이 나라 사람들이 가지는 긍지는 대단하다. 그러나 칼 융은 자신을 찾아온 중년의 내담자들을 상담하면서 미묘한 고민에 빠졌다. 그를 찾아온 중년의 내담자들은 3분의 1이 신경증(neurosis)으로 인해서 자신의 삶을 불안해 하는 것이었다. 칼 융은 왜 이 좋은 조건 속에서도 사람들이 자신의 삶에 대하여 불안해 하고 신경증에 시달리게 될까 고민하였다. 그리고 그는 이러한 신경증은 외적인 원인도 원인이지만, 무의미에 대한 문제 때문에 많이 발생한다고 파악했다. 좋은 환경조건과 소유가 인간 심연의 근원적 문제를 해결할 수는 없다는 것이다. 어느 작가가 유럽을 여행하는 중에 여러 수도원을 방문하고 그곳의 문화적 환경과 시설에 대하여 탄복하며 이러한 혜택을 받지 못한 민족들이 너무 억울하다는 식으로 이야기를 했더니, 현지 가이드는 "이 좋은 환경이 유럽의 젊은이를 망치고 있습니다"라고 말했다. 사람이 살아가는 데 좋은 환경이 필요한 건 맞지만 자신을 세울 힘이 없으면 좋은 환경은 재앙이 되어 버린다.

사람에게 너무나 좋은 환경이나 너무나 나쁜 환경은 모두 위협적인 존재다. 이 환경에 대하여 스스로 판단하고 대처할 수 있는 힘이 약하면 그 환경에 휘둘리게 마련이다. 너무 좋은 외부환경이나 너무 열악한 환경은 사람들로 하여금 어려서부터 인생을 자신의 입장에서만 보려고 하는 구조를 만들어 버린다. 그래서 자기중심적 성향이 강하고, 그렇지 않은 사람들을 이해하기 어려운 것이다. 필자가 아는 한 사람은 정말 태어날 때부터 좋은 외적인 환경에서 성장한 사람이다. 소위 금수저를 입에 물고 태어난 사람이다. 그래서 그는 가난과 고생에 대해 이해를 하기 어려운 사람이다. 머리가 너무 좋은 사람도 이런 경우를 보았다. 그는 모든 일이 하면 다 된다고 생각한다. 하지만 이러한 환경에 장기간 익숙해져 있는 사람은 자기확대가 강해져서 '오만'이 보이지 않게 자신의 내외부에 축적되어 있기 때문에 남이 접근하기 어려운 사람이 된다. 그러나 아무리 노력해도 시험을 치는 능력이 떨어지는 사람은, 때론 어려서부터 부모나 경제적 여건의 학대를 받은 사람은 자기비하적인 생각을 많이 할 수 있다. 그리고 이런 결과로 인해 가족과 학교 그리고 사회로부터 지적을 자주 받으면 사회와 타인에게 항상 의심을 갖게 되는 '편견'을 가지고 살아갈 확률이 있다.

칼 융은 이렇게 스위스 사람들을 만나면서 인생은 오전과 오후가 있는데, 오전의 원칙은 성공과 성취이고, 오후의 원칙은 이타성이 우선되어야 한다고 했다. 물론 오후의 인생 원칙에 성공과 성취가 없는 것은 아니다. 다만 이타성, 남을 배려하는 원칙 하에 성공과 성취가 있어야 인생의 오후인 중년과 노년에 심리적으로 건강하게 살 수 있다는 것이다. 그러나 현대사회는 계속 앞으로 나아가야 한다는 생각으로 가득 차 있는 사회구조다. 무엇인가를 계속해야 한다. 그것은 근본적으로 생존하기 위해서고, 더 나아가서는 이렇게 살아간다면 내가 살아야 하는 본질적인 이유에 대한 희미한 답이라도 줄 수 있다는 막연한 바람 때문일까?

그러나 바쁜 현대사회의 과학적 세계관과 기계적 정신에 기초한 강한 논리성과 효과적인 것을 추구하는 경향은 인생 오전의 원칙인 '성공과 성취'에 부합될 뿐 아니라, 이제는 인생오후에서 인생오전을 관조하거나 회상해야 할 시간과 공간마저 빼앗아 버린다. 오전에 성취해야 할 과제를 완벽하게 할 수 있는 사람이 얼마나 될 것인가? 더구나 이렇게 많은 것을 요구하는 경쟁적인 사회구조와 그 구조 속에서 살아가는 현대인의 성향은 대부분 사회구조를 따라가기 때문에 인생오전을 살아가는 현대인은 충족을 느끼지 못하고 인생오후로 내밀린다. 아직 성취와 성공하지 못한 인생오전에 대한 욕구를 가진 채로 말이다.

현대인의 의식에는 '과학적(합리적) 세계관'과 '기계적 정신(engineering mentality)'이 기초로 되어 있다.[9] 그리고 '과학적'이고 '기계적'인 정신이 지배하는 현대사회는 적은 비용으로 소비를 극대화하려는 목적으로 더 크고 더 좋은, 더 강하고 더 빠른 것을 추구하는 특성을 가지고 있다. 과학적·기계적 정신은 눈에 보이고 만져질 수 있는 것 그리고 그것이 현실성 있으며 싸고 품질이 좋아야 한다는 상업성과 맞물려 있기 때문에 상당한 논리성을 가지고 현대인의 의식을 지배하고 있다. 그래서 농업시대나 목축업시대로부터 오랫동안 우리의 의식 속에 자리 잡았던 것들이 현대의 구조에 의해서 뒤흔들린다. 왜냐하면 현시대의 우리는 어떤 단체에 소속되어 살아가지만, 한 부품을 만들고 조립하는 인력으로 사용되어 살고 있지, 이것이 전체적으로 어떻게 움직이고 있는지는 모른다.[10] 우리의 정체성을 잡아 줄 어떤 것도 없고 소속감을 느끼기 어려운 시대인 것이다.

농경시대 사람들은 밭을 일군 뒤 씨를 뿌리고 일 년 내내 관심을 가지고 비바람과 싸워가며 농산물이 성장하고 수확하는 모든 과정을 몸과 마음으로 체험하면서 살아간다. 이러한 경험은 현대인이 공산품화된 산업화 시대에 사는 것과는 매우 다른 정신이라고 본다. 필자도 육식은 조금씩 하지만 옛날과 비교하면 너무나 많은 현대인이 육식에 길들여 있다. 농경

시대에도 육식이 필요했겠지만, 그 시기는 직접 기르는 과정
과 도살의 과정을 겪으면서 육식을 체험한 것이고, 대부분의
현대인은 도살의 과정을 보지 않고, 가공된 식품으로 접하기
때문에 옛날 사람들과는 또 다른 무감각한 정신세계를 가지게
될 가능성이 많다. 농수산물이든 축산물이든 과정을 알지 못
하고 식탁에 오른다면 돈으로 이 식품을 구입했다는 '돈'의 절
대적 우위성만이 남는다. 그래서 우리는 시간이 지나면서 더
합리적이고, 기술적인 복잡한 시대에 살고 있지만 이 거대한
문화의 한 부속품일 뿐이며, 집단의 원리를 알 수 없고 부품과
같이 종속되어 있는 소외의식을 가지고 살아간다. 어디로 가
고 있는지, 무엇을 위해 사는지에 대한 고민은 사치스럽게 여
겨지는 거대문화가 주는 부산물에 갇혀 살아가는 것이다.

공생과 배려가 없는 경쟁의 세계와 구조는 개인들에게 정
신적으로 자유를 가질 수 있는 공간과 시간을 빼앗아 버린다.
일에 치여 살고, 일이 아니면 먹고 살길이 막막해지는 것이
다. 샐러리맨의 죽음을 다룬 한 소설은 고단한 현대인의 일상
을 말해 준다. 대학을 졸업한 한 청년이 먹고 살길이 막막해
서 외판원 생활을 했다. 나름대로 조금씩 수입이 생기고, 나
이가 차서 결혼도 해야 할 상황이 돼서 한 여성을 만나 결혼
을 했다. 하지만 꿀맛 같아야 하는 결혼생활은 아이가 태어나
고 기계문명의 혜택이 급속도로 사람들을 현혹하면서 깨지기
시작했다. TV가 없던 시절, 딸이 옆집에서 구입한 TV를 본

후 아버지에게 TV를 사자고 조르기 시작했다. TV가 없던 시절, 열 집 건너 한 집에 한 대 있던 시절, TV를 한 대 소유한다는 것은 긍지요, 재산의 과시이기도 했다. 외판원은 박봉이지만 아내와 딸의 요청을 거부할 수 없어 TV를 구입했다. 그 후 몇 달간 아내와 딸이 남편과 아버지를 치켜세워 주는 것으로 힘을 얻어 고단함을 다 잊어버렸는데, 그 해 여름에 다시 냉장고가 등장했다. 덩치도 더 크고, 값도 더 비싼 냉장고를 구입해 달라고 하는 요청을 아내와 딸로부터 받고 남편은 고민하느라 며칠을 집에 들어오지 않았고, 급기야 실종되었다. 영원히 돌아오지 않는 아버지를 며칠 전 보았다는 딸은 자기 이름을 부르는 아버지의 음성이 들려 밖으로 나가 보니 아버지가 자기 앞에서 연기처럼 없어졌다는 말을 어머니에게 한다. 물질문명의 혜택 속에 소비로 인해 사라지는 인간의 비극이 말해 주는 내용이다.

소비가 미덕이고 소유가 개인의 신분을 나타내는 문화, 합리성과 과학적 세계관이 지배하는 세계에 있지만, 여전히 우리는 오히려 과거보다 더 내가 나를 모르는 시대에 살아가고 있다. 무언가를 향해 움직이고 활동을 하지만, 소유와 성취·성공시대에 살아가지만, 여전히 헤아릴 수 없는 불안과 신경증에 시달린다. 무엇을 위한 경쟁인지, 누구를 위한 성공과 성취인지 모르는데, 달리는 이 과속열차는 내릴 수도, 멈출 수도 없을 것 같이 움직이고 있다. 소비에 익숙한 현 생활을 유지하자면 하차도 어려운 것이다. 그러나 이대로는 안 된다는 생각을 가지며, 무언가 균형이 필요하다는 무의식의 소리를 듣기도 한다. 왜냐하면 우리는 너무 편향적인 구조에서 동물적 본능만을 추구하는 것, 내 자신이나 내 가족 그리고 내 집단의 성공과 성취라는 이기성만을 바라보도록 하는 개인과 사회구조에 너무 많이 노출되어 있기 때문이다.

　우리 모두가 동물적 본성이라는 이기성을 가지고 있는 것은 사실이지만, 나를 생각하는 것이 이타성이라는 것에 의해서 균형을 가지지 못한다면 우리는 평생 불행한 삶을 사는 것이다. 고대 이집트에서는 인간이 죽은 후에 신 앞에 설 때에 두 가지 질문을 받는다고 했다. 하나는 '인생을 살아가는 데 기쁨을 발견했는가?' 둘째는 '그 기쁨을 이웃과 함께 얼마나 나누었는가?'라는 질문이다. 비록 시대와 사회문화의 환경은 다르지만 질문의 내용은 지금의 우리에게도 매우 중요한 질문이라고 생각한다.

　불안한 사회일수록, 불안한 개인일수록 자기중심적인 이기성에 빠질 수밖에 없다. 우리는 어려운 시절 '잘 살아보세'라는 목표를 가지고 살아왔지만, 이제는 잘살아가는 것이 이기성에서 떠나 좀 더 넓은 의미에서 표현되어야 한다. 나만을 생각한다면 비록 외형적으로 좋은 조건을 가지고 있다 하여도 후세는 그 사람을 자기의 불안 속에서 동물로서만 살아갔다고 평가할 것이고, 이런 유형이 사람이 많을수록 그리고 이러한 사회적 분위기가 농후할수록 그 사회는 문화와 문명을 만들어 가는 것이 아니라, 정글법칙의 약육강식만 되풀이하고 있는 것이다.

사실 무엇을 소유한다는 것은 없는 것보다는 심적으로 또는 외적으로 안전감을 확보할 수는 있다. 그러나 지극히 자신 중심으로 사는 것은 동물적 본성이기 때문에 개인과 사회가 가지는 바람직한 문화를 형성하지는 못한다. 개인과 사회구조가 사람들로 하여금 조금은 자신의 이기성을 떠나 이타성으로 균형 잡을 수 있게 하려는 노력이 있다면 그 사회는 문화를 형성하고 있는 것이다. 그러나 이기성에 집중하는 사회구조와 개인에게 문화는 없는 것이다. 그 문화는 보이지 않는 이타성이 사회의 각 분야에 접목되어서 우리가 이 순간에 살아간다는 이유를 알게 하고 존재의 즐거움과 슬픔을 수용하게 한다. 인간의 이기성은 이타성에 도전을 받아 새로운 균형 속에서 문화와 삶에 대한 진지성을 창출하는 것이다.

제3장

불안한 오후

내가 기초로 하여 서 있는 모든 것이 무너지는 것을 느낀다. 이제 내가 기초로 하여 서 있어야 할 것이 사라졌다. 나는 그동안 아무것도 아닌 무가치한 것을 위해 살았으며, 왜 살아야 하는지에 대해서도 아무런 이유를 가지고 있지 않았다. 진실한 것은 인생이 의미가 없다는 것이다. 계속적으로 되풀이되는 삶 속에서 그동안 나의 자취들이 나를 벼랑 끝으로 더 가까이 이끌기에 나에게 있어 인생은 아무것도 아니며 폐허인 것이다….

내가 지금 하는 일들로부터 나는 무엇을 얻을 수 있는가?

나의 인생에서 과연 무엇을 가질 수 있는가? 나는 왜 살고, 무엇을 해야 하며, 어떤 것을 얻어야 하는가? 피할 수 없는 죽음, 나를 기다리는 죽음으로부터 파괴될 수밖에 없는 내 인생에는 어떤 특별한 의미가 있는가?[1)]

톨스토이(Leo Tolstoy)

1. 인생오후의 시작

인류가 먹거리를 해결한 것, 하루에 세끼의 양식을 먹게 된 것은 불과 100여 년밖에 되지 않았다. 하루에 세끼를 먹는 사람이 드물 정도로 먹는 것은 일상의 큰 주제였다. 1900년대 초 미국은 사람의 평균수명이 40~50세 정도였으며, 이 나이에 이른 사람도 전체 인구에 10%밖에 되지 않았다. 40~50세 이전에 죽는 사람이 거의 대부분이었다. 대부분의 사람은 태어나서 반경 150마일을 벗어나지 못하고 살았다. 태어나 서울에서 대전까지의 거리를 벗어나지 못하고 사망한 것이다. 그만큼 의료, 주거, 먹거리, 교통수단이 제한되어 있었기 때문에 활동영역이 적었던 것이다. 지금도 의식주 환경이 열악한 국가에서는 사람의 평균수명이 40세 정도다. 필자의 한 지인은 그러한 환경에서 한동안 활동을 한 적이 있는데, 그곳 사람들이 중년의 나이임에도 불구하고 왕성하게 일하는 그 사람을 보고 신기하게 여겼다는 말을 들었다. 왜냐하면 우리 환경에서는 중년의 나이지만 그곳에서는 마을 원로에 속하기 때문이다.

사실 한국 사회는 전 세계에서 가장 까다로운 소비시장 중

하나가 되고 있다. 까다로울 뿐만 아니라 완전주의를 추구하는지도 모르겠다. 과거에서는 상상할 수 없는 환경이 우리 주변에 형성되어 있다. 예를 들어, 과거 서구국가를 방문하면 현지에서 구입해서 올 다양한 생활용품이 있었지만 지금은 대부분이 수입되고 있기에 꼭 현지에서 구입하지 않아도 된다. 좋은 음식과 환경이 우리나라를 장수세계로 이끌고 있다. 평균수명이 81세를 돌파했고, 여자는 대부분 90세 정도까지는 산다. 남자는 40세부터 많게는 65세까지를 중년으로 보는데, 결혼 시기는 늦어지고, 생활 속에서 누릴 것이 많아지다 보니 중년의 나이임에도 청년의 기간이 점점 늘어난다.

과거 같으면 청년이 결혼적령기에 들면 결혼을 해야 한다는 사회적 분위기가 있었기 때문에 대부분 결혼적령기에 결혼을 했다. 지금 중년기에 있는 여성들이 과거 결혼을 서둘렀던 이유 중 하나는 극성스러운 부모의 곁을 가급적 빨리 떠나고 싶은데 결혼이 탈출구라고 여겼기 때문인 경우도 있다. 그러나 현재는 상황이 매우 다르다. 여성의 사회진출로 여성이 자립할 수 있는 환경과 기회가 주어졌기 때문에 굳이 결혼을 서두르지 않아도 되는 시대다. 결혼보다는 자기계발이 더 중요한 시대가 되었다. 그래서 혼자 사는 인구가 500만 명이나 되었고, 인생오후로 들어가는 시점에서도 우리는 여전히 젊은 청년의 사고에 머무르는지 모르겠다. 더구나 의료와 식생활이 더 개선되면 인간의 수명이 150세까지 늘어나는 건 가

능하다고 본다. 이렇게 되면 두 가지 큰 사회적 변화가 오는
데, 첫째는 청년기가 50세까지 될 가능성이 있고, 개인이 청
년기의 자유를 추구하면서 사는 기간이 배 이상 많아지게 된
다는 것이다. 둘째는 평생 결혼을 2~3회 하는 것이 사회적
통념이 될 수 있다는 것이다. 이처럼 수명이 늘어나는 것은
사회 구성원에게 여러 가지 변화를 가져다 줄 것이다.

여하튼 사회와 개인은 권위적이고 틀이 있는 구조로부터
개인의 계발과 자기 세계가 중요한 구조로 계속 변해 가고 있
다. 대학을 졸업한 학생이 선호하는 직장의 기준은 여러 가
지이지만 그중에 하나는 연봉일 것이다. 따라서 국영기업체
나 대기업을 선호하고 봉급을 많이 받는 쪽을 택하게 된다.
그러나 꿈같은 일일 수 있지만 청년들은 놀이터 같은 직장
을 선호하는 경향이 뚜렷하다. 그래서 격무에 시달리다 보면
나중에는 연봉을 좀 적게 받더라도 정시 출퇴근을 하고, 일
을 칼 같이 하며, 개인의 시간을 누릴 수 있는 직장을 선호하
게 된다. 직장 규모가 작더라도 대기업보다 못하더라도 인격
적인 대우를 받고, 하는 일들이 거시적인 것을 보면서 목표를
추구할 수 있는 직장이면 좋겠으며, 연봉이 차이가 나더라도
자신의 공간과 시간을 보장되어 이 시간을 통해 휴식을 취하
고 취미생활을 하고 싶다는 것이다. 그리고 자신과 더불어 가
족을 배려할 수 있는 여유가 있길 바란다.

대학가 주변은 유달리 카페가 많이 있다. 이렇게 불황기에

유독 커피산업만 20% 이상씩 성장한다는 통계도 있다. 젊은 이들이 모이는 곳만이 아니라, 회사가 많이 집결한 곳, 심지어 주택가에서도 카페가 자리 잡고 있는 것을 볼 수 있다. 그래서 이 어려운 시기에도 카페는 활성화되고 있다. 점심시간이 끝날 무렵이 되면 회사 밀집지역이나 대학가에선 10명 중 5~6명은 손에 커피를 들고 있는 장면이 목격된다. 오래전 점심값이 2~3천 원이던 시절, 비싼 커피점이 자리를 잡을 때 커피는 4~5천 원을 내고 먹는 것을 이상하게 여겼지만 이제는 일상이 되었다. 밥이라는 주식도 필요하겠지만 수평적으로 대화하고, 음악을 들으며, 나만의 자유로운 공간을 가지고 싶다는 것이 커피문화가 가진 속성이라고 생각한다. 쓴 커피가 입에 맞는 것은 개인이 쓴 커피를 마실 수 있을 정도로 부드러움을 추구한다는 것이다. 마음과 환경이 쓰면 쓴 커피가 입에 맞기는 힘들 것이다. 마음이 쓸 때는 오히려 단맛이 몸과 마음을 달랜다.

커피산업과 함께 활성화된 영역이 있다. 애완동물 시장이다. 현재 애완동물 시장은 2조 원대라 하고, 아동산업 시장은 5조 원인데 2020년이 되면 애완동물 시장이 6조 원이 될 것이라는 예상이 있다. 두 집 건너 한 집은 애완동물을 키울 정도로 많은 사람이 애완동물을 선호하고 있다. 한 국가의 국민소득이 만 불이 넘기 시작하면 상담과 심리에 대한 관심이 시작된다고 한다. 그 전까지는 먹고 사는 문제가 시급했기 때문에, 오로지 의식주에 대한 문제에 집중하다 보니 정신적인 문제는 그리 발생되지 않는다. 그러나 먹고 사는 문제가 해결되면 이제는 자신과 타인에 대한 인간관계의 문제가 발생하게 되는데 이것이 국민소득이 만 불을 넘어가면서 발생하는 현상이다. 그리고 이후에 애완동물에 대한 관심이 발생한다. 이제 애완견은 가족의 구성원으로서 자리를 잡아가고 있다. 애완동물에 대한 관심은 현대인이 경쟁사회의 메말라 버린 관계성에 대한 욕구를 애완동물을 통해서 표출하는 것이기에 현대인이 가지는 심리적 고독, 소외 그리고 소통에 대한 욕구를 말해 주는 것이라고 할 수 있다.

1) 나이 마흔의 죽음

인류학자들은 지구상에 인간이 존재했던 시기를 약 50만 년에서 300만 년 전으로 생각한다. 불과 1만 년 전의 인류도 땅에 정착하지 못하고 이주민으로 사냥과 낚시를 통해 연명하였고, 원시사회에서는 20세에 이르는 사람이 인구 절반 정도이고, 인구의 10%만이 40세에 도달하였기 때문에 그들은 40세가 되기 전에 부모의 역할을 다 끝냈다고 생각하였다. 원시사회에서 40세인 사람은 생물학적으로 폐기처분이 되어야 할 시기였다.[2]

인류의 조상은 마흔 살 이후까지 생명을 존속해야 할 생물학적인 혹은 부족적인 이유를 거의 가지고 있지 않았다. 마흔의 나이가 될 때 자녀는 성인이 되었고, 생산적인 노동을 제공할 수 있는 적기는 다 지나가 버렸으며, 자기 부족에 대한 공헌은 이미 다 이행되었다. 마흔 살이 되면 남성은 쓰러져 갔다. 나이 마흔을 넘기게 된 인간 평균수명의 연장은 인류의 진화에 있어 가장 위대한 성취 중의 하나다. 그러나 초기 성인기를 끝내는 것은 두렵고 고통스러운 것으로 계속되고 있다. 왜냐하면 성인 중기라는 것은 인간 진화에 있어서 최근에 얻은 것이기 때문이다. 마흔의 나이를 지나게 될 때 우리가 절실하게 느끼는 불안은 인류의 고대 경험을 반영하는 것이다. 우리는 아직 마흔에 생이 끝나는 것을 두려워하고 있다. 그리고 이것은 여전히 초기 성인기에서 성인 중기로 넘어가는 것을 심각하게 위협하고 있다.[3]

사람 나이 마흔이라는 것이 오늘날에는 인생오후의 출발시점이지만 원시시대에 마흔은 곧 죽음을 의미했다. 의학과 의식주 생활의 개선으로 나이 마흔이라는 것은 더 이상 죽음을 기다리는 시기가 아니라 우리 인생에서 가장 좋은 시기 중의 하나가 되었지만 아직 우리의 유전자 안에는 조상들이 죽음을 경험한 마흔이라는 무의식이 자리하고 있다.

사람에게 가장 무서운 공포가 무엇인지 질문해 보면, 가장 중심적인 것은 '죽음'에 대한 불안이다. 어린아이들이 부모와 헤어지는 불안, 가족들과 이별하는 두려움은 인간의 성장과 발달에 매우 중요한 역할을 한다. 소위 분리에 대한 불안은 누구나 있고, 이 분리불안에 대한 핵심은 곧 죽음이다. 필자는 지금까지의 분리경험 중에서 가장 크고 충격적인 것이 군대에 갔던 것과 유학생활로 미국으로 떠날 때의 경험이었다. 부모와 떨어진다는 것, 낯선 곳에 나 홀로 내버려진다는 느낌은 한동안 불안을 경험하게 했다. 그래서 살아가다가 힘든 일을 만나면 군대에 재입대하는 꿈을 꾸곤 한다. 그만큼 당시에 경험한 분리가 무의식 속에 깊게 뿌리내리고 있는 것이다. 나이 마흔 무렵에 부모를 비롯해서 주변에 친지들이 죽음을 맞이하는 경험은 현대인의 의식에 고스란히 남아 있다. 그래서 인생의 오후에 들어가면서 죽음을 본격적으로 생각하게 된다. 전혀 관심분야가 아니던 것이 나의 이야기가 되어 가는 것이다.

인생의 오후에 직간접적으로 느끼는 죽음의 불안은 남녀 불문하고 젊음에 머무르기 위하여 매우 집착하게 한다. 그리고 이제껏 추구했던 삶의 방식, 자신이 노력한 것 그리고 앞으로의 인생을 설계하면서 진정한 즐거움이 결핍된다. 그리고 이러한 것이 서서히 종교에 대한 관심으로도 나타난다. 다른 한편으로는 이러한 시도가 결국 시간에 대항하여, 죽음

불안을 이겨 내려는 역주행의 시도로도 볼 수 있다.[4] 결국 인류의 조상들이 40대에 죽음을 맞이한 불안은 현대인이 나이 마흔 무렵에 발생하는 심리적 변화에 원인 제공을 하고 있다는 것이다.

2) 삶의 허구와 좌절감

인생오전과 오후의 법칙의 다름을 말하는 사람은 심리학자 칼 융(Jung, C.)이다. 그의 전반적인 이론은 인생오전이라는 원칙은 성공이 위주가 될 수 있지만, 오후는 성공만으로 살 수는 없다는 점이다. 낮만으로 하루가 형성되지 않듯이 또는 밤만으로도 형성되지 않듯이 이 양자에 의한 조화와 균형에 의해 하루라는 시간과 공간이 마련된다. 인생도 같은 원리다. 마찬가지로 성공 · 성취만으로 인생이 정의되지 않고, 의미도 채워지지 않는다. 오전의 성공이나 성취가 '나' 중심이었다면, 오후에는 '이타성'이 중심이 되어야 생의 주기에 혼란이 없다. 그러나 너무나 많은 성취를 요구하는 시대 그리고 그 성취의 요구에 부응하지 못하는 현대인의 성취에 대한 집착이 인생의 오후에도 중심이 되기 때문에 곧 현대인의 인생오후 불안이 발생한다.

인생은 사회가 말하는 성공만으로 되지 않는 영역이 분명히 있다. 사람관계, 부부관계, 자녀관계 등에서 비록 자신이 성공을 하였어도, 그 성공으로 인해 무관심하게 방치했던 영역이 인생오후에 노출되기 시작한다. 그리고 우리가 모르면 이 노출을 막기 위해 또 무모한 발상을 시도한다. 결국 인생오후의 불안을 부추긴 것은 사회구조의 과도하고 획일적인 성공개념이 개인을 그러한 구조로 밀어 넣는 것으로 개인이 이러한 불안구도로부터 자유롭기 위해서는 다양한 성공개념을 심어 주는 교육과 사회의 공감대가 필요하다.

인생오후의 시간은 오전의 원칙인 성공만으로 살 수 없다. 성공만으로 살 수 있다는 방식은, 마치 우리가 늙지 않고, 청년의 외모와 기력만으로 살아가겠다는 방식과 같다. 더 이상 변하지 않고, 가장 핵심적인 것만으로 나를 감싸서 더 이상의 변화를 가져오지 않는다는 것은 인생의 주기를 부정하는 것이기에 이런 방식은 개인과 사회에서 스스로 고립을 자처하는 것이다. 가정에서는 가족 간에 대화가 통하지 않고, 사회에서는 여전히 독불장군 식으로 살아가는 외로운 전사(warrior)가 되는 것이다. 그래서 인생오후에 발생하는 여러 가지 심리적인 현상, 특히 불안 신경증과 같은 증상은 오전원칙과 오후원칙의 혼돈에서 오는 것으로 보고 있다.

그러므로 인생오후 시간에 우리는 새로운 다양한 성공관에 관심을 가지는 것이 좋다. 우리 사회의 전반적인 구조는 인생오전에 꽃이 피고 드러나는 것을 선호하고 이것을 사람을 평가하는 중요한 기준으로 가지는 경향이 있다. 개인과 사회가 불안하면 인생오전의 발달과 결과로만 사람을 평가하기 쉽다. 사람은 인생오전형이 있을 수 있지만, 분명히 인생오후형도 있다. 오전에 성공을 거두는 자만을 선호하는 문화라면 우리는 두 가지 커다란 결함을 사회 구성원에게 주는 것이다. 첫째는 오전에 꽃을 피우는 사람에게 마치 인생의 전체를 다 그렇게 살 수 있다는 식의 착각을 준다. 성공을 대변하는 물질과 권력만 있으면 모든 것이 다 되는 것처럼 생각하게 되는 것이다. 그러나 사람에게 물질과 권력도 필요하지만 이것만으로 인생을 살아가는 것은 아니다. 둘째는 오전에 성공하지 못하면 이 성공의 구조 안에 못 들어간다고 생각하는 것이다. 이러한 점에서 보면 우리 사회에 있는 대다수가 피해자다. 그래서 이러한 구조는 인생오후를 시작하는 사람들에게 더 큰 불안과 신경증을 유발할 수 있다.

2. 상실의 불안

평균수명 70세를 넘는 사회에 오후수업이 본격적으로 대두되는 개인과 사회의 관심사인 것은 일반적인 현상이다. 그런데 이러한 오후수업에 더 관심을 가게 하는 대표적인 외부 요인 다섯 가지가 있다. **첫째는 신체적 노화와 질병으로 인한 불안이다.** 인생의 주기에서 오후에 들어서면 서서히 그리고 분명하게 시간이 흐른다는 사실을 인지하게 된다. 막연하거나 무한할 것 같았던 시간이 끝이라는 종착지점을 향해 움직이고 있다는 사실을 신체와 정신의 현상을 통해 인식하게 된다. 아동기, 청소년기와 청년기를 통하여 매우 주관적인 관점에서 서서히 객관적인 세계로 진입하게 되는 것이다. 마흔을 넘으면 이 무렵의 체력은 청년에 비해 7% 정도 저하된다는 통계가 있고, 공통적으로 발생하는 것은 노화현상과 질병의 출현이다. 여성의 경우는 새치가 발생하고 남성은 탈모현상이 발생하며 노안증상은 공통적으로 발생한다. 눈가의 주름도 예전보다 부쩍 눈에 띄게 된다. 그래서 상대적으로 젊음이 조금씩 내게서 멀어져 가는 듯한 막연한 불안이 찾아온다. 이러한 상실불안은 좀 더 젊어 보이는 색상을 선호하게 하고,

20~30대 젊은이들이 선호하는 옷의 스타일을 좇아 가게 하기도 한다. 또는 상실불안으로 인해 상대적으로 젊은 사람들에 대해 질투심을 가지기도 한다.

질병도 조금씩 발생한다. 특히 젊은 시절부터 건강관리를 안 한 경우에는 인생오후부터 본격적으로 질병이 조금씩 발생한다. 필자는 40대 초반에 집 근처에 있는 산을 한 달에 1~2회 정도 등산한 적이 있다. 1시간 정도면 올라갈 수 있는 높이였기에 걸으면서 쉬기도 하고 풍경을 감상하기도 했다. 그런데 어느 날 매일 산에 오르는 듯한 중년 여성 몇 명이 뒤에 바짝 붙어 추적하듯이 따라왔다. 그 사람들과 거리를 두고 싶어 쉬지 않고 등산을 하니 힘들었지만 그동안 등산했던 시간 중에 가장 빠르게 산에 올라갔다. 그런데 그 이후에 무릎에 이상이 생겨 한동안 치료를 받았다. 그리고 이 일로 인해 몸 건강에 관심을 가지고, 몸에 좋다는 약에 관심을 보이기 시작했다. 서서히 진행되는 신체의 노화와 정신력의 퇴보는 무의식적으로 몸의 건강에 관심을 갖게 하고, 자신의 결핍된 것을 보완하려는 본능적 방어를 발생시킨다.

둘째는 부모의 질병과 사망으로 인한 불안이다. 부모도 늙어가고, 인생오후에 있는 우리도 늙어간다. 부모가 한두 가지의 질병을 가지고 있어 우리는 그것을 관리하는 데 신경이 쓰인다. 그래서 40대가 가지는 부담은 30대와는 많이 다르다. 30대는 어쩌면 인생에서 즐길 수 있는 기회가 가장 많은 반면에 인생의 오후가 시작되는 40대는 많이 다르다. 그래서 40대를 '샌드위치 세대(sandwich generation)'라고도 한다. 성장하는 자녀의 양육에 대한 책임과 노화를 본격적으로 겪는 부모에 대한 돌봄의 부담이 시작되기 때문이다.

부모와 가까운 친지 어른의 죽음 소식은 젊은 날과 비교할 수 없을 정도로 많이 접하게 된다. 소설이나 영화 속에서만 나왔던 죽음이라는 것이 나와 가까운 사람에게서 발생하고, 특히 부모의 죽음을 경험하면 죽음은 더 이상 제3자의 이야기가 아니라, 나의 이야기가 된다는 불안이 조금씩 엄습한다. 장례식을 마치고 정신 차리고 주변을 돌아보며 출생 순서로 죽음 순서를 계산하면 내 차례가 그리 멀지 않다는 것도 알게 된다. 늙어가고, 질병에 걸린 부모는 자식에게 더는 줄 것이 없는 의존적인 아이처럼 변해 가는 것을 통해, 적어도 늙어가는 것이 그리고 인생이라는 것이 어떤 것인지 서서히 인지하게 된다.

셋째는 결혼의 불만족으로 인한 불안이다. 대부분의 배우자는 자신에게 없는 것을 상대에게서 발견했기 때문에 그 매력에 빠져 결혼을 한다. 이 매력이 인간을 움직이지 않고는 사람은 결코 결혼이라는 모험을 할 수 없다. 속된 말로 이때 '우리는 콩깍지가 씌었다'라는 표현을 하곤 한다. 내향적인 사람은 외향적이고 활동적인 사람을 보면 매력을 느낀다. 외향적인 사람은 신중하게 사고하는 사람에게 호감을 가지게 된다. 색감에 콤플렉스를 가진 사람은 색감의 센스를 가진 사람에게 끌린다. 몸이 아주 마른 사람은 살집이 조금 있는 사람에게 끌린다. 우리는 이렇게 해서 결혼에 이르게 된다. 그리고 이렇게 대조적인 성향의 사람과 결혼에 이르는 것은 자연스러운 것이다.

인생오후에서 결혼생활은 최소 10년 이상을 넘어가는 기간을 차지한다. 결혼은 나의 부족한 부분, 내게 없는 부분을 상대가 가지고 있었기 때문에 그것의 매력으로 시작된다. 인생의 출발에서, 어린아이가 자신의 생리적 욕구에 대해 부모로부터 잘 돌봄 받는 것을 최고의 목표로 하는 것과 같이 결혼도 누구에게나 그러하다. 그러나 어린아이가 신체적·정신적으로 성장하지 않고, 늘 부모에게만 기대어 살아간다면 부모와 자녀 간에 개인의 공간과 시간을 침해하는 것이 너무 많아지기 때문에 결코 원만한 관계가 될 수 없다. 결혼도 서로의 필요에 의해서 시작되지만, 자신의 필요를 채우기 위한 것에서 떠나 배우자를 배려하는 정신적인 성장을 하지 않으면 힘들어진다. 결혼 전, 데이트할 시절 배우자는 내가 없는 것을 가지고 있었기에 배우자에게 설렜고, 마치 시간이 정지한 세계에서 서로 사랑하는 것처럼 느꼈다. 하지만 결혼생활을 시작하고 인생오후가 가까워지면서 꾸준한 대화와 배려를 상실하면 나에게는 없고 배우자에게 있는 것은 더 이상 매력이 아니라 나의 콤플렉스를 자극하는 아픔으로 작용하기에 잦은 불화가 있을 수 있다.

사랑하는 척, 관심이 있는 척하면서 나의 욕구를 채우기 위한 수단으로 부모가 자녀를 교육하는 방식이 연인관계, 대인관계 그리고 부부관계에서 나타나면 결국 일은 꼬이게 된다. 그러나 나의 목적을 채우기 위한 수단으로 사랑을 하든, 진심으로 배우자를 위한 사랑을 하든 상대에게 보이는 열정과 정성은 나의 목적을 채우기 위한 것이기에 결혼 전에는 더 뜨겁게 나타날 수 있다. 그러기에 부부는 서로의 입장에서 생각해보려는 배려와 대화가 있어야 좀 더 성숙한 결혼생활을 할 수 있다.

현대인은 어느 시대보다 사랑을 많이 이야기한다. 때로는 백화점이나 상점의 고객명단에 등록되어 있어서 결혼기념일이나 생일에 배우자나 가족보다 먼저 '고객님 사랑합니다'라는 문자를 받는다. 공적인 행사에 가서도 마지막에는 서로 사랑한다는 하트 표시를 머리에 손을 얹어 가면서 하기도 한다. 이렇게 사랑이라는 말이 쉽게 통용되는 사회 분위기는 무엇인가라는 의문이 든다. 이런 사랑은 희생, 지식 그리고 노력이 동반되지 않은, 상품을 팔기 위한 목적으로 소비자에게 친근감을 표시하는 의미 없는 값싼 사랑이기 때문이다.

부부는 몸과 마음의 하나됨을 위한 출발이며, '진정한 하나 됨'이라는 성숙한 사랑은 배우자 각자의 전적인 인격의 개발 없이는 성취할 수 없다. 왜냐하면 이 사랑은 예술(art)이기

에 노력과 지식의 개발이 필요하기 때문이다. 사랑이 예술이
라는 것은, 사랑이라는 것이 늘 웃음만 있는 것이 아니라는
점에서 알 수 있다. 웃음만 늘 있는 곳에는 예술이 있을 수 없
다. 살아 움직이는 사람에게는 늘 그림자라는 어두운 면이 동
행한다. 어두운 그림자를 부정하거나, 있어서 안 될 것으로
생각한다면 그것은 살아 호흡하는 동안에는 불가능하다. 자
신의 어두운 그림자를 부정함으로써 더 완고하고, 엄격하며,
형식에 매어 있는 사람이 된다.[5] 중요한 것은 이 어두운 그림
자를 어떻게 이해하고 수용하는가다. 사랑이 예술이라는 것
은 이 그림자를 이해하는 노력과 때로는 수용하는 자세에서
나오는 자기희생이 예술로 승화되어 가는 것이다. 결혼은 장
밋빛 낭만만이 아닌 서로의 상처와 콤플렉스가 교차하는 장
소이기에 서로를 어떻게 이해하고 수용하여 배려할 수 있을
까를 아는 예술이 필요하다.

　사랑이 필요함에도 가장 문제가 되는 것은 사랑을 할 수
있는 개인의 지식과 노력을 통하여 능력을 배양하기보다는
어떻게 하면 사랑을 받을 수 있을까에 더 많은 관심을 가지
기 때문이다. 그래서 이렇게 생각하는 사람들 중 남자의 경
우는 성공하여 사회적으로 권력과 지위를 가지는 사람이 되
고, 여자의 경우는 자신의 몸과 옷을 돋보이게 한다. 그리고
이러한 남녀가 동시에 추구하는 것은 매너, 대화의 흥미, 상
대에게 무례하지 않고 겸손하게 대하는 것이다. 에리히 프롬

(Fromm, E.)은 이러한 사랑은 절제된 미덕 같으나 이 배후에는 어떻게 사랑을 받을까라는 욕구가 서려 있는 것이기에 진정한 사랑은 아니라고 보았다.[6] 마치 백화점에 진열된 상품을 미화시켜 소비자의 흥미를 유발해 구매하도록 하는 것처럼 사랑할 수 있는 대상에 사람을 몰두하게 하며 본질적인 사랑의 의미를 상실하고 있다.[7]

> 대부분의 사람은 사랑은 기능에 의해서가 아니라 대상에 의해 결정된다고 믿고 있다…. 이 태도는 그림 그리기를 좋아하는 사람이 미술을 배우지 않고, 그림을 그릴 대상을 찾아야 한다고 욕구하고, 대상을 발견하면 아름답게 그릴 것이라고 말하는 사람과 같다고 비교할 수 있다.[8]

성적인 사랑(erotic love)은 완전한 결합을 위한 것과 연관되기에 이 내부에는 배타심과 질투가 있다. 그래서 성적 사랑은 자기만 소유하려는 독점의식이 있으며, 현혹적인 사랑이다. 이 성적 사랑은 친근하지 않는 사람들에게 갑자기 친근감을 발생시키는데, 시간이 지나감에 따라 이 친근감은 감소하기에 결과적으로 또 다른 낯선 사람과의 성적 사랑을 찾아간다. 이 낯선 사람과 다시 친근감이 생기고, 당분간 사랑은 다시 격렬해지고 즐거운 것이 된다. 그러면서 이 새로운 대상은 옛날 사랑과는 다를 것이라는 환영을 항상 가지게 한다. 그리고 이 주기를 넘으면 또 다시 멀어지고 새로운 사랑을 찾아 떠난다.

결국 자신에 대하여 진정한 사랑을 하지 못하는 사람들이 사랑의 대상을 외부나 물건에 집착함으로써 자신의 왜곡된 사랑을 보호하려고 한다. 인생의 오후에 신체적 사랑, 에로틱한 사랑도 중요한 부분이지만, 이 부분에 머물러 있는 것이 아니라 자신에 대한 진정한 이해와 노력을 통해 자신을 사랑하고, 에로틱 사랑의 다음 단계에 있는 정신적 사랑으로 가는 여정에 참여해야 한다. 문제는 인생오후로 들어갈수록 자기중심의 사고와 편견이 가득하다면 남을 배려할 수 있는 정신적 여유는 사라지고, 배우자를 통해 개인 존중감을 느낄 수 없기 때문에 불안이 가중된다는 것이다. 그러한 인생오후는 더 힘든 시간이 될 수 있다.

소설 『메디슨 카운티의 다리(*The Bridge of Madison County*)』는 로버트 제임스 윌러(Willer, R.)가 쓴 논픽션(non-fiction)으로 1992년에 발표되었고, 1995년에 영화화되었다. 이 소설과 영화의 배경은 1960년대 미국 아이오와 주의 메디슨 카운티가 배경이다. 내셔널 지오그래피(National Geography) 사진 작가인 로버트 킨케이드(영화에는 클린트 이스트우드 배역)와 이태리계 가정주부인 프란체스카(영화에는 메릴 스트립 배역)의 4일간의 꿈같은 사랑을 다룬 영화로, 여 주인공 프란체스카는 매일 가족을 위해 자신을 희생하는 여성이었다. 그러나 이 희생에는 자기 자신에 대한 행복감이 적었다. 어느 날 프란체스카의 남편과 자녀들은 시카고에 박람회가 있어 4일간 떠나면서 프란체스카는 홀로 집에 남게 되고, 워싱턴에서 메디슨 카운티 다리의 사진을 찍기 위해 온 로버트는 우연히 프란체스카에게 장소에 대한 도움을 받는다. 이 과정에서 사진 작가로서 세계 여러 곳을 다닌 그의 경험에 대한 대화가 프란체스카에게 내면의 자유와 낭만을 느끼게 하여 둘 사이는 친밀해졌다. 프란체스카는 로버트를 식사에 초대했고, 더 많은 대화를 통해 그녀는 한 남편의 아내가 아닌 한 여자로서 관심을 받게 되었다. 4일간의 여정이 끝나가고, 가족이 오기 전날, 프란체스카는 로버트로부터 함께 떠나자는 제의를 받았지만 그와 함께 떠나지 못했다. 그녀에게 4일동안 만났던 로버트는 일생에 단 한 번 오는 사랑이었기에 갈등 속에서 그를 떠나보냈다. 가족은 다시 돌아왔고, 의미 없는 듯이 되풀이되는 지루한 결혼생활은 계속되었으며, 세월이 흘러 남편이 먼저 세상을 떠난 후, 그녀는 로버트를 찾으려 했지만 찾을 수 없었다.

그러던 어느 날 그녀에게 소포가 도착했는데 그 안에는 로버트의 유품이 담겨 있었다. 유품에는 로버트가 프란체스카와 4일간 머문 기억을 써 내려간 글이 있었다. 로버트는 죽기 전까지 그녀를 잊지 않은 것이다. 세월이 흐르고 프란체스카도 세상을 떠났고, 마지막으로 자녀들에게 자신을 화장시켜 메디슨 카운티의 다리에 뿌려 달라는 유언을 남겼다.

필자는 30대 초반에 이 영화를 보았다. 그 당시 과제는 이 영화에 대한 감상을 쓰는 것이었는데 영화의 남자 주인공(클린트 이스트우드)과 여자 주인공(메릴 스트립)의 대화가 고루하고 따분해서 애를 먹었다. 당시는 아직 젊을 때였기 때문에 역동적인 것이 더 코드가 맞을 수 있었겠지만, 이 영화는 길기도 하고 이 긴 시간을 채우는 대부분의 내용이 미묘한 대화와 갈등에 의한 것이었기에 영화의 핵심을 읽지 못했다. 그러고 나서 50대 초반에 이 영화를 다시 한 번 볼 기회가 있었다. 2시간이 넘는 장편의 영화임에도, 나는 영화를 보는 내내 움직이고 않고 남녀 주인공의 대화 속으로 빨려 들어갔다. 나의 경험을 생각해 보면 사실 인생오후와 불안에 대한 이해는 자신이 인생오후에 있지 않으면 이해하기 어렵다. 젊은 청년에게도 가을은 좋은 계절이지만 인생오후에 느끼는 가을과 청년이 느끼는 가을에는 차이가 많다. 보이는 것만큼 보고, 생각할 수 있는 것만큼 생각을 하기 때문이다.

왜 이 소설·영화의 사랑은 애틋하면서도 아픈 사랑일까? 프란체스카가 4일 만에 비현실적인 사랑에 빠진 것도 진정한 자기와 자신에 대한 사랑을 잃어버렸기 때문이다. 누군가에 의해, 무엇을 해야 하기 때문이라는 무의식적 의례와도 같은 의무는 사랑에 눈을 뜨게 해 주는 대상이 나타나면 함몰될 가능성이 많다. 그래서 우리는 많지는 않지만 적어도 어느 정도는 젊은 날에 사랑에 대한 쓴 뿌리와 달콤함을 맛보는 경험이 있어야 인생오후의 사랑에 쉽게 휘둘리지 않을 것이다. 프란체스카의 무료한 결혼생활의 연속과 진정한 사랑을 찾아 나서는 두 사람의 이야기는 현실적 필요함이 더해져 더 달콤한 러브 스토리가 되었다. 만일 프란체스카나 로버트 중 한 사람이라도 현실의 결혼생활 속에 낭만과 사랑 그리고 의미가 충분히 있었다면 사랑이 흔들리는 4일은 없었을 것이다. 슬프고도 아픈 사랑이지만 프란체스카의 현실적 결단, 현재 가족을 떠날 수 없다는 것은 자신이 앓고 있는 사랑에 대한 희생이었지만 결국 인생오후자의 바른 결단이 아니었을까 생각한다. 그녀의 이런 결정이 없었다면 『메디슨 카운티의 다리』라는 소설은 없었을 것이다. 프란체스카의 남편은 죽을 때 그녀에게 다음과 같이 말한다. "당신 안에 꿈이 있었다는 것을 알아…. 그런 당신의 꿈을 이루어 주지 못해서 미안하오…. 진심으로 그댈 사랑하오…." 이렇게 그녀의 감내는 남편으로부터의 미안한 마음과 사랑을 받았고, 그녀의 몸과 정신은 재가 되어 추억과 아련한 사랑이 머문 메디슨 카운티의 다리에 안겼다. 현실의 무거움을 벗어나 낭만을 꿈꾸는 사랑과 현실에 남아 있어야 하는 현실의 굴레는 우리가 인간으로 살아갈 때 느끼는 빛과 그림자와 같다. 그래서 사랑은 끝나지 않는 인간의 주제다.

넷째는 경제적인 문제로 인한 불안이다. 경제적으로 가장 많은 지출이 있는 시기이기도 한 인생오후는 자녀에 대한 부모의 경제적 부담이 많은 시기다. 서구처럼 18세 이상이 되면 부모로부터 경제적으로 자립하는 풍토도 아직 희박하고, 부모세대는 연금을 받아 노후생활을 이어가야 하는데 그런 사람들이 많지 않은 상황에서 중년은 그야말로 샌드위치 세대가 된다. 그리고 과거에 자신이 가진 꿈과 현실의 차이에서 오는 괴리감이 불안을 가중시키고, 내가 과연 제대로 살고 있는 것이 맞는가 하는 질문을 자주 하게 된다. 왜냐하면 이 시기는 주변을 돌아보는 시간이며, 따라서 이 시기에 꿈과 현실의 괴리감은 또 다른 좌절이 될 수도 있다.

이 시기에 문제가 될 수 있는 두 가지 유형의 사람이 있다. 첫째는 경제적으로 풍요를 누리는 사람이다. 경제는 개인주의와 자본주의 사회에서 매우 중요한 요소가 되었다. 왜냐하면 소비함으로써 존재하려는 문화환경이 되어 버렸기 때문이다. 동시에 경제는 개인의 운명을 결정지을 수 있는 더 많은 기회를 제공하고, 모든 억압적 권위(국가 및 종교 등)로부터 자유를 얻게 하는 중요한 수단이 되었다. 그래서 서구에서는 경제적 풍요를 누리는 특정 직업을 가진 사람들이 인생오후에 자신만의 자유를 누리며 일탈적인 행동을 많이 한다. 둘째는 경제적으로 너무 어려운 사람이다. 이런 사람의 경우 실패와 좌절의 연속으로 꿈을 포기하며 살아가거나, 때로는 사회와 가정에 불만을 가지고 반사회적 행동, 중독 그리고 삶을 포기하여 불만을 표현할 수 있다.

경제적 풍요를 가지고 있는 사람은 이웃과 이타성에 대한 관심에 빠져야 하는 모험이 필요하다. 왜냐하면 대부분의 인생오후에 선 사람들 중에는 이러한 경제적 풍요가 오히려 자신과 가족을 파산시키는 경우가 있기 때문이다. 풍요로움은 있지만 이타성을 통한 관계적 인생관을 가지지 못하면, 그 풍요로움이 중년 자신을 갉아먹는다. 서구에서 이러한 문제에 놓여 있는 중년은 보통 전문적 직업을 가지고 있으면서 경제적 넉넉함을 가지고 있는 사람들이다. 마틴 부버(Buber, M.)의 말처럼 사람이 악의 영향으로 벗어나는 길은 선(善)에 대한 추구를 통한 길이기 때문이다.

다섯째는 빈 둥지(empty nest)현상으로 인한 불안이다. 부모도 떠나가지만 자녀도 떠나간다. 그것도 애지중지한 자녀가 어느 날 학업이나 결혼을 위해 30여 년 같이한 둥지를 떠나간다. 슬픔은 부모에게만 남을 뿐, 떠나는 자녀는 부모의 마음을 이해하는지 못하는지 연신 새로 만난 짝으로 인해 미소를 머금고 있다. 딸의 경우는 보석 같은 딸을 어느 날 도둑 같은 녀석이 와서 빼앗아 가버리는 것 같고, 아들의 경우는 30여 년을 길렀는 데 단 3일 만에 한 여성에게 넋이 나가 빼앗기고 만 것 같다. 희로애락이 묻어 있는 자녀의 방에는 수십 년간 손 자취가 남아 있는 잔잔한 가구들만이 우두커니 자리하

고 있다. 과거의 기억과 물건들은 있지만 자녀의 자리는 비어
버렸다. 키우느라 아팠고 떠나야 한다는 것이 당연하다는 것
을 알지만, 떠나간 것이 너무 아프다. 자녀와의 지난 추억은
영원한 과거 속으로 묻혀 버리고, 우리는 중요한 것을 잃어버
린 것과 같은 상실감으로 황량한 벌판에 서 있는 것 같다. 더
구나 가까운 거리에 있는 것이 아니라, 잘 모르는 타지에 새
둥지를 마련하거나, 타국에 가서 살게 되면 그 고통과 아픔은
더 크다. 그래서 이 상실과 불안을 떨치기 위해 직업에 종사
하거나, 자원봉사를 통해 마음을 추스르곤 한다.

이상에서 열거한 다섯 가지 요인은 외부적 요인들로 인생
오후에 대부분의 사람이 맞이해야 할 숙명 같은 통과의례이
며, 오후의 불안을 부추기는 요인이 된다. 이 통과의례를 어
떻게 대처하느냐에 의해 인생오후가 조금 더 활발하거나 의
미를 지닐 수도 있고, 때로는 더 악화될 수도 있다. 이 통과의
례는 나만이 가지는 것은 아니고, 대다수의 사람이 정도는 다
르지만 조금씩은 경험하는 영역이기에 경험을 이미 한 사람
들을 통하여 대처방법에 대해 조언을 얻거나 지지그룹에 참
여함으로써 경험을 나누는 방법을 통해 불안에서 탈출하여야
한다.

3. 인생오후의 법칙

우리는 인생의 오후를 살면서 우리가 인생의 초반에 가졌던 진리와 이상이 여전히 인생의 오후에 적용이 될 것이라는 거짓된 추측을 가지고 있다…. 인생의 오전에서 위대했던 것이 오후에는 보잘 것 없는 것이고, 인생의 오전에서 진실이었던 것이 인생의 오후에서는 거짓이기 때문에 우리는 인생의 오후를 인생오전 원칙의 프로그램을 가지고 살 수 없다.[9)]

칼 융(Jung, C.)은 1875년 스위스의 콘스탄스(Constance) 호수가 있는 케스빌(Kesswil)이라는 매우 작은 도시에서 태어났다. 지금도 이곳을 방문하면 참 작고도 작은 시골 마을이라는 것을 느낀다. 이 마을은 집이 많지 않고 한가로운 곳이며, 마을 앞으로 평화롭고 드넓은 호수가 자리하고 있다. 그리고 이 작은 마을에 칼 융을 기리기 위하여 그의 명칭을 딴 도로가 있다.

그는 인생의 주기에서 아동기보다는 성인기가 인간발달성숙에 있어 가장 중요한 시기로 보았다. 왜냐하면 인생의 자기

(the self)를 찾아 떠나는 여행이 성인기 · 중년기에 본적격으
로 시작되기 때문이었다. 인생오전의 법칙은 성공과 성취다.
사람이 무엇을 할 때 가족과 사회를 통해서 인정을 받는 것은
매우 바람직하다. 그리고 성취는 사람의 정신건강에 매우 중
요하다. 그러나 성공이 강압적이고 경쟁적인 구조에서 형성
된 것이라면 이것은 분명히 사람을 병리적으로 이끌 것이다.
즉, 이런 성공에는 '나'만 있고, 주변을 돌아보기 어려우며,
나보다 못한 사람을 이해하는 데 있어 한계성을 많이 가지게
된다는 것이다. 또는 이 범주에 들지 못하면 세상과 사람을
왜곡된 시각으로 보기 시작한다.

성공과 성취의 가장 중요한 목적은 자율성(autonomy)의
확보다. 내가 스스로 무엇을 할 수 있다는 성취감을 가지는
것이다. 즉, 성공과 성취는 스스로 무언가를 찾아갈 수 있고,
그것을 발견하고 내 것이 된다는 성취감을 가지는 목적이다.
그러나 가족환경이나 사회구조가 자율성에 근거한 성취를 느
끼도록 하는 것이 아니라, 타율성(heteronomy)의 구조에서
개인을 압박해서 성취를 가지게 한다면 그것은 분명히 병리
적인 결과를 낳는다. 내가 스스로 무엇을 찾아가는 데는 시간
이 걸리고, 실수와 시행착오가 병행될 수밖에 없다. 우리는
실수를 통해서, 실패를 통해서 인생을 배운다. 그리고 이러한
것이 인생을 살아가면서 개인이 바라는 성공과 성취를 얻는
데 필수적인 요소임에도 불구하고, 타율적 구조(부모나 사회)

에 의해 강압적으로 성공과 성취가 주어지는 것은 이 실수와 시행착오를 못 견디게 한다. 왜냐하면 그러한 것들은 다 있어서는 안 될 것, 즉 실패로 여기기 때문이다. 흔들리지 말고 꽃을 피우라는 말과 같다. 폭풍 없는 바다가 되라는 말과 같기도 하다.

모 일간지에 '40대 엄마가 위험하다'라는 표제어로 우리나라 40대 엄마들의 상황을 소개한 글이 게재되었다. 이 글에서 40대가 다가오는 것을 두려워하는 한 어머니는 "20대 땐 모든 게 서툴고 두려웠어요. 30대에 결혼, 임신, 출산을 겪으며 힘들기도 했지만 정서적으로 안정되고 여유가 생겼습니다. 그런대 40대는 두렵네요. 더 이상 젊지도 않고 신경 써서 꾸며 봐도 아줌마일 뿐…. 40대의 삶은 어떨까요?"라고 고백했다. 우리나라 30~50대 중산층 어머니 50명에게 자신의 삶에서 무엇이 중요한지에 대해 인터뷰한 결과, 40대 20명 중 일은 35%, 부부관계는 0%, 자녀의 성공은 40%, 건강관심은 25%으로 나왔다.[10] 이러한 조사는 40대 중년이 갖는 독특한 중년의 심리이며, 동시에 우리나라 가족과 사회구조가 갖는 여러 상황이 반영된 것이라고 본다.

독특한 것은 40대에 부부관계가 중요하다고 생각하는 사람은 0%이면서, 일이 중요한 사람은 35% 그리고 자녀의 성공이 중요한 사람은 40%라는 점이다. 필자의 관점에서는 이 현상이 우리 사회와 가족구조의 특이성으로 발생한 것으로 보인다. 우리 사회는 아직도 성공과 성취에서 자율성, 즉 내가 좋아하는 것을 스스로 성취하는 환경이 낯선 문화에 속해 있다. 가족과 사회가 반강압적으로 형성해 주고 있는 환경에 우리 스스로가 무방비로 당하고 있다. 그리고 앞에서 지적한 바와 같이 이러한 구조로 인해 외적인 스펙을 쌓으려는 열정에 빠지게 된다는 점이 문제다. 내가 사회를 향해 '이것은 아니다'라고 말할 내공이 아직은 적고, 사회가 이러한 말을 수용할 정도로 관용적인 것도 아니다. 그래서 40대의 오후를 사는 중년은 자율성에 근거하여 자신과 가정 그리고 자녀를 보기보다는 아이들의 성취(학력)와 성공을 통해 대리만족하려는 타율성의 중년을 살고 있다.

사람이 가장 심리적으로 건강한 때는 가족 간이나 대인 간에 기본적인 틀을 어기지 않도록 하고, 같이 하면서 따로 할 수 있는 가치관을 가질 때다. 하지만 중년에게 자율성에 해당하는 가장 중요한 부부관계는 오히려 0%이고, 자녀를 통해서 무언가 대리만족을 얻거나, 사회가 부여해 준 성공을 거머쥐려는 중년은 40%다. 이런 심리에는 '나'는 없으며, 불행을 자초하는 결과를 발생시킬 것이다. 그래서 만일 자녀가 자신의 바람을 성취해 주면 한없이 기쁜 것이고, 실패하면 풀이 죽어 지내는 것이다. 거짓된 자기 형성을 하고 있기 때문이다. 자기가 없고 남을 통해 대리만족을 얻으려는 마음은 늘 불안에 요동친다.

인생오전의 성공원칙을 가지고 인생오후를 살아가는 것이 불협화음을 만들어 내고 또 살 수 없다는 의미는 해가 동쪽에서 떠올라 정오가 되면서 서쪽으로 기우는 현상과 같다. 그리고 기운다는 것은 인생오전에 중요시한 가치관들에 대한 반전(reversal)이 시작된다는 것을 의미한다.[11] 싫든 좋든 우리는 태어나서 인생오후로 향하고 있다. 인생오후로 가면서 우리는 이러한 반전의 순간을 깨닫고, 또 그 깨달음으로 인해 눈물과 회한에 잠기게 되는데, 그것은 우리의 막혀 있고, 편협적인 가치관이 좀 더 넓은 세계에 의해 끊임없이 수정되고 보충되는 과정이다.[12]

자신만 살찌우는 성공이 과연 바람직할까? 우리가 나이가 들수록 젊은 시절에 보이지 않았던 광경이 시야에 들어오는 것은 결국 우리가 끊임없이 수정되고 발전되어야 하는 과정에 있어야 함을 가르쳐 주는 것이다. 간혹 사회적으로 성공하거나, 천부적으로 뛰어난 기량을 가진 사람들을 직간접적으로 만날 때면 크게 두 가지 부류로 나눌 수 있다. 하나는 이러한 좋은 조건을 가짐에도 사람을 우선하는 사람이 있다. 그들은 실패와 아픔을 경험하였기 때문이다. 실패는 성공은 아니지만, 실패를 함으로써 자신의 한계성을 받아들이고 겸허하게 살게 함으로 실패하는 사람을 이해할 수 있는 마음을 가지게 된다. 이러한 점에서 보면 엄밀히 실패는 없다. 왜냐하면 실패는 성취하는 중에 발생하는 과정이기 때문이다. 반면, 다른 하나는 자신이 가진 역량과 환경으로 인해 다른 사람들이 눈에 들어오지 않는 사람이다. 이러한 경향은 하루아침에 형성된 것이 아니라, 이러한 조건과 재능을 부러워하고 과도하게 띄워주는 사회와 문화의 환경으로 인해 그렇게 살아온 익숙한 세월에 노출되었기 때문이다.

그래서 개인화와 개성화라는 것은 아주 다른 것이다. 개성화는 말 그대로 인생오후에 자신의 인생오전 삶의 가치관에 대한 재정립을 도전 받아 진정한 자기를 찾아 가는 여정이다. 이 여정에 서는 사람들은 인생오전의 원칙으로만 오후를 살수 없다는 것을 깨닫게 된다. 그리고 자신이 인생오전에 가진 위대한 원칙들이 어쩌면 인생오후에는 보잘 것 없는 것이고, 어쩌면 인생오전에서 진리라고 여긴 것들이 인생오후에서는 거짓이 될 수 있다는 것을 깨닫게 된다.

개인화는 순전히 자기 개인만을 위한 것인데, 개인화가 진행될수록 인생오전에 성취하려는 사람보다도 앞서 갈 수 있다. 개인의 성취를 위해 더 많은 노력을 했기 때문이다. 그래서 개인화의 최고 목적은 성공이다. 하지만 자기와 자기가 속한 집단만을 위한 성공이었기에 이것만을 계속하게 된다면 결과적으로는 소외(alienation)를 가져온다. 왜냐하면 모든 인간에게 공통적으로 있는 근본을 도외시하였기 때문이다.

1886년 톨스토이가 쓴 단편소설 『이반 일리치의 죽음』은 톨스토이가 50대에 쓴 소설이다. 톨스토이는 자신의 친척 중

유능한 사람이 몹쓸 병으로 사망한 사건과 프랑스를 여행하면서 본 교수형 장면에 충격을 받고 이 작품을 쓰게 되었다. 이반 일리치는 이 소설에 나오는 주인공으로 장래가 촉망되는 사람이었다. 회사에서 많은 인정을 받았고, 그 인정받음으로 인해 경제적·사회적으로 여러 가지 혜택을 받았다. 그러나 그는 불치병을 얻고 말았다. 병을 얻고 회사에 출근을 하지 못하자, 회사 동료들이 그를 방문하여 위로했다. 그러나 병이 장기화되자 그를 찾는 사람들은 없어졌고, 심지어 아내와 딸도 그의 병간호에 소홀하기 시작했다. 그래서 그는 그에게 다가온 질병과 죽음 앞에서 여러 가지 생각을 하게 된다. 죽음을 거부하기도 하고, 살고 싶다는 욕망을 불태우면서도 그가 죽음 앞에서 배운 중요한 것은 죽음이라는 것이 인간의 속성을 잘 드러내 준다는 점이다. 아프기 전에 그리고 병의 초기에 자신에게 관심을 가진 지인과 가족들은 병이 깊어지자 자신을 멀리하고 말았다. 하지만 오히려 자신이 건강할 때 천대했던 '게라심'이라는 하인은 그가 죽음의 고통을 느낄 때마다 예전과 같이 자신을 극진하게 돌봐 주었고, 자신의 힘 없는 막내아들이 고통스럽게 죽어가는 자신의 옆에서 자신의 말에 귀 기울여 준다는 사실을 알게 되었다.

이 소설에서 톨스토이가 중요하게 생각한 것은 인간에게 성공과 성취는 개성화의 극점에 있는 '죽음과의 만남'을 통해서 그 가치관이 통째로 바뀐다는 것이다. 톨스토이는 그동안 이반 일리치가 갈고닦은 명성과 재물 때문에 가족을 포함한 많은 사람이 자신을 따랐지만, 장기화된 병, 죽음을 예견하는 병 앞에서 그들이 보여 준 모든 것이 거짓에 가까운 것이고, 자신도 거짓된 허상에 집착하여 세월을 살았다는 것을 밝혀 주었다. 오히려 자신이 건강할 때 눈에 들어오지 않던 하인 게라심과 힘없는 막내아들이 가장 진실한 사람이었다는 것을 자신의 죽음 앞에서 알게 되면서 인생의 가치가 완전히 역전되는 것을 보여 준다. 그는 인생을 거짓된 가치를 가지고 허위 가운데 살았다는 것을 알게 되었다. 칼 융의 "인생의 오전에 가졌던 위대한 것이 인생의 오후에는 보잘 것 없는 것이 될 것이고, 인생오전의 진리가 인생오후에는 거짓이 될 것이기 때문이다"라는 말을 잘 보여 주는 소설이다. 다음은 주인공 이반 일리치의 고백이다.

> … 죽은 사회생활 그리고 돈에 집착면서 일 년, 이 년, 십 년 그리고 이십 년을 그렇게 보냈다. 그리고 이러한 습관이 오래 지속되어 더 치명적인 것이 되었다. 나는 정점을 향해 언덕을 올라간다고 생각하였지만 사실은 언덕 아래로 내려가고 있었다. 나는 언덕 위를 공적으로 올라가고 있었다. 그러나 내가 이렇게 올라간 만큼 나의 인생은 후퇴하고 있었다. 지금은 모든 것이 끝이 나고 나에게는 죽음만이 남아 있을 뿐이다.[13]

고지를 넘고, 정점을 찍기 위해서 계속 오르고 올랐는데 오히려 인생이 후퇴하고 있었다는 것은 목적과 방향이 잘못되었다는 것이고, 이 목적과 방향에 대한 답은 그가 죽음이라는 사실에 노출되기 시작하면서 본격적으로 대두된다. 그러기에 이반 일리치의 '새가 죽을 때 부르는 노래가 가장 슬프고, 사람은 죽을 때 하는 말이 가장 진실되다'는 고백은 우리에게 인생을 되새기게 한다.

소유하면서 존재하려는 양식은 현대인의 의식과 뼛속 깊숙이 새겨져 있다. 그래서 소유가 없다는 것은 마치 존재하지 않은 것과 같은 무의미를 가져다준다. 소유가 우리가 살아가는 것을 대변한다고만 생각한다면, 우리는 일상의 소소함이 가져다주는 행복을 다 잃어버릴 것이다.

부동산 가격이 올라갈 무렵 어떤 사람이 은행에서 빚을 얻어서 제법 투자 가치가 있는 넓은 집을 장만했다. 그리고 수십 년간 이 은행 빚을 갚기 위해 동분서주하면서 바쁘게 살았다. 오로지 그 집 빚을 갚기 위해 가족과의 시간, 개인의 시간 등 모든 것을 희생하면서 살았다. 아파트 가격이 조금씩 올라갈 때마다 만면에 웃음을 머금고, 자신이 땀 흘리며 희생하는 것에 대한 보람을 가지면서 수십 년 동안 그 빚을 다 갚았으며, 은행 빚을 다 갚는 날 '다 이루었다'하고 숨을 거두었다. 이는 경쟁적이고 불안한 사회구조에서 소유를 하려다 소멸되어가는 현대인의 비극적이고 무의미한 삶을 풍자한 개그코너다.

현대사회에서 소유는 단순히 먹고 사는 생존문제를 벗어나 사람이 또 하나의 다른 차원에 있는 것과 같은 존재의식을 가지게 하는 것일 수 있다. 그러나 소유보다 더 핵심인 잃어버린 고향 같은 것을 찾으려는 마음은 소유함으로써 충족되는 것은 아니다. 오히려 더 많은 소유와 더 많은 재능이 적절한 균형을 가지지 않으면 모든 중심을 자신에게 두기 때문에 이것은 자신과 타인에게 피해를 주는 마성이 될 것이다.

사회심리학자 에리히 프롬은 인간의 문제는 자연과의 분리에서 오는 문제라 했다. 근원과 멀어진 인간의 모든 시대와 문화는 한 가지 물음에 직면하는데 어떻게 본래의 자연과 같이 일치할 수 있는가라는 물음이다. 모든 사람이 이러한 공통된 질문을 하는 것은 인간과 자연이 같은 근원(the same ground)을 가지고 있기 때문이다.[14] 이 공통된 질문에 대한 해결방법 중 소유를 누리고 있는 현대인이 사용하는 방법은 마약과 성관계다.[15] 무한한 소유를 열망하는 마음속에 채워지지 않은 허탈함에서 오는 무의미나 성장과정과 사회관계에서 깨지고 왜곡된 심한 트라우마 속의 개인이 자신의 심리세계에서 엄습해 오는 무의미의 황량함과 채워지지 않은 갈증의 불안을 해소할 수 있는 쉬운 방법은 그 불안만큼이나 강력한 중독인 것이다.

자기 자신의 의미를 찾으려는 작업은 인류의 초기부터 진행되어 현재까지 계속되고 있다. 자신을 찾으려는 것은 인생

오후에 본격적으로 시작되지만 이러한 질문에 대한 답은 외
적인 것에서만 오지 않는다는 점이다. 그러기에 인생오전의
성공과 성취의 법칙으로 인생오후에 제기되는 인생문제에 대
한 질문을 해결하려고 하면, 오히려 신경증적인 불안에 시달
리게 된다. 그리고 이러한 신경증적 불안은 개인이 이제껏 추
구했던 성공 가치관, 야망, 목표 등 인생오전의 원칙에 있는
익숙한 구조로 더 몰두하게 만든다. 왜냐하면 인생오후에 있
는 길은 아직 걸어가지 않은 길이지만 반드시 걸어가야 할 길
에서 오는 상실과 분리의 예후를 수용하기에는 준비되지 않
았기 때문에, 익숙하게 걸어왔던 자기 가치관의 길로 다시 들
어간다. 그리고 더 불안하고, 더 소외되는 신경증에 시달리는
인생오후가 된다. 우리가 가야 할 길은 신경증에 시달리는 인
생오후가 아니라, 존재론적 불안을 수용하는 인생오후다. 존
재론적 불안이란 인간이 출생으로부터 시작하여 성장과정을
지나고 어느 때에 노화와 죽음의 과정을 갈 수밖에 없는 자
신에 대한 수용이다. 결국 자신의 운명에 순응하는 것이고,
이 순응이 인생오전에 가진 많은 욕심을 더 내려놓고, 이기
심에서 이타심으로 가게 하며, 공동체로 인해 존재할 수 있
는 '나'를 보게 한다.

　인생의 오전에는 해가 무의식의 밤바다에서 부상한
다. 그리고 자신 앞에 펼쳐지는 넓고 밝은 세상을 직면

하면서 창공을 향해 자꾸만 더 높이 올라간다. 이러한 상승으로 인한 활동 범위의 확대 속에서 해는 자신의 중요성을 발견하게 된다. 그리하여 해는 자신의 목적인 가장 위대한 높이의 달성—정상에 오른 해가 가장 넓게 미칠 수 있는—을 이루게 될 것이다. ··· 정오의 정상에서 해는 기울어지기 시작한다. 기울어지기 시작한다는 것은 인생의 오전에 중요시하던 가치와 이상이 반전된다는 것을 의미한다. 해는 그 자체가 모순 속으로 떨어지게 된다. 마치 햇빛이 발산되는 것 대신에 그 빛을 그려야 하는 것과 같다. 빛과 온기가 차차 기울어지고 마침내 해는 소멸하게 된다.[16)]

심리학자 빅터 프랭클(Frankle, V.)은 유대인 정신과 의사였는데, 제2차 세계대전 때 유대인이라는 이유로 나치 수용소에 감금되었다. 그리고 그 감옥에서 가족을 다 잃었다. 그는 객관적으로 수용소에 있는 사람들을 보았을 때 대다수가 생포의 희망을 잃어버렸기 때문에 쉽게 병에 노출되고, 허약해진다고 생각했다. 한마디로 환경의 급격한 변화가 수용소에 있는 사람들에게 생존의 희망을 앗아가 버린 것이다. 이곳에서 일하다 약해지고 병들면 죽어 생체실험이나 화장을 하는 운명이라고 생각하는 무의미와 무목적의 삶이 사람들 안에 팽배하고 있었다. 누구도 고통과 고난에 대한 해답을 줄

3. 인생오후의 법칙 ··· **189**

수는 없으며, 고통과 고난에 대한 이유에는 해답이 없다고 생
각을 했지만 프랭클의 생각은 달랐다.

그는 고통에도 의미가 있다고 생각했다. 그 의미에 대한 정
말 정확한 이유에 대해서 모든 사람이 알 수는 없다. 내게 왜
이러한 일이 발생했고, 유대인이라는 이유만으로 수많은 사
람이 수용소에 끌려오고 죽음을 기다려야 하는지에 대한 답
은 없다. 그러나 그는 거의 모든 사람이 고난에 적응하지 못
하며 힘들게 살아가지만, 고난에 의미를 가지기 위해서는 개
인이 '의미를 만들어 내는 과정(meaning-making process)'
이 필요하다고 생각했다. 그래서 그는 자신이 살아야 하는 목
적을 만들었고, 매일 세 가지를 실천했다. 매일 아침 면도하
기, 지는 해 바라보기 그리고 매일 저녁 침상에서 독일군 막
사에서 흘러나오는 음악소리 듣기가 그것이다. 물론 일부지
만 프랭클이 나치 수용소에서 생존할 수 있었던 것은 고통과
고난에 대하여 부정적인 생각을 가지는 것이 아니라, 그 이면
에 숨겨진 의미를 개인적으로 만들려고 했으며, 익숙하지 않
는 것이 주는 또 다른 의미가 있을 것이라고 생각했기 때문
이다. '답이 한 가지만 있다'라고 말하는 사람들과 가족 그리
고 사회문화적 환경은 구성원이 그 답을 얻지 못하면 자신과
사회에 수많은 부정적 결과를 돌려줄 것이라는 예측을 반드
시 가지고 있어야 한다. 이러한 관점에서 프랭클은 프로이트
를 반대하여 인간은 성적인 것으로 좌절하는 것이 아니라, 존

재론적 무의미로 좌절하는 것이며, 아들러의 이론처럼 열등감에 시달리는 것이 아니라, 가치공허에서 나오는 무의미에 시달린다고 보았다.[17] 현대인의 소외(alienation)현상 중의 하나는 무의미가 팽배하다는 것이다. 정신 치료를 원하는 많은 내담자는 방문 이유를 인생이라는 것에 의미를 가지지 못하기 때문이라고 한다. 내담자가 삶에 의미를 가지지 못하는 이유는 불만족스러운 아동기만이 아니라, 중심문화의 급변화로 인해 발생하는 혼란을 경험하고 있기 때문이다.[18]

인생오전 원칙인 성공과 성취라는 이성적 판단에 의한 논리성을 가진 가치관은 분명히 한계가 있다. 만일 이러한 이성적 판단이 사람의 모든 문제를 다 해결하였다면 이 세상에 종교와 철학이라는 것은 없었을 것이다.[19] 종교와 철학이 인간이 가진 문제를 다 해결하는 것은 아니지만, 그리고 자체 내에 가지는 모순점이 분명하게 있지만, 종교와 철학은 인간이 가진 보편적 원칙에 대하여 의문점을 제시하고 답을 찾으려고 한다. 인생의 오후에 본격적인 관심이 시작될 수 있는 이타성에 대한 관심은 우리의 일상에서도 나타난다. 자연이 눈에 들어오지 않다가 인생오후의 어느 시기가 되면 자연의 경이로움이 눈으로 들어온다. 플라워 숍에 전시되어 있는 꽃과 수목에 대한 관심도 마찬가지이며, 천진난만하게 뛰노는 어린아이들의 소리도 귀에 남는다. 좀처럼 쳐다보지 않았던 뭉게구름이 흐르는 하늘을 쳐다보고, 밤하늘의 달과 별이 눈에 들어온다. 무심결에 지나쳤던 사람들의 다양한 모습과 잔상의 여운 속에 삶을 돌이켜 보는 순간이 점점 늘어난다. 소소함의 의미가 들어오고 오늘이라는 시간의 귀중함이 느껴진다.

이러한 관심은 인생오후에 본격적으로 시작될 수 있는 진정한 나를 찾아가는 개성화 과정의 징조들이다. 결국 버려지고 무관심으로 일관했던 일상의 소소함이 중요하게 다가오고, 이제껏 자신과 무관했다고 생각했던 것들이 보이지 않게 자신과 관계하고 있었다는 것을 느끼게 된다. 그래서 진정한 자기를 향해 찾아가는 인생오후의 개성화 작업의 최종결과는 이타적인 인간으로 살아가는 것이고, 이것은 나와 타인 그리고 모든 것이 상호적인 관계성 안에 있다는 것을 보는 것이다. 이러한 관계성을 회복하는데 '영혼(soul)'이라는 개념은 매우 중요한 요소다.[20] 결국 예전에 보이지 않는 것들이 인생오후에 보이고, 느껴지는 것은 성공과 성취의 인생에서 잊어버리거나, 억압되고, 버린 인간 본연의 모습을 되돌리려는 시도이고, 이것은 관계성을 회복하려는 영혼의 움직임이다. 그래서 이 영혼의 움직임은 인생오전의 원칙에 얽매여 사람들을 너무 비좁은 영적 수평선(narrow spiritual horizon)에 가두어 단순히 외적인 것에 몰두하고 집착하도록 하는 구조에서 발생하는 신경증적 불안현상을 해소할 수 있는 근거가 될 수 있는 것이다.[21]

나의 내담자들 중 35세 이상의 중년기에 있는 사람들 중에는 자신의 인생문제에 대하여 종교적인 관점에서 마지막 안식처를 찾지 않는 사람은 없었다. 그리고 이들 중에 종교적인 도움을 받지 않고, 문제가 해결된 사람도 아무도 없었다. 물론 이 말은 교회의 구성원이 되거나, 특정한 교리를 통해서 해결을 받았다는 것은 아니다.[22)]

매우 비좁은 영적 수평선은 '나' 중심의 사고와 가치관만이 전체를 지배하고 있기 때문에 타인의 가치관이나, 더 나아가 공동체의 운명을 짊어짐으로써 문제를 풀어 가려는 경향은 없다. 누구나 좋아하는 음식과 취미가 있다. 그러나 자신이 좋다는 이유로, 자신의 입장에서 모든 것을 보려는 것은 오만이며 편견이다. 편견은 성장과정이나 어려운 사건으로 인해 발생한 것으로, 색안경을 끼고 남을 보기에 내가 남에게 가까이 다가가지 못하게 하고, 오만은 자기중심적인 환경으로 인해 자아가 팽창되어 정신과 생활에 녹아 있기에 남이 나에게 접근하지 못하도록 하는 것이다. 인생오후에서 우리의 편견과 오만이 조금씩 바뀌려는 징조는 우리가 가진 '나'만의 성향, 고집 등이 서서히 힘을 잃어 간다는 것을 보여 준다. 불빛을 끄면 하늘의 별을 더 많이 볼 수 있는 것과 같다. 고집스럽게 나만의 것을 절대적으로 주장하다 보면 내 불빛이 너무 강하기 때문에 남의 것과 공동체 그리고 더 나가 우주에 뿌려진

별빛을 보지 못한다. 결국 자신의 건강이 쇠퇴함에 따라 건강의 중요성을 깨닫게 되고, 소우주 인간의 별 수 없는 미약한 존재를 아는 것이며, 자신과 같이 투병하는 사람들에 대한 이해와 동정의 마음이 생기고, 자신의 실패를 통해서 실패자들에 대한 연민을 가지는 것이다. 그래서 인생오후에도 자신이 강하고 아직도 실패를 모르는 사람이라고 생각하는 사람이 있다면 그것은 복이 아니라 재앙에 가까운 것이다. 자신으로 인해 가족과 주변사람은 여전히 힘들어하는데, 자신은 사람과 세상을 보는 축이 편견과 오만이라는 자기중심적이며 매우 협소한 영적 수평선에 매여 있기 때문이다.

칼 융이 인생오후에 대하여 사용하는 '영적 수평선'이란 용어가 다소 종교적인 냄새가 나는 것은 사실이지만 그의 지적처럼 이것은 틀과 형식에 묶여 있는 교리 중심의 종교를 의미하지 않는다. 이것은 '종교성'을 말한다. 인생오후에 겪을 수 있는 신경증적 불안은 보편적인 현상일 수 있지만, 전통적인 교리 중심의 종교적인 방식으로는 해결할 수 없다는 점을 명백히 한다. 왜냐하면 획일적이기도 하고, 판에 박은 듯한 종교지식의 전달에 현대인은 공감하지 못하고, 때로는 혐오감을 가지기 때문이다.[23] 모든 지식은 전 시대의 시대적 산물이다. 이 관점에서 보면 종교는 집단사회에서 가진 구원에 대한 요구이지만, 개인주의가 원칙인 현대사회에서는 집단사회의 위력이 서서히 약화되기 때문에 종교의 기능이 개성화에 대

한 것으로 나타난 것이며, 현대인의 마음을 더 잘 표현해 주
는 것이다. 그러나 인간의 장(場)과 삶에 대해 무관한 종교 교
리, 사람들은 개성화를 심연 깊은 곳에서 갈구하지만 그것에
답을 줄 수 없는 종교의 벽, 현대인과 인간의 종교성을 매개
하여 줄 접촉점이나 공통의 관심사를 이어 줄 수 없는 종교
기능의 후퇴는 현대인에게 더 많은 신경증적 불안을 발생하
게 한다.[24]

중년에 많은 사람이 신경증적 불안에 시달리는 가장 큰 이
유는 의미의 부재가 결정적 원인이다. 융은 이 신경증의 원
인에는 다양한 이유가 있겠지만 이것은 삶의 무목적과 무의
미로부터 고통을 받는 것이며, 곧 영혼의 고통이라 보고 있
다.[25] 무목적과 무의미로부터 고통이 엄습하는 중요한 두 가
지 원인은 현실 적응에 필요한 사회생활 기반의 흔들림으로
인해 받게 되는 현실적 고통과 현실적 기반에는 문제는 없지
만 오전 성공원칙의 약육강식 문화에서 오는 정신기초의 흔
들림이다.

획일적 성공목표에 익숙한 현대인이 인생오후에 신경증에
시달릴 수 있는 이유는 한 가지 목표에 길들여져 생활을 했기
때문이다. 예를 들어, 온실 속에서 성장한 식물이 온실이 없
는 곳에 갑자기 노출되면 환경의 변화로 인해 몸살을 앓거나
죽어 버리는 과정과도 같다. 그래서 사람은 오전 원칙인 성취
와 성공만이 아니라, 사람과 사람, 사람과 자연 등과의 관계

성에서 살아가는 원리에 대하여 경험을 통해 체험하는 것이
필요하다.

4. 죽음불안

(인생오후의 시간은) 쉴 곳이 없고, 사색적이며, 우울을 경험하고, 주변 환경에 민감하게 반응하며, 화를 잘 내는 고독한 시기다. 자신의 감정에 대하여 설명해 보라고 하면, 그들은 정확하게 자신의 감정을 설명하지 못한다. 30대는 자신의 환경에 대하여 만족하며 지낼 수 있다. 그러나 40대는 그렇지 않다. 이때는 푸른 초장을 연속해서 그리워하고, 자신을 알아줄 수 있는 사람과 함께 멀리 도망가고 싶은 몽상을 하며 많은 시간을 보낸다. 이때는 자신의 상상이든 실제이든 정신과 신체가 서서히 낡아간다는 사실에 슬퍼하고, 이러한 증상에 대하여 음울하게 인식하게 된다.[26]

앞 글은 서구의 명성 있는 예술가 310명의 생애를 조사한 심리학자 엘리엇 자크(Jaques, E.)의 글이다. 이 조사대상에는 셰익스피어, 모차르트, 톨스토이, 반 고흐 등 문인 및 예술가들이 대다수 포함되어 있다. 이들이 가진 공통점이 발견되었는데, 30대 후반부터 시작하여 특이한 몇 가지 현상이 나타났다는 것이다. 첫째는 작품활동에 정체(stagnation)현상이 발생했다는 점이다. 정체현상이란 예전 시기에 비해 작품 활동이 멈추고 더 이상 진전되지 못하는 것이다. 둘째는 자살이 빈번히 발생한다는 점이고, 셋째는 이 시기 전의 작품 주제는 주로 '남녀 사랑'과 같은 것이었지만, 이 시기가 지나고 나면 작품의 주제는 매우 다르게 나타나는데 '가족, 자연, 영생, 생명, 신(神)' 등과 같은 주제로 변화했다는 것이다. 자크는 이 세 가지 특이한 현상의 핵심에는 '죽음'이라는 주제가 있다고 보았다. 인생오후의 30대 후반부터 죽음이라는 인생의 무거운 주제로 인해 작품은 정체현상을 보이고, 때로는 죽음을 선택하기도 한다. 반면, 죽음의 주제를 나름대로 승화한 사람의 경우는 작품활동이 왕성해지면서 동시에 인생오전의 시기에 관심을 가지지 않았던 주제를 다루기 시작했다. 인생의 또 다른 관점을 본 것이다. 결국 310명의 예술가들의 인생오후의 마음을 흔든 것은 '죽음'이라는 주제였다. 죽음의 주제를 승화한 사람은 인생이라는 관점을 가지고 작품활동을 한 반면, 그러지 못한 사람은 자살을 택하거나 작품활동이 정체되어 버렸다.

미국의 이혼 전문 변호사에 대한 조사에서도 비슷한 결과가 나왔다. 50대 이전의 대부분의 이혼 변호사, 특히 변호사의 나이가 젊으면 젊을수록 이혼에 대한 의뢰가 들어오면 어떻게 해서든지 이혼을 성사시키려 했다. 그러나 50대가 넘어 있는 대부분의 변호사는 이혼 의뢰가 들어오면 이혼을 성사시키려 하기보다는 가능한 결혼생활을 다시 한 번 시작할 수 있도록 유도를 한다는 통계가 있다. 어쩌면 이는 나이 듦이 사람으로 하여금 일의 성과나 성취를 보기보다는 사람을 보려는 관점이 더 깊어진다는 것을 보여 주는 통계일 수 있다.

엘리엇 자크의 조사 내용은 죽음불안이 작품 세계에 어떻게 영향을 줄 수 있는가이며, 그의 설명은 인생오후의 불안심리를 네 가지로 구분할 수 있다.

첫째, 쉴 곳 없고, 우울하고, 사색적이며, 주변 환경에 민감하고, 화를 잘 내는 고독한 시기다. 경쟁적인 세상엔 쉴 곳이 없다. 집은 있지만 더 이상 나를 알아 주는 곳이 아니며, 가족은 때로 대화의 상대도 아니다. 자녀는 자신의 일에 정신이 없고, 배우자마저 일로 바쁘게 보내는 것 같고 나의 마음은 이해하지 못하는 것 같다. 무엇을 위해 살아가는지, 살아도 어떠한 희망이 있는지, 내가 그동안 목표로 하고 살아간 것이 바른 것인지의 질문들이 인생오후에 놓인 사람을 사색하게 만든다. 30대와 달리 이제는 주변 환경과 자신을 비교하게 되었고, 그것으로 인해 침울하거나 우울에 빠질 때도 있다. 이 시기에는 감정의 기복이 심해 배우자의 말에도 화를 내거나 삐칠 때도 많아진다. 그래서 밤늦게 홀로 있는 시간, 찻집과 술집에 머무르는 시간이 길어진다.

둘째, 자신의 감정에 대하여 어떻게 설명하지 못한다. 그래서 칼 융은 중년기에 본격적으로 자기를 찾으려는 개성화의 시작은 어느 날 갑자기 준비도 되지 않은 상태에서 엄습하기에 대부분의 사람이 이러한 방식으로 노출된다고 보았다. 자신의 감정을 설명할 수 없다는 것은 불가항력적인 요소인 죽음의 그림자로 인한 것이다. 인류가 오랫동안 경험한 나이 마흔의 죽음 경험은 현대인의 무의식적 기억에 자리 잡고 있다. 그리고 가장 슬프고도 잔인하며 모든 것을 무(無)로 돌려놓는 허무의 종점에 서 있는 것 같은 허망함은 그 어느 누구에게도 설명할 수 없는 것이다. 그래서 나이 마흔 무렵의 상황은 30대와는 판이하게 다르게 나타날 수 있다.

셋째, 푸른 초장(green pasture)을 그리워하며, 자신을 알아 줄 사람과 멀리 도망하고 싶은 몽상을 하며 보낸다. 푸른 초장 하면 떠오르는 것은 '자유함'이다. 다람쥐 쳇바퀴처럼 쉴 사이 없이 돌아가는 현대의 생활, 경쟁과 술수가 판치는 세상구조, 각박해지는 사회구조의 틈바구니에서 생존을 위해 몸부림치는 나. 그러나 이러한 나를 어느 누구도 이해하거나 위로하지 못하는 것 같다. 심지어 가족조차도, 배우자조차도 형식적 틀 안에서 매일 되풀이되는 생활일 뿐이다. 매일 실적과 업무의 긴장 속에 빠지고, 밤늦도록 일하며 때론 휴일도 없이 보내는데 도대체 이렇게 살아가는 것이 맞는 것인가? 이해해 주었으면, 위로를 받았으면 하는 가족에게서는 매일 매너리즘에 빠진 듯한 투박한 이야기만이 들려올 뿐이다. 나의 상황과 입장을 진정 이해해 줄 수 있는 사람이 필요해지며, 어디론가 멀리 떠나 버렸으면 좋겠다. 이 모든 억압된 구조로부터 잠시라도 사라져 버렸으면 좋겠다.

사람에게 가장 편안함을 제공하는 색감은 초록색이다. 그래서 이 색을 보는 것만으로도 심리적인 안정감을 누릴 수 있다. 서구에는 건물구조가 물론 우리와는 많이 다르지만, 더 다른 것은 대부분의 가정집이 작더라도 푸른 정원을 가지고 있다는 것이다. 이것은 마음의 위로를 주고, 돌봄을 제공할 수 있는 치료구조가 된다. 우리나라에서 푸른 초장이라고 할 때 연상되는 것은 고궁, 골프장 그리고 바다가 될 수도 있을 것 같다. 지평선과 수평선이 만나는 푸른 초장과 같은 곳은 모든 것을 잊어버리게 한다. 더구나 가정이 자신을 이해하거나 배려하지 못하는 데서 나오는 우울감은 나를 정말 제대로 이해할 수 있는 사람이 있었으면 좋겠다는 몽상에 빠지게 한다. 그리고 친근감 없는 결혼생활이 지속되는 것에 대한 지겨움으로 사랑이 사라지고 열정과 부드러움이 없는 부부의 성생활에 대한 회의와 권태감이 발생한다.[27]

마지막으로, 신체와 정신의 후퇴에 대한 음울한 인식이다. 이 시기에는 20대에 비해 신체적 · 심리적 후퇴가 발생한다. 자신이 20대에 느낀 최고의 조건에서 그 이하의 것들을 체험한다. 며칠 밤을 지새우면서 일을 하거나 혹 술을 마셔도 다음날 거뜬히 임무를 수행했던 나는, 이제는 하루만 예전과 같은 방식으로 살아도 그 여파가 일주일을 간다. 예전과 같이 빨리 달리지도 못하고, 달리면 오히려 배가 먼저 나와 숨이 가쁘다. 더구나 무거운 것은 들기도 힘들다. 허리라도 삐끗할까 겁이 나기도 한다. 청력과 시력이 조금씩 떨어진다. 그래도 스스로 외모는 예전과 같다고 생각하지만 핸드폰을 구입하러 가면 점원들은 두말하지 않고 효도폰을 소개하여 내가 나이 듦을 사회가 인정하는 것 같아 마음이 무겁다. 젊어지려고 청바지를 껴 입지만 뱃살은 속일 수 없다. 기억력이 감퇴하여 학습을 하는 데 조금씩 어려움을 경험한다. 몸이 통증에 예전보다 훨씬 예민하게 반응하고, 만성질환이나 성인병으로 인해 죽을 수 있다는 걱정을 한다.[28]

그래서 인생오후 시기는 중요하면서도 아픈 시기다. 청춘도 아프지만 인생오후자도 아프다. 어느 사이에 시간이 시위를 떠난 화살처럼 지나가 버린 것에 대한 충격과 젊음이 상실되어 간다는 것에 젊은이를 보면 한편에서는 부럽기도 하고 그들의 젊음에 스스로 화가 나기도 한다. 어제 같았던 청춘은 더 이상 없고 엄습하는 노화와 죽음에 대한 두려움만이 있다. 덧없이 그리고 바쁜 듯이 지나가 버린 시간은 지쳐버린 신체와 혼돈만을 남긴다. 그래서 침울해지기도 하고, 일상처럼 되풀이되는 지겨운 질문에 대한 생각으로 허탈해한다. 일이 없어도 한밤중에 귀가하는 경우가 자주 반복되고, 오랫동안 아무 말 없이 술집에 오래 앉아 있거나, 새벽에 잠이 깨어 스스로에게 질문을 하기도 한다. 청춘이 엊그제 같았는데 벌써 인생오후에 서 있다는 사실에 고통스러운 시간을 보낸다.[29]

결국 앞에서 언급한 네 가지 심리적 변화는 우리가 인생을 오후까지 살아오면서 어떤 것에는 우선권을 두었고 다른 것에서 소홀히 하거나 최소화했던 결과다. 그래서 중년기에는 그동안 소홀히 하였던 부분이 정신적 균형을 찾기 위해서 갑자기 낯선 객처럼 찾아온다. 그동안 잠잠했던 목소리가 이제는 밖으로 나오기 시작한다. 이것은 막연한 것 같지만 과거의 상실감, 배신감 또는 죄의식에 대한 것일 수 있다. 또 어떤 이는 과거에 자신이 성숙하지 않아서 거부했던 직업의 길 또는 부모나 어른들의 강요로 떠밀려 결정한 자신에 대해 재정립을 하기도 한다. 혹은 잃어버린 사랑이나 사랑해 보지 못했던 사랑, 부모의 강압으로 포기한 것들을 찾기도 한다. 이 모든 것은 현재의 자신을 위해서 무관심하게 내버려 두거나 강압에 의해 포기한 것들이기에 인생의 오후에는 이러한 내부의 목소리에 주의 깊게 경청하는 시간이 있어야 하고, 의식적으로 어떠한 부분에 관심을 가져야 할지 결정해야 한다.[30]

5. 불안과 회복의 두 길

중세기 작가 알리기에리 단테(Dante, A.)는 그의 『신곡(*Divine Comedy*)』에서 중년을 지나가는 자신의 마음을 다음과 같이 표현한다.

> 인생의 중반에 나는 깊은 숲 속에서
> 나가야 하는 방향을 잃어버렸다.
> 아, 그 두텁고, 거칠고, 야생적이고,
> 두려움을 생각나게 하는 그 숲을
> 설명하기가 얼마나 어려운가.

마치 철모르는 사춘기 청소년의 이유 없는 방황처럼 인생 오후의 어느 날에 불어오는 심리적 변화는 단테 자신을 마치 인생의 숲에서 길을 잃어버린 사람처럼 만들었고, 그 숲에 있는 자신은 원시적인 본능으로 채워져 있으며, 그 본능의 두려움에 놓여 있는 자신에 당황한다. 오랫동안 중년기에 관심을 가진 예일 대학교 다니엘 레빈슨(Levinson, D.)은 인생오후에 놓인 중년의 마음을 다음과 같이 말한다.

우리가 아는 바와 같이 (중년기에) 중요한 변화 중의 하나는 신체와 심리적인 변화다. 30대 후반이나 40대 초반에 중년은 자신이 예전에 가졌던 최절정의 신체상태나 심리건강 이하 지점으로 떨어진다. 예전과 같이 빨리 뛸 수도 없으며, 무거운 것을 들 수도 없다. 시각과 청각은 부정확해지고, 기억력이 감퇴하며, 학습으로 특정한 정보를 가지는 데 어려움을 느낀다. 통증에 대하여 민감해지고, 치료하기 힘든 성인병에 걸리기 쉬우며, 이것은 만성적인 질병에 걸리게 하거나, 더 나아가서 죽음에 대한 걱정을 초래하게 한다.[31]

신체와 심리적 변화는 더 나아지는 것이 아니다. 당연히 20대처럼 그 자리에 있어 아무 탈 없이 나에게 있어야 할 요소들이 하나씩 상실되거나 이상조짐이 발생한다는 것은 인생 오후에 선 중년에게는 예전과 다른 자기 자신을 생각하게 하는 계기가 된다. 레빈슨은 신체 변화로 인한 중년의 마음을 표현했지만, 톨스토이가 자신의 인생후반을 돌아보게 하는 다음 내용은 인간실존에 대한 깊은 내적 번민과 삶 자체에 대한 의문을 제기한다. 톨스토이는 이 글을 쓰기 5년 전부터 갑자기 자신이 이제껏 무엇을 위해 살았는지에 대한 심각한 질문을 하게 되고, 현재도 무엇을 위해 살아가고 있는지에 대한 심각한 질문을 자신에게 던진다.

내가 기초로 하여 서 있는 모든 것이 무너지는 것을
느낀다. 이제 내가 기초로 하여 서 있어야 할 것이 사라
졌다. 그동안 아무것도 아닌 무가치한 것을 위해 살았으
며, 나는 삶에 대하여 왜 살아야 하는지에 대한 아무런
이유를 가지고 있지 않았다. 진실한 것은 인생이 의미가
없다는 것이다. 계속적으로 되풀이되는 삶 속에서 그동
안 나의 자취들이 나를 벼랑 끝으로 더 가까이 이끌기에
나에게 있어 인생은 아무것도 아니며 폐허인 것이다⋯.
내가 하는 일들로부터 무엇을 얻을 수 있는가? 인생에
서 나는 과연 무엇을 가질 수 있는가? 나는 왜 살면서 무
엇을 해야 하고, 어떤 것을 얻어야 하는가? 피할 수 없는
죽음, 나를 기다리는 죽음으로부터 파괴될 수밖에 없는
내 인생에 어떤 특별한 의미가 있는가?[32]

이렇게 심리적이고 신체적인 변화에 당황하여 생겨나는 심
리적인 현상은 젊음에 대한 향수(鄕愁)를 느끼게 한다. 빨리
가버린 세월에 대한 허무감, 너무 급하게 시간이 가버린 것
과 같아 시간의 역주행을 시작하는 것이다. 시간의 역주행을
시작하는 데에는 크게 두 가지 이유가 있다. 첫 번째는 시간
을 더 이상 가지 않게 하거나, 과거로 되돌리고 싶은 '불사성
(immortality)'의 욕구다. 둘째는 가족과 이웃에게 자신이 필
요한 존재임을 나타내려는 '필요성(need to be needed)'의 욕

구에 대한 것이다. 그런데 불사성과 필요성을 표현하는 방법
에는 두 부류의 대조적인 성향이 있을 수 있다. 물론 이러한
대조적인 성향은 하루아침에 보이는 것이 아니라 이제껏 살아
온 가치관이나 익숙한 습관과 행동에 의해서 보이는 것이다.

한 부류의 사람들은 '자기중심적'인 성향을 가지고 불사성
과 필요성의 욕구를 채우려는 사람들이다. 노화나 죽음에 대
해 저항하려는 자기중심적 성향은 젊음에 대한 향수에 빠져
젊음에 집착하는 것이다. 노화를 지연시키는 것은 누구나 가
지는 본능일 수 있지만, 젊음에 집착하는 것은 인생주기에서
다시 자신을 젊음시기의 코드로 고정시키려는 것이다. 우리
는 인생주기에서 아동부터 노인시기로 가면서 그 적합한 시
기에 담당해야 할 정신적인 과업들이 있지만, 문제는 그 과
업들을 거부하고 젊음에 사로잡혀 나이 든 자신을 젊음과 동
일시화하는 경향이다. 그래서 중년기를 연구한 낸시 메이어
(Mayer, N.)는 다음과 같이 말한다. "중년으로서 인생의 과정
을 통과하면서 만나게 되는 문제를 직면하지 않고, 대신 우리
는 젊은이들의 외모, 젊은이들의 소리, 감성, 마술과 같은 젊
음에 매료되고 사로잡혀 있는 상태가 되었다."[33]

이 부류의 사람들이 느끼는 '필요성'에 대한 욕구는 이웃
과 타인의 필요성에 나를 참여시키는 것이 아니라, 내 필요성
을 채우기 위해 이웃과 타인을 이용하는 것이다. 자신을 희생
함으로써 그 희생의 정신 아래서 성장하는 세대에 대한 관심이

아니라, 이제는 무디어 가고 사라지는 자신의 젊음을 남들을 이용하여 회복하려는 시도다. 물론 이러한 것이 일시적 쾌락이나 유흥으로 끝이 날 수도 있지만, 개인적이나 가정에 혼란을 가져올 수 있고, 어떤 이들은 심각하게 중독에 빠질 수 있다. 심리학자 에릭슨은 이 부정적인 결과를 '침체성(stagnation)'으로 표현한다. 이러한 사람들의 마음 중심에는 '냉담(apathy)'이 있다. 자기를 제외한 주변의 모든 것이 자신을 위해 이용되기 때문에 이웃, 타인, 심지어 가족에게조차도 냉담하다. 얼음처럼 차고 무관심으로 일관한다. 그러나 이러한 마음은 자신의 마음이 병들어 있음을 말하기에 실제로는 자기 자신도 냉담하게 돌보지 않는 것이다. 자신을 진정 사랑할 수 없기에 외부 요인을 이용해 자신을 학대하는 것과 같다. 이들은 신체적으로나 정신적으로 자신과 남들을 돌보지 못하고, 수동적인 의미에서는 의미와 희망을 상실한 채 살아가는 것이며, 능동적 의미에서는 보편적 가치를 자기중심적으로 왜곡해서 그것이 진실이라고 생각하고 살아가는 것이다. 그래서 불사성과 필요성을 자기중심적으로 왜곡된 해석으로 가지는 것은 개인적으로 가지는 비밀스러운 혹은 거짓 친밀감(pseudo-intimacy)을 추구하게 한다.

중년에 성숙함을 만나는 것을 실패하면, 흔히 개인적으로 정신의 빈곤함과 함께 밀려오는 침체성과 거짓 친

밀감(pseudo-intimacy)에 대한 강박적인 필요를 가지
는 것으로 퇴보한다. 그렇게 되면 (중년) 개인은 흔히 자
신이 마치 (자신만 아는) 독자처럼 그리고 자신이 자기 것
인 것과 같이, 혹은 서로의 것인 것과 같이 그들 자신에
도취한다.[34]

　사람은 거짓이든 진실이든 관계 속에서 살아갈 수밖에 없
다. 왜냐하면 관계를 가지지 않고 산다는 것은 죽음과 같기
때문이다. 거짓 친밀감에 대한 강박적 필요란 자기중심적인
이기성에 기초한 관계이기에 결과는 분명히 부정적이지만,
그럼에도 거짓 친밀감에 빠지는 것이다. 부정적 친밀감은 병
리적인 생각이며, 이것은 내가 소외되는 것보다 낫다고 생각
하기 때문에 형성된다. 이것이 더 악화되면 사람이나 물건을
대상으로 하는 중독에 빠지게 된다.
　두 번째 부류의 사람들도 인생오후에 '불사성'과 필요성'에
대한 것을 절실하게 느낀다. 그러나 이들은 불사성과 필요성
을 자신의 필요에 의해서 충족시키는 것이 아니라 인간의 불
사성이라는 것이 영원할 수 없다는 것을 수용하며 자신을 이
웃과 가족을 위해 헌신하는 구조로 가는 사람들이다. 이스라
엘 속담은 사람이 죽기 전에 반드시 해야 할 세 가지 일을 말
한다. 그것은 자녀를 낳고, 책을 쓰고, 나무를 심는 일이다.
자녀를 낳고 책을 쓰고 나무를 심는 것은 사람이 모두 죽음이

라는 유한성을 가지고 있기 때문에 자신이 가족과 이웃에게 바르게 기억될 수 있는 매개체를 남기는 것이다. 그리고 그들의 기억을 통해서 영원히 살아가는 것이다.

에릭슨은 불사성과 필요성에 대한 긍정적 결과를 '성숙성 (generativity)'이라고 하였다. 그리고 성숙성에 대한 결과는 '돌봄'이다. 인생오후에 성숙성을 가진 사람은 자신이 영원히 살아갈 수 없다고 확신한다. 젊은 시절 시간은 무한하고 공간은 내가 꿈을 꾸는 대로 이루어질 수 있는 푸른 희망을 가진 공간이라 생각했지만 이제는 시간이 유한하고, 내가 운신할 수 있는 공간도 제한되어 있다는 것을 운명처럼 수용하기에 제한된 시간과 공간을 승화하는 것은 돌봄이라는 것을 안다.

성숙성은 생식성, 생산성 그리고 창의성의 세 가지 의미를 가지고 있다. 생식성은 자녀, 즉 후손과 연관된 것이고, 생산성은 자신의 일터와 연관된 것, 창의성은 개인의 가치관과 연관된 것이다. 그런데 이 세 가지의 공통점은 '남긴다'는 것이다. 무엇을 남기려 하는 것, 그것도 자신에게 매우 가치 있고 중요한 것을 남기려는 것은 자신이 사라질 것을 알고 있기 때문이다. 그리고 자신이 살아 온 인생에서 가장 중요한 교훈과 경험을 후손에게 남기고, 이웃에게 남겨 그들의 '기억' 속에 회자됨으로써 잊혀지지 않는 존재로 남으려는 것은 오래된 불사성과 필요성의 본능이 숨어 있는 것이다.

사람이 헤어짐이라는 것에서 불안을 느끼는 것은 내가 더

이상 그들의 기억에 남지 않는다는 두려움 때문이다. 그러
나 후손을 바르게 양육함으로써 내가 죽어도 그들의 기억 속
에 좋은 사람으로 기억된다는 것은 그 어떤 것보다도 가치가
있는 일이다. 일터에서 좋고 바른 물건을 만들어 내어 타인
의 입을 통해서 자신이 만든 물건이 오랫동안 좋은 평가를 받
는 것도 마찬가지다. 자신의 가치관과 사상을 남겨서 그것으
로 교육받고 가치관을 삼아 살고자 하는 사람들이 있는 것 역
시 자신의 사상과 가치가 사람들 속에서 다시 재생되고 활용
되는 부활이 있는 것이다. 죽음이라는 망각의 강을 건너면 모
든 기억이 지워진다는 두려움 때문에 인간은 누구나 이 강을
건너기를 주저하지만, 반드시 건너기 전에 내가 자손과 일터
와 교육을 통해 기억된다면 그것은 몸은 죽지만 나는 다시 회
자되어 불사성의 염원을 실현하는 것이라고 생각한다.

인류학자 데이비드 길모어(Gilmore, D.)에 의하면 이러한
성숙성에 대한 것이 여러 원시 부족의 생활에서도 나타난다고
한다. 원시 부족에 있어 성숙성은 '보호자' '공급자(provider)'
그리고 '생식자(procreator)'의 개념으로 나타나고 있다.[35]
보호자는 어린 자녀나 후손에게 정신적이고도 신체적인 보호
를 제공하는 사람이며, 공급자는 필요로 하는 것을 제공해 주
는 개념, 생식자는 자녀를 양육하는 개념이다. 결국 한 부족
의 흥망성쇠(興亡盛衰)는 인생오후 세대가 후손에게 바른 정
신과 먹고살 수 있는 기술을 전수해 주는 것에 의해서 판가름

이 난다. 그래서 이 성숙성이라는 것이 현대인에게만이 아니라 원시 부족에게도 있었다는 것은 진화론적 관점에서는 인간이 제한된 공간과 시간 속에서 생존하며 가장 보람과 의미를 가질 수 있는 방법인 것을 안 것이고, 동시에 우리가 당연히 수용하고 가야 할 인류의 무의식 속에 깊이 뿌리내린 정신적 원형(archetype)이며, 종교성이기도 하다. 그러나 이것이 원형이요, 종교성임에도 불구하고 어떤 사람은 자기중심적으로 살려고 하여, 침체성에 빠진 이기성에서 삶을 허비하며 보내는 사람도 있을 것이다. 반면, 어떤 사람은 이타적 돌봄을 통해서 자신을 승화하려고 한다. 우리는 이 두 가지 기로에서 자신에게 익숙한 것을 선택하며 살아갈 것이다.

제4장

불안을 넘어서

어떤 사람도 현재를 멈추고 자신을 생각하지 않고는 깊은 심연과 같은 차원의 경험을 할 수 없다···.

일시적이고 한시적인 관심들이 얼마나 중요하고, 가치 있으며, 흥미로운 것인가에 관계없이 (사람의 마음이) 고요해지지 않는 한 궁극적 관심(Ultimate Concern)에 대한 것은 들을 수 없다. 이것은 우리 시대에 깊은 차원의 상실 중에서도 제일 깊고, 가장 근본적이며, 거시적 의미에 있어서 종교의 상실이다.[1]

폴 틸리히(Paul Tillich)

1. 오후수업의 서막

📖

오후수업의 끝은 죽음이다. 생각하기도 싫은 것이지만 우리 모두는 이 끝을 향해 가고 있다. "인생의 중간에 나는 어두운 숲에서 길을 잃어 버렸다. 아! 그 숲은 두텁고 야만적이며 거칠어 나의 생각을 반복해서 설명하는 것이 얼마나 어려운지"라는 알리기에리 단테(Dante, A.)의 말처럼 죽음은 수용하기도, 표현하기도 꺼리는 것이지만 이 사실을 인생의 오후에 부정할 수는 없다. 끝이 있다는 것을 알면 우리 모두가 조금은 이타적이며 진지하게 살아갈 수 있을 텐데 우리는 끊임없이 끝에 대한 두려움으로 죽음을 의식 밖으로 내던져 버리고 그 대가로 성공과 성취를 붙잡는 수고로 인해 불안 신경증에 시달린다.

하버드 대학교와 시카고 대학교 교수였던 폴 틸리히(Tillich, P.)는 "신경증은 존재(being)를 피함으로써 비존재(Non-being)를 피하는 방식"이라 했다.[2] 이 말은 현재의 '나'라는 인간 존재의 의미와 물음을 피함으로써 죽음을 생각하지 않는다는 것이다. 틸리히에게 비존재란 죽음을 의미하는데, 시간이 흐를수록 현대사회에서 현대인이 신경증적 불안에 시달

리는 것은 인간이 가진 운명의 굴레를 피함으로써 죽음을 회
피하기 때문이다. 그리고 이 회피방식으로 택하는 것이 성공
과 성취이고, 여기에 몰두함으로 비존재를 망각하는 것이다.
그래서 성공과 성취는 우리로 하여금 비존재를 망각하게 하
는 중독 매개체 같은 것이다. 성공과 성취의 최종적 결과는
권력, 돈 그리고 명예다. 권력과 돈은 가져도 끝이 없는 것이
고, 그 매력과 흡입력에 중독되면 떨쳐버리기 어려운 유혹이
다. 그리고 중독이 사람을 망치듯, 현대사회의 통념적인 성
공과 성취의 표상인 '돈과 권력'의 집착도 그러하다.

심리상담에서 개인이 가진 불안과 그림자(shadow)를 알려
고 하고, 인정하는 것은 치료의 시작이 된다. 그러나 불안을
숨기고, 마치 그림자가 없는 것과 같이 말을 하면 불안은더
확대되고 과장된 허상에 묻혀 있는 개인만을 보게 된다. 그래
서 오후수업을 통해서 끝의 불안을 수용한다는 것은 불안이
인생의 건강한 안내자가 될 수 있다는 것과 같다. 즉, 이 안내
를 통해 내가 무엇을 먼저 해야 하고, 하지 말아야 할 것이 명
백해진다는 것이다. 학생들에게 죽기 전에 반드시 해야 할 버
킷 리스트(Bucket List) 열 가지를 작성해 보라고 하면 다양한
희망사항을 기록한다. 그런데 이것을 다시 세 가지 정도로 압
축하라고 하면 대다수의 내용이 가족과의 화해, 잘못한 것에
대한 이해와 용서가 주를 이룬다. 버킷 리스트는 가상이지만
죽음이라는 불가피한 운명 앞에서 우리가 무엇이 최상의 일

인지를 깨닫게 해 준다.

성공과 성취만을 바라보고 살아가는 현대인의 방식은 비존 재인 죽음의 사실을 피하는 방식이기 때문에 항상 불안이 깔려 있는 신경증에 시달리게 된다. 그리고 이 신경증적 불안의 해소는 '좀 더 많이, 좀 더 높게, 좀 더 빠르게'라는 올림픽의 표어와 같이 그러한 경지를 추구하고 이룸으로써 해소된다. 이것은 소위 가족과 사회가 구성원을 영웅주의에 몰입하도록 하는 것과 같다. 신경증적 불안에서 추구하는 권력과 돈 그리고 영웅주의나 엘리트주의는 결국 침체성에 빠지는 인생오후 와도 같다.

나라가 발전하지 못하는 여러 중요한 요인들이 있지만 우리나라의 경우는 '엘리트 카르텔'의 문제가 나라의 질적·양적 발전을 막는 요소로 거론된다. 엘리트 카르텔이란 엘리트가 집단적 이기주의에 빠져 개혁과 변형이 어려워지는 경우를 뜻 한다. 왕권시대 성왕(聖王)과 성군(聖君)이라는 개념은 변형자 (transformer), 구조자(structure), 구원자(saver)라는 의미를 가지고 있었다. 즉, 권력과 돈을 가지고 있는 진정한 영웅은 사회를 악의 구조에서 선하게 변형시키는 자여야 한다. 구조 를 변형시킬 수 있는 것은 서민보다는 힘이 있는 자가 할 수 있다. 경제, 교육, 법 등의 구조를 가장 공평하게 함께 할 수 있는 판을 짜 놓으면 국민들이 그 판 안에서 공평한 경쟁과 협동을 도모하여 사람들의 잠재성과 창의성을 끄집어내어 개인과 국가의 경쟁력을 향상시킬 수 있는 것이다. 구원자는 역시 베풀 수 있는 시간과 물질을 가졌기 때문에 이 도움을 제공할 수 있는 것이다. 따라서 이들은 신경증적인 불안에 시달려 금권에 목을 매는 영웅이 아니라, 자신의 실존적인 불안을 수용하여 자신의 것을 사회에 돌려주면서 선한 변형, 구조 그리고 도움을 제공하는 사람들이다. 곧 '공동의 선'을 추구하도록 판을 짜 놓는 사람들이 진정한 영웅이요, 엘리트다. 어떻게 이러한 개인과 사회로 가는 인생오후에서 살 수 있을지 고민하는 것은 아마 인생오후를 살아가는 사람들에게 중요한 숙제이며 선물일 것이다.

2. 오후수업의 선물

알렉산더 대왕은 세계를 정복하는 중 질병으로 죽어갈 때 자신이 죽으면 관 밖으로 자신의 빈손이 나오게 할 것을 주문했다고 한다. 세계를 정복하겠다는 야망 속에 살았지만 결국 인간은 죽음 앞에 빈손으로 돌아간다는 것을 알려 주기 위해서였다. 그야말로 인생은 공수래공수거(空手來空手去)인 것이 분명하다. 태어날 때 벌거벗고 태어났으니 죽을 때도 가진 것이 없이 이 세상을 떠난다. 우리가 이 사실을 좀 더 심각하게 받아들인다면 이 세상을 살면서 그렇게 과도한 경쟁만으로는 살지 않을 것이다. 소유와 누림과 지배에 대한 욕구가 팽배한 사회와 구조에서는 어떻게 하든지 태생부터 금가락지를 차고 태어나야 하고, 죽을 때도 더 넓은 땅에 묻히길 원할 것이다. 그리고 그 사람은 모든 선천적인 조건과 후천적인 결과를 당연한 것으로 수용하여, 사회와 개인이 공동체의 운명을 가지고 있다는 사실에 둔감해질 것이다. 우리는 세계적으로 무역 규모가 10위에 해당하지만, 기부하는 금액은 200여 국가 중에 65위 정도에 머무르고 있다. 이러한 관점에서 보면 이 수치는 우리가 아직 더불어 살아간다는 의식이 미흡하다는 것을 반증해 주는 내용이다.

앞서 예로 들었던 영화 〈헨리의 이야기(Regarding Heriry)〉에서 변호사 헨리가 그 많던 출세욕과 정복욕이 꺾인 것은 성탄절 시즌에 집 근처 상점에 담배를 구입하러 갔다가 권총을 든 강도에 의해 머리에 총상을 입은 것이 계기가 되었다. 머리에 총상을 입은 헨리는 모든 기억을 상실했다. 심지어 가족에 대한 기억, 직장에 대한 기억을 모두 상실함으로써 그의 과거도 함께 사라져 버렸다. 이 죽음과 같은 머리 부상은 그가 이제껏 쌓아 놓은 모든 것을 앗아 갔지만 그간 무관심했던 가족과의 관계를 새로 쌓는 계기가 되었다. 가족뿐만 아니라, 그의 인생이 승승장구하던 시절에는 평범한 사람들이 눈에 들어오지 않았지만 이제 그의 일상에 평범한 사람들이 눈에 들어오게 되는 회복기간을 갖는다. 마치 종교에서 말하는 중생의 순간이 그에게 온 것이다. 이 영화를 통해 결국 '죽음'과 유사한 어떤 결정적 사건이 인생오전의 원칙에 익숙한 사람을 변화시킬 수 있다고 필자는 보았다. 죽음의 충격과 같은 것이 닥쳤을 때, 비로소 내가 서 있는 실존을 보게 되는 것이다. 그렇게 함으로 잊혀지고, 무관심했던 소소한 일상의 중요함과 감사함이 생기게 된다.

톨스토이의 소설 『이반 일리치의 죽음』도 결국 죽음 앞에서 잘나갈 때 가진 가치관 그리고 자신과 친분을 나눈 사람들이 허상적 관계였다는 것을 말해 준다. 칼 융의 말을 빌리면 인생오전의 가치가 인생오후에서 허위였다는 것을 발견한 것이다. 그리고 이반 일리치가 건강할 때 소홀히 여긴 사람들이 오히려 죽음 앞에서 진실하다는 것을 깨달았다. 이 소설 역시 톨스토이가 인간은 죽음 앞에서 허상과 실상이 구분된다는 것을 말하려는 것이고, 대부분의 사람이 허상에 파묻혀 성공과 성취에 눈이 멀어 살아가는 세월의 헛됨을 고발하는 것이다.

미국 금문교에서 자살을 시도했다가 구조되어 생존한 한 사람은 다음과 같이 자신의 인생을 말한다.

> 나는 살아 있다는 것에 새로운 희망과 목표로 가득 찼습니다. 마치 하늘에 새가 날아가는 것과 같은 삶의 기적에 감사합니다. 우리가 가지고 있는 것을 상실할 때 모든 것은 더 의미를 가지게 되었습니다. 나는 세상의 모든 것과 모든 사람이 하나가 되는 감정을 경험했습니다. 정신적 중생 이후 나는 모든 사람의 고통에 대해 느끼게 되었습니다. 정말 모든 것은 분명했고 확연했습니다.[3]

우리가 경쟁만을 부추겨서 성공과 성취만이 인생의 최고 목표인 것과 같은 허구적 성공관에 익숙해져 있으면 정상적인 불안보다는 불안이 불안을 먹고사는 신경증적 불안에 시달리게 된다. 이 신경증적 불안은 삶에서 죽음을 파트너로 생각하며 살아가는 것이 아니라, 적으로 생각하는 구조이기 때문에 더 성공과 성취만을 생각하는 것이다. 앞의 글에서 우리가 가지고 있는 것을 상실할 때 모든 것이 더 의미를 가지게 된다는 것은, 상실이라는 것이 반드시 마이너스가 아니라 그것에는 우리를 성숙하게 하는 차원이 있다는 것이다. 실제로 인생의 끝을 수용하는 인생은 우리를 좀 더 다른 차원에서 살 수 있게 한다. 이러한 관점에서 철학자 루시우스 세네카(Seneca, L.)는 "인생의 끝을 준비하려 하고, 준비하는 사람 외에 삶의 진정한 맛을 즐기는 사람은 없다"라 하였고, 성 어거스틴(St. Augustine)은 "죽음 앞에서 인간의 자아(self)가 태어난다"라고 말했다.[4]

실존심리치료로 저명한 어빈 얄롬(Yalom, I.)은 말기 암환자들을 만나, 그들과 오랜 시간 대화를 하면서 암이라는 위기가 얼마나 당사자들을 변화시켰는지를 알았고, 죽음에 가까운 암과 가까이 지냄으로써 환자들은 개인적으로 성숙하는 내적인 변화를 보였다고 하였다. 이들이 보인 내적인 변화는 다음과 같았다.[5]

- 삶에 대한 우선권의 재조정: 가치 있다고 생각했던 가치 없는 것을 가치 없게 한다.
- 자유권 결정 능력의 변화: 자신이 원하지 않는 것은 선택하지 않는다.

- 미래나 은퇴시점으로 미루지 않고 바로 지금이라는 삶의 향상 감각을 가진다.
- 계절의 변화, 바람, 낙엽, 크리스마스 등 근본적인 삶의 사실에 대해 감사한다.
- 사랑하는 사람과 위기 전보다 더 깊은 대화를 한다.
- 두려움이 작아지고, 거부를 적게 하며, 모험을 하려는 더 큰 의지를 가지다.

끝을 아는 지혜는 삶의 우선 순위에 대한 것이 불확실한 것에서 확연해지게 한다. 이러한 과정은 확실히 성공과 성취라는 성장적 괴물에 집착하지 않고, 인간관계와 회복에 집중적으로 관심을 가지게 한다. 동시에 내가 아닌 다른 제도나 사람에 의해서 결정된 삶을 사는 것이 아니라, 내가 진정으로 하고 싶은 것과 가능성 사이에서 선택과 결정을 하고 모험에 나서게 한다. 과거의 추억에 묻혀 있거나, 과거의 아픔에 매여서 생활하는 것이 아니라, 현재라는 것에 중요성을 가지며, 일상생활에서 성공과 성취에 몰두된 에너지가 일상의 소소함의 즐거움을 깨닫는 것으로 변하는 것이다. 산책과 자연에 대한 즐거움, 어린아이들의 웃음소리, 바람의 고마움을 알게 된다. 배우자나 가족과의 더 깊은 대화는 나의 입장에서의 의견을 이야기하는 것이 아니라 상대방의 이야기를 충분히 듣고, 공감해 줄 수 있는 마음의 귀를 가지게 한다. 그래서 공자

는 인생오후의 나이, 쉰을 '지천명(知天命)'이라고 표현하기
도 했다. 끝이 있다는 사실을 아는 것을 불행의 시작이 아니
라, 행복의 시작이 되는 것이다. 무한할 것 같은 모든 조건과
생각은 사람을 정신적으로 건강하게 만드는 것이 아니라, 오
히려 피폐하게 만든다. 끝이 있기 때문에 현재에 내가 우선적
으로 행동하고 생각하여야 할 목록이 생기게 된다. 이와 같은
점에서 다니엘 레빈슨도 '죽음'이라는 것을 수용하는 사람은
인생오후의 위기를 이겨낼 수 있다고 보고 있다.

　인생을 살아가는 순리는 지나친 강조나 행동을 요구하는
것에 있지 아니하다. 아침과 밤은 어떤 소리 없이도 자연스
럽게 우리 곁에 있다가 소리 없이 우리를 떠나가고 또 오듯
이 진실이라는 것도 그렇다고 믿는다. 과도한 강조는 불안이
라는 결핍에서 발생되는 것이다. 그래서 성공과 성취가 학벌,
지연 그리고 인맥 등으로 공식화되어 있다면 우리는 이 범주
안에 들어가려고 하는 사회적인 신경증적 불안에 시달리고
있고, 설혹 이 목적을 달성했더라도 그것은 또 다른 배고픔을
채우기 위해서 시작하는 전초단계에 불과한 것이다. 그리고
이러한 신경증적 불안은 이 불안을 해소할 수 있는 특별한 것
을 요구하기 때문에 소소한 일상의 귀중함이 들어오지 않는
다. 마치 잘못된 종교인들이 초자연적인 것에는 목말라하면
서도 정작 자신의 일상생활에는 관심을 가지지 않아 일상생
활이 무너지는 것과 비슷하다.

불안은 우리에게 산을 올라가도록 부추기기만 하고, 등정
의 쾌감만을 최고로 여기도록 하지만, 정작 이러한 패턴에 익
숙해지면 등정하면서 산새들의 소리, 물의 흐름, 자연의 조화
같은 것을 통해 생각하고 자신을 다시 돌아볼 수 있는 시간은
잃어버린다. 오늘은 어제 죽은 사람들이 그토록 바라던 생명
이고 호흡인데 이런 오늘을 이렇게 허망하게 보내도 될까? 어
떻게 우리가 소홀했던 부분에 대하여 다시 관심을 가질 수 있
을까? 그 답은 나를 상실함으로써, 내가 약해짐으로써 타인과
가족이 보일 수 있는 원리와 같다.

다음은 미국 오리건 주 출신이며, 민주당 소속으로 1955년
에서 1960년까지 미국 상원위원을 지낸 리처드 뉴버거
(Neuberger, R.)가 암으로 사망하기 전에 자신의 변화를 쓴
것이다.

내게 거부할 수 없는 변화가 왔다. 명성, 정치적 성공,
재정상태에 대한 질문 모두가 한 번에 무가치해졌다. 암
에 걸렸다는 사실을 알았을 때 처음으로 몇 시간 동안
상원의원 자리, 은행구좌, 세상의 일에 대해 생각해 보지
않았다…. 내가 암 진단을 받은 이후로는 아내와 다툰
적이 없다. 나는 아내가 치약을 아래부터 짜지 않고 위
부터 짜는 것, 정성을 다해 음식을 준비하지 않는 것, 나
와 의논하지 않고 초대 손님의 명단을 짜는 것, 의상을

구입하는 데 너무 많은 낭비를 하는 것에 대해 불만을 토하곤 했다. 그러나 지금은 이러한 일들에 대해 관심을 가지지 않으며, 이런 일들이 살아가는 데는 관계가 없다는 것을 알았다.··· 그 대신 내가 병을 얻기 전에 당연하게 생각했던 것들, 예를 들어 친구들과 함께 점심을 먹는 것, 고양이가 귀를 긁는 소리를 듣는 것, 침실 램프 아래 조용한 곳에서 책을 읽는 것, 케이크 한 조각이나 오렌지 주스 한 잔을 마시기 위해 냉장고를 여는 것 등에 대한 고마움이 마음에 다가왔다. 마침내 나는 불사성을 가진 존재가 아니라는 것을 깨달았다. 내 인생 중 건강이 좋았을 때 거짓된 자만, 인위적 가치 그리고 터무니없는 경멸로 잘못한 일들을 기억할 때마다 몸서리친다.[6]

성공과 성취라는 목적 하에 추구했던 권력, 돈 그리고 명예는 죽음 앞에 한낱 쓸모 없는 허상과도 같은 것이었다. 이것이 목적이 되어 사는 동안 그는 수많은 일상의 소소함과 행복을 상실해 버렸다. 그리고 이 소소한 일상은 성공과 성취만을 최고의 목적으로 하는 사람에게는 하찮고 쓸모없는 나부랭이 와 같은 것이었다. 그러나 이것은 죽음이라는, 모든 것을 원점으로 귀환시키는 원칙 앞에서 그 실체가 드러났다. 성공과 성취만으로 인생을 다 살 수는 없다는 것이었다. 뉴버거가 그리 산 것과 같이 우리는 성공과 성취에 목말라 일상이 없어지고, 더

구나 행복감은 더 없어진다. 죽음이 그를 면전에서 위협할 때 비로소 인생에서 소홀했던 관계, 자연 그리고 일상의 중요함을 깨달았다. 이 위협은 그를 신경증적 불안에서 정상적인 불안인 존재론적 불안으로 가게 했다. 우리가 행복할 수 있다면, 죽음의 위협이 우리를 압박하기 전에 우리의 욕심과 성공 지향적인 욕망을 내려놓고 소홀했던 것에 눈과 마음의 귀를 기울일 수 있다면 그리고 그것이 익숙해진다면 오후수업의 선물을 조금씩 받게 될 것이다.

3. 소홀했던 목소리를 찾아서

내가 가진 생각이 너무 강하면 가족과 남의 의견이 들어오지 않는다. 그리고 그러한 나의 생각이 불변하는 것은 엄격히 말하면 그것이 진리이기 때문이 아니라, 내가 너무 불안한 시기와 위기에 그 생각을 가지고 생존하였기 때문에 나에게 익숙한 것일 뿐이다. 도심의 불빛이 너무 밝으면 하늘의 별을 볼 수 없듯이, 문명과 그 혜택이 너무 많으면 인간이 삶의 마지막을 향해 가고 있다는 운명이 우리의 기억에서 한동안 해체되어 버린 채 살아가며, 일상의 소소함에 대한 즐거움은 없어지게 마련이다. 식물을 기르는 전문가 의견에 의하면 식물에 물을 너무 자주 주면 뿌리부터 문드러지기 때문에 회생이 불가하다고 한다. 반면, 물이 없으면 식물이 성장에 곤란을 겪지만 뿌리는 썩지 않는다. 이러한 관점에서 보면, 내가 가진 유무형의 것은 많은 것이 결코 혜택은 아니다. 물을 적게 주어야 하는 동양의 난은 사실 적은 물에서 생존하려고 몸부림치는 힘으로 꽃을 피운다고 한다. 적은 물로 충분히 꽃을 피우고 향을 내는 것이다.

내가 가진 생각이 너무 없는 경우에도 인생오후에 많은 문제를 발생시킬 수 있다. 너무나 강압적인 양육환경을 경험한 사람들은 오후수업에 들어와서도 자신의 목소리를 내기가 어렵다. 억압적이고 일방적 환경에 익숙하게 자란 사람들은 조직사회에서의 요청이나 타인의 요청을 쉽게 거부하지 못한다. 그러면서 자신의 생활은 없어져 가는 것이다. 이런 사람들이 주부가 되든 남편이 되든 그들은 자신의 희로애락을 상대방에게 표현하는 것에 어려움을 겪는다. 자신을 표현함으로써 감정을 순환하지 않으면 어쩌면 평생을 내가 익숙했던 구조에서 살다가 '나'는 없이 살아가는 대리 인생이 될 수도 있다. 이 익숙한 관계구조는 성장과정에서 형성되는데 이것을 '애착(attachment)'이라고 한다. 그리고 이 애착은 성장과정만이 아니라 조직과 사회에서 생존하기 위해 마련된 진화의 산물로도 여긴다. 사람은 이 애착을 통해서 자신만의 시간과 공간세계를 만들고, 대상과 자기를 애정적으로 묶는다.[7]

심리적으로 가장 건강한 사람은 '안정애착(secure attachment)'을 형성하면서 살아가는 사람이라고 본다. 그런데 이 안정애착을 가진 사람들의 특징은 우리가 일반적으로 생각하는 것과는 차이가 있다. 혹 우리는 심리적으로 안정된 애착을 가진 사람은 슬픈 상황이나 분노가 나는 상황에서도 절제하고 평온을 유지하여 침착함을 잃지 않는 사람이라고 생각할 수 있다. 물론 이 정의의 일부분은 맞기도 하다. 예를 들어, 침착하고 평온을 잃지 않는다는 것이다. 그런데 엄격한 의미에서 이러한 사람들은 건강하지 않을 수 있다. 사람은 자신의 감정을 적합하게 표현해야 건강한 사람이다. 역으로 너무 화를 내거나 분노를 폭발하는 사람도 심리적으로 건강하지 않다.

실험에 의하면 안정애착을 가진 어린아이들도 부모가 어디 나갈 때 심리적으로 위축되고, 나가는 광경을 보며 울거나 마음이 편치 않다. 하지만 이 시간이 그리 길지 않고, 시간이 약간 지나면 평상심으로 돌아와서 자기의 생활을 한다. 성인의 경우에 안정애착을 가진 사람은 성장과정이나 사회활동에서 자신에게 잘못했던 부모나 그 대상에게 서운한 감정을 표현한다. 그러나 동시에 그러한 상황을 이해하고 수용하며, 그들이 가진 장점에 대해서도 고맙게 생각한다.

한번은 어머니가 세상을 떠난 내담자의 말을 들었다. 이 사람은 종교를 가지고 있었는데 모친의 별세로 장례를 치르면서 슬픔으로 가득 차 있었다. 그런데 자신이 출석하는 종교단체의 성직자가 와서 모친이 천국에 간 것이니 슬픔을 자제하는 것이 좋고, 오히려 기쁨을 가져야 한다는 말을 듣고 환한 얼굴로 조문객들을 맞았다고 한다. 그 후 이 성직자의 모친이 세상을 떠나게 되어 조문을 갔는데 이 성직자가 하염없이 울고 있는 것을 보고 내 어머니가 돌아가셨을 때 울지 마라고 한 것에 대해 화를 내며 그 성직자를 원망했다. 이처럼 잘못된 부모교육이나 종교교육은 한쪽만을 바라보며 '완벽성'을 추구하게 하는 경우가 있어 사람들을 불균형으로 유도해 탈이 나기도 한다.

좋은 것은 좋다고 표현을 하거나, 표현을 들어줄 수 있는 사람 그리고 슬픈 것은 슬프다고 말하고, 또 이러한 감정표현을 들어줄 수 있는 사람이 가장 건강한 사람이다. 그런데 이 것을 양육환경이나 사회환경에서 극도로 억제하는 경우가 있다. 이런 상황에 오랫동안 노출이 되면 우리는 좋은 것을 보고도 좋다는 표현을 못하게 되고, 슬퍼도 울지 못하는 얼어붙은 감정의 소유자가 된다. 이런 유형을 포괄적으로 '불안정애착(insecure attachment)'이라고 하는데, 이 감정의 소유자들은 표현은 하지 않지만 헤어짐이나 분리로 인한 스트레스로 호르몬 지수가 매우 높은 것으로 나타났다. 이러한 유형의 아동은 부모가 밖으로 나가도 울지 않으며, 부모를 쳐다보지도 않고 놀이에 집중을 하지만, 실은 놀이는 자신의 감정을 숨기기 위한 것이기에 스트레스 지수는 엄청 높게 나온다. 자기를 숨기고 변장하여 안 그런 척 하지만, 내면의 갈등은 속일 수 없다.

이제껏 인생수업을 하면서 인생오후에 대부분의 우리는 슬퍼도 슬픔을 제대로 표현하지 못했고, 즐거움은 입가에 미소 한 번 정도로 그치면서 살아가지 않았을까? 가정과 사회가 부여해 준 성공에 대하여 진지하게 생각할 겨를도 없이 생존의 틀에 맞추면서 살아갔고, 성공을 달성하기 위해 부단하게도 우리의 감정을 은닉하면서 살아가면서 내외부의 소통이 생존을 위한 것이었지, 인생의 진지함을 위한 것은 몇 번이나 있었을까? 학창시절에는 사회가 우리에게 심어 준 좋은 대학에 진학하는 것에, 청년기에는 일류직장이라는 것에 매달려 살았으며, 직장에서는 진급이라는 것에 초점을 두고 살았다. 공부의 길이 아니면 일찍 사회에 맡겨져 생존을 위한 몸부림으로 달려왔다.

필자는 1,400만 명 이상의 사람이 관람한 〈국제시장〉을 관람한 적이 있다. 많은 기대를 하지는 않았지만 영화를 보는 내내 마음으로 많이 울었고, 눈물도 많이 흘렸다. 6 · 25 이후의 한국이 발전해 온 과정을 한 가족의 가장을 통해서 보여주는 실화 같은 장면은 특히 한국에서 인생의 오후를 살아가는 중년 이상의 남성들의 마음을 깊이 적셨다. 더구나 이 상황과 비슷하게 살아가는 사람이거나, 남성들에게는 마음에 와 닿는 것이 있었을 것이다.

주인공 덕수가 책임을 져야 하는 것은 주어진 운명이었다. 거부할 수 없는 생존의 세계에서 아버지의 유언 같은 부탁을 지켜야 했고, 가족의 생계를 위해서 죽음과 같은 척박한 땅에 던져져야 했던 그 모든 상황이 이 시대에 누군가를 책임지며 살아가야 하는 사람들, 특히 가장들에게는 충분히 공감되는 내용이었다. 그런데 아버지와의 약속, 가장으로서의 책임을 다하기 위해서 자신의 감정과 표현을 모두 삭혀야 했던 대가는 혹독했다. 어느 하나 자신의 이러한 행동과 감정에 대하여 이해하는 자녀가 없었던 것이다. 아버지의 유언과 그것을 따르려고 했던 자신의 인생에 대해 이해해 주는 사람은 세상을 떠난 아버지의 환영(illusion)밖에 없었다. 그는 외로운 전사로서 세상을 살아갔지만, 가족과의 관계를 잃어버렸다. 이 아버지를 이해할 수 있는 성숙한 가족환경이 필요하고, 동시에 인생오후자들이 외로운 전사로만 살아야 하는 오류와 환상도 점차 없어져야 한다. 영화의 주된 배경이 된 환경과는 세상이 많이 변했다. 성공과 성취라는 것도 무시할 수 없는 것이지만 그것만이 인생의 전부라는 논리는 우리 주변의 여러 정황이 맞지 않다고 말해 준다. 우리가 평생 대화의 소통이 되지 않은 외로운 전사로 살아가기에는 이 세상의 구조는 많이 변했다.

외로운 전사가 추구한 것은 이 세상이 부여해 준 권력(power), 성공(success) 그리고 부(wealth)일 것이다. 프로이트는 이 세 가지가 인간이 거짓으로 분류한 표준이라고 보았다.[8] 이것들이 거짓의 표준으로 둔갑하여 인간을 현혹시키는데도 인간은 이것을 달성하기 위해 몸을 불사른다. 사회가 부여해 준 거짓된 표준을 대부분의 사람이 부러워하고 가지기 위해 노력한다. 어쩌면 너무나 소중한 우리의 시간이 이것들을 누리기 위해 희생되지만, 이러한 목표들은 인생의 진정한 가치들을 무시하는 것들이다. 이것들이 인간이 사는 세상에서 모든 것의 기본이 되는 개인과 사회라면 질서는 이미 파괴

234 ··· 제4장 불안을 넘어서

되고 있는 것이다.

남성심리학자 로버트 무어(Moore, R.)는 남성 정신구조는 왕(king), 전사(warrior), 연인(lover), 마술사(magician)의 네 가지로 형성되어 있다고 보았다. 여성도 네 가지로 형성되어 있으며, 왕 대신 여왕(queen)이고, 나머지는 같다. 이 네 구조는 매우 긍정적인 정신구조인데, 만일 이 구조들이 개인의 선택이나 환경에 의해서 변질된다면 극과 극을 달리는 전혀 다른 유형으로 변질된다. 왕은 힘으로 선한 영향을 미칠 수 있는 위치에 있지만, 변질되면 폭군이 되어 버린다. 전사는 악과 선에 대한 판단으로 정의의 기수가 되지만 변질되면 폭력자인 깡패가 되어 버리고, 연인은 부드러움과 섬세함을 대표하지만 변질되면 바람둥이가 되어 버리며, 마술사는 삶을 즐겁게 해 주는 사람이지만 변질되면 속임을 자행하는 사기꾼이 되어 버린다.

이탈리아의 한 대학의 법대에 가면 '그리고 그 이후는 영생입니다'라는 푯말이 학생식당에 걸려 있다고 한다. 이것은 법대 졸업식에 참석한 신부와 졸업생의 대화에서 발단이 되었다. 신부는 법대를 졸업하는 한 학생에게 다가가서 졸업 후의 계획에 대하여 물어보았다. 그는 졸업 후 좋은 직장을 얻어서 돈을 많이 벌고 싶다고 했다. 그 후에는 무엇을 할 것인지 신부는 학생에게 계획을 계속해서 물었고, 학생은 멋진 아내를 만나 결혼을 하고 싶고, 좋은 집을 장만해서 예쁜 자녀들을 낳아 행복하게 살고 싶으며, 후에는 집을 좀 더 큰 집을 구입하고, 더 좋은 차를 구매하고 싶어 했다. 그리고 은퇴의 시점에 이르면 부인과 함께 세계여행을 다니고 싶어 했다. 하지만 신부의 "그 이후는 어떻게 할 것인가?"라는 질문에 그 학생은 할 말을 잃어버렸다. 그 이후에는 나이가 점점 들어 요양원에 들어가는 것을 예상했고, 또 그 이후는 죽음이 기다리는 것을 알고 있었지만 자신의 입으로 말할 수가 없었다. 신부는 학생에게 이 모든 것의 "그 이후는 영생입니다"라고 말을 해 주었다. 이 학생은 자신이 사회활동을 하는 동안 그 신부가 해 준 말을 늘 기억했다고 한다. 그리고 자수성가를 한 후 평생 도움이 된 신부와의 대화를 생각하면서 자신이 가진 재산의 일부를 학생식당 건축에 기부했고, 푯말에 '그리고 그 이후는 영생입니다'라는 이 말을 적은 것이다.

내가 가진 것을 내려놓는다는 것은 내가 알지 못했던 것, 내가 그동안 간과했던 사람과 세계와 현상들과의 조우를 열어 놓는 것이다. 아무리 장대 같은 폭우가 내리더라도 내 장독대의 뚜껑을 덮어 놓으면 한 방울의 비도 항아리 안에 들어가지 못하는 것과 같이, 우리가 가진 것들을 내려놓지 않으면 세상은 여전히 그때와 같은 논리와 법칙으로만 보일 것이다. 이것은 나이가 들어 중년이나 노년이 되어도 마찬가지다. 구두쇠 스크루지가 그나마 다행인 것은 그가 죽기 전에 자신의 인색함을 볼 수 있는 기회를 통해 회심을 한 것이다. 혹 우리에게 큰 질병이 닥쳐 그 사실을 깨달을 수 있는 것도 좋은 기회가 될 수 있지만, 가급적 그런 일이 없이 우리의 집착을 내려놓을 수 있다면, 인생오후에 그동안 관심을 가지지 않고 소홀했던 것들이 눈에 들어온다면, 좀 더 의미를 가질 수 있을 것이다.

독수리는 조류 중에서 가장 오래 사는 새 중의 하나로 평균수명이 70년 정도 된다고 한다. 그런데 독수리는 70년의 세월을 살기 위해서 40년 정도가 되었을 때 큰 결단을 해야 한다. 독수리는 40년 동안 나이가 들어감에 따라 자신의 깃털, 부리 그리고 발톱이 사용할 수 없을 정도로 낡아서 더 이상 사용하기에 불편해진다. 그래서 40살 정도가 되면 독수리는 자신이 살던 곳을 떠나 높고 외로운 바위에 둥지를 틀고 150일간의 어려운 의식(儀式)을 치러야 한다. 우선 40년 동안 사용해서 효용성이 다 된 자신의 부리를 바위에 쳐서 뽑아 버리는 의식을 가진다. 그리고 이 부리가 다시 생성이 되면 그것으로 자신의 발톱을 뽑고, 낡아서 빠르게 날 수 없는 깃털을 과감하게 뽑아 버리는 의식을 가진다. 부리를 뽑고, 발톱을 버리고, 낡은 깃털을 없애 버리는 작업은 150일 정도 고통의 시간을 필요로 한다. 독수리는 이 기간을 참고 견딤으로써 나머지 30년의 세월을 새롭게 적응하면서 살아갈 수 있다. 그러나 40살에 이러한 변화를 거부하며 옛적에 중요한 수단을 사용했던 것을 버리지 않으면 이후 30년의 세월을 살 수 없다.

변하지 않으면 살 수가 없다. 그리고 그 변화는 기존에 가진 것들을 고통스러운 기간을 통해서 버리는 것이다. 기존의 것을 포기하지 않고 가지고 있으면 그 독수리는 죽는다. 그러나 옛것을 버림으로써 새로움을 얻을 수 있는 기회가 온다. 평균수명 70세를 훌쩍 넘는 시대를 살아가는 인생오후의 동반자들이 이제는 무엇을 해야 할지에 대해 잘 가르쳐 주는 교훈이다.

내가 하고 싶은 대로 다 할 수 있고, 내가 원하는 것을 다 구입할 수 있으며, 나는 마음먹은 대로 다 이루었다는 것은 그 사람이 가진 천부적 혜택과 재능 그리고 노력이 있었기 때문이다. 그러나 이러한 방향은 인생오전의 법칙에서는 유용할지 몰라도, 인생오후에 진입하면서 결코 복이 아니라는 것을 알게 될 것이다. 내가 마음먹은 대로, 원하는 대로 모든 것이 다 준비될 수 있고, 할 수 있다는 것은 자신의 입장을 되돌아볼 수 있는 기회가 없었을 것이기 때문에 인생오후에는 이러한 조건들이 인생오전처럼 이루어지지 못하며 화(禍)로 변할 수 있다. 오히려 자기 스스로를 돌아볼 수 있는 실패, 좌절 그리고 부정은 인생오후를 맞이하는 사람들에게 더 많은 사람 속에서 나와 다른 사람을 이해하도록 하고, 새로운 세계에 대한 가치에 눈을 뜰 수 있는 기회를 준다. 그래서 인생을 고집하지 않고, 자연스럽게 흐르는 것을 지켜볼 수 있는 지혜를 얻을 수 있다.

인생오후 수업은 지난날 늘 당연하게 생각했던 것을 서서히 내려놓는 시간이다. 내려놓지 않으면 우리의 불안은 그 불안을 달래기 위해 끊임없이 무엇을 소유하도록 욕망한다. 인생오후는 분주하게 걷던 길을 멈추고 뒤를 돌아보면서 앞에 놓여 있는 아직도 가야 할 길을 보아야 하는 기간이다. 그러면서 자신이 인생 전반에 가진 꿈에 대한 것을 재평가하며 이러한 질문을 할 것이다.

지금까지 살면서 나는 무엇을 하였는가? 나는 진정 나의 아내, 자녀, 친구, 일 그리고 지역사회와 나 자신에게 무엇을 주었으며 그들로부터 무엇을 받았는가? 나와 다른 사람들을 위해 내가 진정 바라는 것은 무엇인가? 나에게 있는 최고의 재능(talents)은 무엇이고, 그것을 어떻게 사용했거나 허비하였는가? 내 인생의 꿈을 위해 나는 그동안 무엇을 하였으며, 그 꿈을 위해 나는 지금 무엇을 가장 원하는가? 나의 현재적 욕구, 가치 그리고 재능을 조화롭게 하는 방향으로 살 수 있을까?[9]

잃어버림으로써 닥치는 불안이 있겠지만, 또 다른 것을 얻을 수 있는 기회가 생긴다. 건강을 잃음으로써 건강의 중요성을 더 많이 알게 된다. 선천적인 질병은 개인과 가족에게 현실을 살아가는 데 매우 불편함과 불안을 가져다주는 것이 사실이다. 그러나 이것을 해결하려고 하고 수용하려는 삶의 자세는 이 과정을 통해서 현실의 단계를 넘어 또 다른 차원의 의미를 가질 수 있도록 한다. 물론 가족과 사회는 주변의 도움을 받아가며 해결하려는 과정에 있을 때에 유의미하다. 그리고 이 짐이 버거울 때 함께하는 이웃의 출현과 공동의 선을 추구하는 사회 망과 조직은 어려운 가운데 있는 개인들에게 희망을 준다. 그러나 현실적으로 닥치는 여러 가지 문제를 피하려는 마음과 행동은 개인도 사회도 더 이상 다른 차원의 의미를 가질 수 없다.

인생오후의 상황을 수용하고 싶은 마음과 거부하고 싶은 마음은 동시에 있다. 모든 것이 마음 가는 대로, 마음이 움직이는 대로, 본능의 욕구대로 일탈하고 싶은 욕망이 솟아나오기도 하고, 때로는 인생오후 수업의 본질로 우리를 이끄는 미세한 소리에 마음이 적셔지기도 한다. 인생오후에 들어선 사람의 마음은 인생오전의 생동성, 도전 그리고 영웅과 같은 것들이 잊혀져 가고, 마치 허무의 바람을 느끼는 것이다. 이러한 것들이 인생오후에 있는 사람에게는 무겁고 두려운 짐처럼 느껴지기도 한다. 그렇다고 인생오후에 있는 사람이 죽음의 불안 그림자를 가지고 자신은 이미 나이가 들고 늙어버린 것이라고 체념하며 사는 것도 괴롭겠지만, 아직도 젊음의 그림자 안에서 사는 것 역시 한 개인을 패배시키는 환영(illusion)이다.[10]

자신의 현실을 직시하지 못하거나 회피하려는 것은 우리로 하여금 인생을 잘못 살았다는 것으로 유인하는 패배와 같다. 마치 현실을 떠나 환상이나 공상에 머무르게 하는 환영을 깨는 것은 실망, 슬픔, 비참(悲慘)함을 느끼게 하여 인생오후에 있는 사람들은 버림받는 것과 같은 경험, 즉 상실의 고통을 경험할 수 있다. 그러나 이러한 상실의 과정은 더 자유로움을 느끼게 하고, 더 융통성 있는 가치를 발달시킬 수 있으며, 완벽을 떠나 현실적이고 합리적인 방법을 가지고 더 진솔하게 타인을 존중할 수 있는 자유를 가지게 할 수 있다.[11]

협력이 없는 경쟁, 너가 없는 나, 실수가 없는 완벽 그리고 끝이 없는 성공과 성취의 목표는 현대인이 영웅주의나 엘리트주의에 몰입하게 하는 공식이다. 그러나 진정한 영웅이나 엘리트는 고상함과 허물이라는 것을 동시에 인정하고 수용하는 사람이다. 고대신화에서 대부분의 영웅담이 비극으로 끝난 것은 그들이 자신 안에 있는 양면성을 부인하면서 발생하는 거만, 자아팽창 그리고 자기 전능성의 모순에서 헤어나오지 못했기 때문이다. 그래서 진정한 영웅은 자신이 가진 허물과 그림자라는 모순을 직면하고 이것이 자신의 일부분임을 인정하게 될 때 자신의 야망을 성취하지 못했더라도 궁극적으로는 승리한 영웅이 된다.[12] 결국 인생오후의 참 영웅의 시작은 내가 이제껏 그것들을 보지 않으려 했던 자신의 허물과 모순을 보는 것이며, 보지 않으려 함으로써 억압해 버린 소홀

했던 관계, 사람들의 소리에 마음을 둠으로써 오후수업을 시
작하는 사람이다.

242

4. 성숙성과 공적 사회

📖

    중요한 어떤 일들의 그루터기를 잘 만들어 놓으면 세월이 흐르면서 그 사회를 살아가는 후손에게 선한 영향을 미칠 수 있다. 한 가정과 사회에서 인생오후의 수업을 받고 있는 사람들은 그들이 어떤 생각과 행동을 가지는가에 의해 가정과 사회에 영향을 미치는 것이 많다. 가정에서 부모의 영향은 거의 절대적이다. 부모의 생각과 행동이 잘못되었을 경우 자녀도 불가피하게 부모의 정신적 가치와 행동의 유산 속에서 자신이 부모가 되는 과정에서 되풀이할 확률이 높다. 좋은 생각과 행동을 자녀에게 보여 주고 들려주었다면 자녀는 좋은 부모의 과정에 참여할 기회가 많이 있을 것이다. 에릭슨(Erikson, E.)은 이것을 '톱니바퀴 돌아가는 것(cogwheeling)'이라고 표현했다. 자녀는 부모의 톱니바퀴에 맞물려 돌아가는 것이다. 또는 연못에 던진 돌의 파장에 비유했다. 연못에 돌을 던지면 그 파장의 중앙에 있으면 파장이 금방 전달되며 언젠가는 끝점까지 서서히 전달되는 이치처럼 부모는 자녀에게 영향을 미친다.

    21세기의 화두, 우리나라 모든 사람의 관심은 '행복'이 아닐까 생각한다. 한 번 태어나 사는 인생, 행복하게 살고 싶고, 그 행복을 위해서 내가 하고 싶은 일을 하며, 좌절이 있고 고통이 있겠지만 그것을 극복하면서 내가 원하는 직업과 삶에 융합되어 살아가고 싶은 희망을 가진다. 그러나 이 행복을 위해서는 진지한 대가를 지불하는 과정이 필요하다. 그것은 행복한 인생을 위하여 개인과 사회가 묵시적으로 따르는 성숙성(generativity)을 지닌 사람을 흠모하고, 지천명(知天命)의 인간을 구현하려는 사회 분위기가 형성되는 것이 필요하다. 그리고 이러한 사회적 구조와 문화가 구성원의 신경증적 불안을 감소시켜 평정심을 가지는 정상적 불안을 가질 수 있다.

성숙성이나 공자가 말하는 지천명을 실현하려는 사람이 특별한 사람이라고 생각할 필요는 없다. 성숙성과 지천명은 배움이나 배경 또는 소유의 많고 적음에 의해서 영향을 미치는 것은 절대 아니라고 생각한다. 심리학자 에릭슨도 성숙성의 실험이 직업과 관련된 것이 아니며, 미국에서 궂은 일인 굴뚝청소(plumber)를 하는 사람들도 할 수 있는 것임을 지적했다. 굴뚝청소를 하면서 자신이 느끼고 생각하는 것을 어린 청소년을 돌보면서 그들에게 교훈과 정신적 유산으로 물려줄 수 있다는 것이다. 왜냐하면 성숙성이나 지천명은 모든 인종, 종교, 문화, 사회를 넘어서 존재하는 인간 정신의 원형이기 때문이다.

한 가정 안에서 그리고 한 국가 안에서 구원자, 구조자 그리고 변형자의 뜻을 가지고 살아가려는 진정한 영웅이 출현하려면 가정적 가풍과 사회적 풍토가 형성되어야 한다. 결국 이러한 환경의 영향에서 고민하며 해결의 길을 모색하려는 사회 분위기가 진실된 영웅의 탄생을 고대하고 영웅을 배출하는 모태가 된다. 예를 들어, 오래 전에 「뉴스위크(*Newsweek*)」에서 기독교 역사상 가장 영향을 많이 미친 인물은 예수가 아니라 사도 바울(St. Paul)이라고 소개하면서 그를 표지인물로 선정했다. 사도 바울이 영웅으로 여겨지는 것은 바울이라는 인물이 가진 개인의 열정과 번민 그리고 당시 종교성을 가진 사회가 마련한 사회적 문화가 만든 것이라 볼 수 있다. 개인과 더불어 사회가 가진 삶에 대한 진정성은 다음 세대를 이끌어 나갈 영웅 탄생의 모태가 된다. 그러므로 개인, 가족 그리고 사회는 대부분의 구성원이 삶의 진정성에 대해 헌신할 수 있는 관심과 구조에 경청하는 문화를 형성해야 한다.

오래전에 방영되었던 드라마 〈허준〉은 드라마 방영 사상 시청률 4위(시청률 63.7%, 2000년 6월 27일 기준)라는 높은 수치를 달성했다. 드라마는 인간이 가진 기본적 욕구, 예를 들면 사랑과 이별에 대한 문제를 심리적으로 호소하는 치밀한 각본과 연출로 시청자들의 마음을 사로잡는다. 허준이라는 드라마는 사람이라면 이렇게 살아가야 한다는 시청자들의 마음이 투사(projection)된 부분이 많았다고 생각한다. 우리 모두가 모든 것을 없던 것으로 삼으며 자취를 감춰 버리고 어쩌

면 가족을 비롯해서 지인의 기억 속에서 내가 잊혀져 버릴 것
이라는 죽음이라는 허무와 불안으로 인해 그동안 제대로 실
천하지 못한 이타적인 자기희생의 일생을 허준을 통해서 본
것이다. 극중에 정치적 권모술수가 있었지만 그것에 대항하
거나 자신도 간악한 계략을 가지고 대응한 것이 아니라 언제
나 가야 할 정도를 묵묵히 걸어가는 허준을 통해 우리 모두가
그렇게 살아야 함에도 그러하지 못한 현재 나의 모습을 본 것
이다. 이렇게 보면 대다수 사람은 허준처럼 살았으면 좋겠다
는 공통적 마음의 구조가 심연에 있음을 알 수 있다. 허준은
우리가 그동안 잊어버리거나 간과한 인간이 살아가야 할 정
신적 원형이었기에 우리 모두가 그의 삶을 보여 준 드라마에
몰두한 것이다.

　출세와 권력 중심에 나갈 수 있는 기회가 있었고, 그만한
능력도 있었지만, 민초의 현장에서 고생하는 민초를 향한 연
민의 마음 그리고 그들의 생활 속에서 깨닫게 되는 진실한 삶
의 현장은 드라마 〈허준〉의 매력이다. 우리 모두가 가야 할
길을 허준이 보여 준 것이고, 이것은 모든 사람이 인생오후에
막연하게나마 생각하고 동경하는 새로운 인간(New Being)으
로 살아갔으면 하는 바람이며, 우리 국민 정서 속에 남아 있
는 순전한 인간에 대한 진정한 정신적 원형(archetype)이기
도 하다.

　한 개인이 가진 꿈과 진실된 영웅에 대한 기대는 반드시 가

정과 사회관계 속에서 형성된다. 그래서 개인과 사회는 보이지 않는 사회 망(social web)으로 형성되어 있다. 이 사회 망을 형성하는 것은 국가이고, 특히 국가의 영웅과 엘리트들이 형성해야 한다. 이 망이 공평무사하게 형성되면 그 안에 있는 구성원은 소위 행복한 인생을 꿈꾸며 살아갈 수 있다. 그리고 보통 사람들의 상식이 사회 전반에 뿌리내리게 된다. 개인이나 사회구조를 통해 바른 도움을 받은 사람은 언젠가 자신이 받은 것을 다른 개인과 사회에게 자신이 받은 것 이상으로 돌려준다. 1970~1990년대에는 우리나라가 경제적으로 너무 어려워서 이민을 가려는 사람이 많았는데, 요즈음은 그 시대보다 경제적으로 윤택함에도 미국을 비롯해서 북유럽 쪽으로 이민을 가려는 고학력 엘리트가 많다는 기사를 보았다. 그곳에서는 소위 '대박'을 내서 혼자 잘살아야겠다는 꿈을 실현하기는 어렵지만, 우리처럼 경쟁적이고 인성이 막나가는 사회구조에서 자녀들을 키우며 살지 않아도 되기 때문에 이민을 가려고 한다는 것이다.[13]

개인이 과도한 신경증적 불안과 사회 속에 장기간 노출되면 개인은 타인과 사회에 대하여 회피하거나 적대적인 생각을 가지게 되고, 단체는 소속집단의 집단이기주의에 집착하게 되어 종속적 구조와 집착으로 수직적 구조를 낳는 악순환을 되풀이한다. 그리고 이러한 것은 종교적인 내용에서 '죄'라는 것을 낳을 수 있다. 죄라는 의미는 ① 공동체에 방해와

위협을 가져다주는 것, ② 자연 질서, 사회, 인간의 선한 의
도를 방해하는 것, ③ 개인의 복지를 파괴하는 것을 의미한
다.[14] 그리고 이러한 성향의 개인과 사회구조가 개인의 행동
과 가치관에 신체화 · 정신화가 되어 행동과 습관의 많은 부
분에 영향을 주어, 치료하기 어려워지고 또 그 성향은 후대에
전수된다.[15] 그래서 한 개인을 둘러싸고 있는 가정과 사회 공
동체의 망이 중요하다는 것이다.

　사회 망에는 '관용과 용기'가 있어야 한다. 한 개인을 평가
하거나 생각하는 데 있어서 관용이 있기 위해서는 기다림, 다
면적 평가 그리고 각 개인이 다를 수 있다는 사실을 수용하는
사회 분위기가 있어야 한다. 그리고 사회 망은 사회의 구성원
이 곤경에 처했을 때 민감성(sensitivity)을 가지고 그 구성원
에게 도움의 손길을 제공해야 한다. 마치 민감한 부모가 자녀
가 울 때 그 이유가 무엇인지 파악하고 도움을 제공하는 것과
같다. 이러한 민감성을 일관적이고 규칙적으로 받으면 그 사
회의 구성원에게는 두 가지 변화가 발생하는데, 하나는 자신
안의 잠재성을 알게 된다는 점이며, 다른 하나는 돌봄을 통해
서 자신의 잠재성이 크다는 사실을 알게 되어 자신에게서 나
오는 창의성(creativity)을 사회로 환원한다는 것이다. 이것은
구성원이 사회구조로부터 긍정적 영향을 받고 나중에 자신을
돌봐 주고 길러 준 사회에게 빚 진 것을 되돌려 준다는 점과
같다.

관용과 용기의 환경에서 민감성과 창의성을 발휘하기 위해 또 필요한 것은 힘(power)에 대한 공평성과 이 힘이 왜곡되지 않도록 하는 투명한 제도적 장치다. 투명한 제도적 장치가 힘을 공정성 있게 만들 것이고, 이렇게 될 때 사회적 제도권은 관용과 용기를 가진 공동체로 변모할 것이다. 이러한 제도적인 것이 뒷받침되어 바른 것으로 길들여지지 않으면 구성원들의 마음은 피폐해질 것이다.[16] 그리고 이것에 염증을 느끼게 되면 떠날 여건이 되는 구성원은 그 사회와 공동체를 떠나기도 한다.

십여 년 전에 발생했던 '씨랜드' 사건은 아직도 우리 마음에 남아 있다. 당시 유치원생 수십 명이 캠프에 참여하였다가 전기누전 사고로 사망한 사건이다. 유치원생이면 한창 부모에게 예쁜 행동을 하는 시기이고, 부모는 자녀를 기르면서 가장 행복한 시기를 보내는 기간이기도 하다. 그런데 유치원생 수십 명이 사망했는데 나라의 책임을 지는 사람들은 유가족들을 마음으로 수용해 주지 않았다. 그래서 유가족들이 항의를 하였다. 유가족 중 한 사람은 아시아 게임 필드하키 대표선수로 호주로 이민을 간 어머니가 있었다. 그녀는 이렇게 국민과 유가족의 아픔을 간과하거나 돌보지 않는 국가에서 메달을 받은 것을 수치스럽게 생각한다고 말하면서 아시아 게임에 참여하여 받은 메달을 반납하기도 했다. 이것이 뉴스와 신문매체에서 톱기사로 나오고, 그 파장이 심각해지자 국가의 중요 보직자들은 그제서야 유가족을 방문하기 시작했다.

2014년 4월 16일에는 더 비참하고 암울한 세월호 침몰사건이 발생했다. 1년이 지난 시점이지만 아직도 유족에게 제도적으로 해결해 주지 못한 많은 과제가 있다. 수백 명의 어린 학생들과 선량한 시민들이 눈앞에서 바닷속으로 몇 시간 동안 서서히 침몰해 가며 배 안에서 아우성치는 아이들의 절규가 있었는데, 형식적인 것에만 치중하는 실무능력의 허구, 생명을 우선 살리려는 의지보다 제도와 행정제도에서 허둥거리는 모습, 무엇이 우선이고 나중인지 아직도 모르는 것 같은 정치 제도권에 대한 불신은 십여 년 전의 씨랜드 사건과 비교해서 별로 달라진 것이 없었다.

미국에는 오래전부터 시행되고 있는 '헤드스타트(Headstart)'라는 사회복지제도가 있다. 이 프로그램은 어린아이들이 유치원 입학 전에 1년 동안 무상으로 교육을 받을 수 있는 제도인데, 경제적으로 어려워 유치원에 보낼 수 없는 부모가 자녀들을 이 프로그램에 보내면 반나절 동안 교육과 돌봄을 제공해 주는 제도다. 이 프로그램의 취지는 인간이 살아가는 사회에는 여러 가지 일로 인해 구성원이 경제적인 곤란이나 다양한 곤경에 처할 수 있는데 그러한 가정을 돕자는 취지에서 시작되었다. 1990년대 초반 당시 반나절 교육과 돌봄을 제공하는 데 1인당 5불의 예산을 사용했다. 5불로 아동들에게 반나절 동안에 필요한 급식, 교육 및 예체능 활동을 제공한 것이다. 만약 부모가 경제적으로 매우 어려운 곤란에 처했을 때 그대로 방치하면 아이들의 정신적·신체적인 성장에 유해한 요인이 되기 때문에 시나 주정부가 대신해서 사회 보호망을 형성해 줘야 한다는 것이 이 프로그램을 제공하는 이유다. 이러한 어려운 환경에 아이들이 방치되면 성장해 가면서 건전한 사회상과 인간상에 대한 생각보다는 어쩌면 어두운 세력과 함께할 확률이 많아지고, 더 나아가서는 사회의 악적인 존재로 다른 사람에게 피해를 입힐 확률이 많아질 수 있다. 하지만 하루에 5불 예산을 사용하여 15년 후의 발생하는 결과를 분석해 보았더니, 주정부와 연방정부의 예산이 오히려 15불 정도 절약된다는 결과가 나왔다.

우리나라의 경우는 흉악범 한 사람을 관리하는 데 1년에 2천만 원 정도의 예산이 사용된다고 한다. 더 많은 흉악범이 나올수록 국가 예산은 이들을 관리하기 위해 낭비되니 정작 우선적으로 해야 할 복지와 교육에 대한 예산이 줄어들 수밖에 없는 것이다. 그래서 사회의 건강하고 합리적인 망(법, 교육, 경제 등)을 바르게 형성하는 것은 인생오후 수업자의 과제이기도 하다.

1980년 광주 민주화 운동에 참여한 한 중년 남자가 있었다. 광주 시민으로서 그는 이 운동에 적극적으로 참여했다. 사람들이 많이 사망하고 부상을 당한 이 민주화 운동이 끝이 나고서 그에게 문제가 발생했다. 중학생이었던 지체부자유자

인 아들이 학교에서 놀림을 받고 돌아오는 것 그리고 그것 때
문에 아들이 힘들어하고, 심지어 동네에서조차 자신과 아들
을 다른 시선으로 보는 것이었다. 건강한 지체와 정신, 똑똑
하고 어느 한 방향이라도 천재적인 모습을 지닌 자녀를 낳고
싶지 않은 부모가 어디 있겠는가. 아들이 너무 힘들어하자,
가족도 힘들었다. 그래서 그렇게도 싫어했던 미국으로 이민
을 갔다. 그는 미국이 광주 민주화 운동을 묵인했던 것 때문
에 미국을 너무 싫어했지만 아파하는 아들을 위해서는 다른
방법이 없었다. 시카고로 이민 간 그의 아들은 학교생활에 적
응을 잘하였다. 학교제도가 인종차별과 지체부자유자에 대해
바르고 강한 지침을 세웠기에 그 학교의 학생들이 그를 차별
적으로 대하지 않았고, 학교에서도 아들에게 특수교사를 배
정해 주어 수업진행에도 문제가 없었다.

지금은 우리나라에도 지체부자유자 제도가 정착되는 과정
에 있지만 1980년대의 우리나라에는 지체부자유자에 대한
배려가 관심 밖의 일이었기에 그는 자신의 아들에게 배려를
해 주는 학교와 미국사회에 감사했다. 더 놀라운 것은 아들
이 대학을 졸업하고 시카고 시청에 공무원으로 취직을 한 것
이다. 그는 중학교 때부터 한국에서 서러움을 당한 아들과 자
신의 가족을 생각해 보았고, 그렇게 미웠지만 아들을 잘 양육
해 준 미국사회와 우리나라를 비교하였다. 그리고 그는 자신
이 미국을 미워하지만 자신의 아들을 어두운 그늘에 살지 않

게 하고 사회에서 떳떳한 한 개인으로서 살아갈 수 있도록 해 준 미국사회에 대한 감사함을 신문기사로 냈다. 개인과 사회 구조를 통한 배려와 돌봄에 대한 경험은 구성원으로 하여금 나라와 문화에 대한 자긍심을 갖도록 만들어 그곳에 헌신하 도록 하는 작지만 바르고 강한 성숙한 시민을 만든다.

한 국가의 구성원이 신경증적 불안에서 벗어나지 못하고 있다는 판단은 하나의 대형사건이 발생했을 때 구성원의 생 각과 행동을 통해 드러난다. 최근에 발생한 메르스 사태는 우 리 사회가 얼마나 불안하며 그 불안한 가운데 국민들이 살고 있는지를 보여 주었다. 지금까지 사망한 사람은 20여 명으로 치사율은 19% 정도이고, 대부분의 사람이 이미 앓던 병이 있 었거나, 노약자였다. 메르스 말고 다른 질병으로 사망하는 사 람이 더 많다. 특히 자살로 하루에 40명이 이 세상을 떠나며, 연간 5,000명의 교통사고 사망자가 있다. 더 많은 죽음의 소 식이 우리 주변에 깔렸지만 우리에게는 익숙한 것이기에 우 리는 그것을 망각하고 살아가며, 여전히 일상생활을 하고 있 다. 교통사고로 사람이 많이 사망하니 차를 타서는 안 된다고 생각하는 사람은 많지 않다. 메르스로 위급상황에 대처하는 조직을 가지지 않은 사회구조와 사건보도에만 급급하고 어떻 게 해결해야 하는지에는 무관심한 매스컴의 보도방식에 문제 가 있다는 것을 알 수 있었다. 병원에 대한 공개가 속히 이루 어지고 확진환자를 분명하게 격리했다면, 평상인은 예전과 같이, 아니면 조금만 더 위생관리에 주의하면서 보냈을 것이고 따라서 나라가 이렇게 혼란스러워지며 10조 원이라는 경제적인 타격을 받지 않았을 것이다. 하지만 메르스와 연관된 개인이나 가족이 있으면 중세기 종교재판과 같은 정죄와 이웃 불신이 일상에서 발생했고, 이는 우리 불안의 정도가 도를 넘고 있다는 것을 보여 주었다.

필자는 사회의 선순환 구조로부터 돌봄과 성장의 체험을 한 사람들이 자신이 가진 유무형의 가치를 다시 사회에 돌려준다는 것을 믿는다. 그래서 이러한 구조가 제대로 정착되는 것이 곧 인간이 행복한 사회를 만들고, 인생의 의미를 조금이나마 음미해 볼 수 있는 시간을 가지게 하며, 소시민의 행복을 꿈꾸는 개인을 만들 것이다. 개인이 사회 속에서 행복을 느끼기 위해서는 상식이 보편화되어 있는 정도면 된다고 생각한다. 거창한 정치적 이념과 논리가 있는 것이 아니라 상식 정도만이라도 사회구조와 개인에게 보편화된다면 상식의 평준화가 이루어지는 것이다. 그리고 이러한 상식이 통하는 사회에서는 개인이 자신의 역량을 잘 발휘해서 큰일을 할 수 있는 개인이 되어도 이것을 자신이 받고 누려야 할 당연한 특권이라 여기지 않을 것이고, 그 산물을 당연히 자신만의 것으로 여기지 않을 것이며, 사회에 환원하는 영웅이 될 것이다.

정치나 경제나 심지어 종교에 있어서 가장 중요한 것은 '사람'을 살리는 일이다. 정치, 경제 그리고 종교에서 발생하

254 · 제4장 불안을 넘어서

는 모든 법과 종교적 강령은 사람을 살리기 위한 것으로 되어
야 한다. 그리고 사랑을 받은 사람이 자신의 행복을 정치, 경
제 그리고 종교에 돌려주는 선한 구조가 필요하다. 그러나 정
치 이념, 물질 그리고 종교가 사람보다 우위에 있으면 그것은
사람을 부리는 악의 구조로 가기 쉽다. 예를 들어, 선거가 있
을 때마다 후보자들은 각 당에 대한 지지를 호소하는데, 이는
핵심은 보지 못한 것이다. 정치를 하려는 사람들은 국민 편에
서 어떻게 합리적이고 공평무사하게 일을 할지 의지를 보이
는 것이 우선이라 생각한다. 그것을 구성원에게 호소해야지,
우리의 편이 되어 달라는 말은 정치 후진국임을 보여 주는 것
이다. 국민은 자신을 이해하고, 구조를 제대로 형성할 수 있
는 사람이 있다면 당과는 상관없이 그 사람을 선택할 것이다.

　인생오후의 마지막 수업에는 질병과 죽음이라는 것이 기다
리고 있고, 이것은 오후를 살아가는 사람들을 긴장하게 하는
요소이기도 하다. 물론 아프지 않으면 좋겠지만 그 공포나 두
려움에 시간을 소비하는 불안한 인간으로 살아가는 것이 아
니라, 그들을 우리의 친구로 받아들이고 살 수 있다. 여러 분
야에서 2001년 아카데미상을 수상한 영화 〈뷰티풀 마인드(A
Beautiful Mind)〉는 프린스턴 대학교 경제학 교수였으며 노벨
경제학상을 수상한 존 내쉬(Nash, J.)의 역경을 영화화한 것
이다. 그는 수학 천재였고, 졸업 후 국방연구소에 취직을 했
지만, 이후 정신적 망상에 시달리며 대학교수 생활을 하게 된

다. 이 정신적 망상으로 인해 결혼생활이 파탄 날 지경이 되고, 대학교수 생활도 엉망이 되었으며, 망상이 지속될수록 그는 더 불안에 쫓겨 그 망상 속에 살게 된다. 하지만 그는 부인의 내조와 관심으로 병이 회복되어 프린스턴 대학교 교단에 다시 서게 되고 연구에 매진한 결과 1994년 노벨 경제학상을 수상한다. 영화에서 그가 정신질환에서 회복되었다는 것은 완치의 의미가 아니다. 그는 자신 안에 있는 정신적 망상의 인물들을 자신에게서 떼어 버릴 수 없다는 것을 알고, 그것이 망상임에도 수용한다. 더불어 살아가는 것이다. 그러나 그 망상 속의 인물들이 망상적으로 부추기는 말에 더 이상 관심을 가지지 않았다.

인생오후 수업을 향해 길을 전환하여 출발하는 것이 완벽을 의미하지 않는다. 여전히 우리에게는 과거에 우리가 익숙하게 걸었고, 당연하게 생각했던 고정된 유형의 것들이 남아 있다. 그리고 어두운 그림자와 콤플렉스는 우리의 욕구를 배우자나 자녀에게 향하게 할 수도 있다. 그리고 이러한 과정은 회피하기 어렵다. 왜냐하면 우리가 움직이고 살아 있는 한 그림자라는 것은 우리와 동행하기 때문이다. 그러나 인생오후자는 진실을 찾아가는 과정에서 살아가는 사람들이지, 내 생활이나 가치관 그리고 신념의 획일성에 묶여 사는 사람이 되어서는 안 된다. 존 내쉬처럼 우리에게는 과거의 어두운 망상이 나의 주변을 맴돌고 유혹할 것이다. 우리는 그것을 완벽하

게 처리하기 위한 무모한 꿈에 사로잡히는 것이 아니라, 나의
그림자처럼 동행할 수밖에 없는 업보라 생각하며 씁쓸한 웃
음을 머금고 다시 시작해야 하는 것이다. 이러한 개인적 노력
과 헌신은 언젠가는 우리 가족과 사회 구성원에게 삶의 무거
운 짐이기보다는 신비요, 소풍이요, 선물이라고 생각하게 할
것이다.

미국 중부지역은 매해 10월경이 되면 '사과 따기(apple
picking)'를 하러 가족이나 단체가 과수원을 방문하곤 한다.
필자도 어린 자녀를 데리고 3~4회 정도 과수원을 간 기억이
있다. 당시 가족당 20불을 내면 하루 종일 과수원에 머물 수
있고, 사과는 마음대로 먹을 수 있었다. 그리고 점심시간에는
마련해 온 점심을 보기 좋은 사과나무 그늘 아래에서 휴식을
취하며 먹을 수 있었다. 사람이 자연 속에 묻혀 있고, 자연이
사람 속으로 들어온 순간이었다. 그리고 자연과 사람 사이에
적당히 나눌 수 있는 공간과 그 공간 속에서 놀이의 시간을
가질 수 있었기 때문에 기억에 많이 남는다. 과수원은 넓어서
끝이 보이지 않을 정도였고, 사과나무도 다양해 장대를 사용
하여 사과를 따서 한 봉지 가득 담아 올 수도 있었다. 그리고
갓 따온 싱싱한 사과는 이웃과 함께 나누어 먹을 수 있었다.

미 중부지역을 중심으로 과수원이 만들어진 기원은 1,700년
대 후반에 생존했던 인물 존 채프먼(Chapman, J.,1774~
1845)에서 시작된다. 그는 미 동부 매사추세츠 주 출생이다.

어린 시절 어머니와 누나를 잃고 아버지와 함께 살았던 그는 18세가 되면서 아버지로부터 독립하여 생활하였다. 아버지가 과수원과 연관된 일을 할 수 있도록 도와준 덕분에 그는 동부에서 시작하여 중부까지 이동하면서 황무지를 개간하여 사과나무를 심었고, 이 일을 하면서 자신이 가진 종교적 신념을 정착민들과 인디언들에게 전하기도 했으며, 정착민들에게 자신이 일궈서 열매를 맺는 사과나무를 무상으로 대여해 주기도 했다. 그는 평생 독신으로 살았으며, 동물학대를 반대하는 신념을 가지고 있었고, 말년에는 채식주의자로 살았다.

그는 평생 사과나무를 심다가 70대에 사망하였는데, 평생 사과나무를 심었다는 의미에서 '애플시드(appleseed)'라는 별칭으로 불린다. 그가 사망하고 200년이라는 시간이 지났지만 그가 개간한 사과나무 밭들이 뿌리가 되어 미 중부의 과수원의 그루터기가 되었다. 그래서 지금까지 사람들이 과수원에서 자연과 사람이 함께 어우러지면서 즐길 수 있는 길이 열린 것이다. 그가 평생 사과나무와 연관된 일을 하였고, 미 동부와 중부 과수원의 그루터기가 되었기 때문에 지금도 미 북동부, 중부에서는 조니 애플시드에 대한 행사들이 있으며, 매사추세츠 주에서는 그를 영농 분야의 영웅으로 생각하고 있다. 초등학교 교과서, 책, 영화 등 그의 일생을 다룬 이야기가 지금도 많이 있다. 한 사람의 성숙성 가운데서 나온 노력은 후대를 살아가는 후손에게 인생을 행복하게 살 수 있는 구조와 내용을 남긴다. 성숙한 시민으로서 그가 남긴 유산과 과수원의 그루터기가 된 사회에 대한 관심은 현대인에게 선물로 남아 있다. 그리고 오늘을 살아가는 인생오후자들이 후손에게 무엇을 남겨야 하는지 곰곰이 생각할 기회를 준다.

5. 지천명과 새로운 인간¹⁷⁾

한·중·일에서 유교의 영향을 가장 많이 받은 국가는 한
국이다. 우리의 의식과 무의식 그리고 대인관계에는 유교의
영향이 지금까지 뿌리 깊게 박혀 있다. 유교의 시조인 공자가
인생의 나이별로 특성을 이야기한 부분에서 특히 인생의 오
후가 시작되는 40세와 50세의 의미는 중요한 뜻을 가지고 있
다. 인생오후 수업에 해당되는 시기는 40세인데 공자는 이것
을 '불혹(不惑)'이라 했고, 50세를 '지천명(知天命)'이라고 했
다. 불혹은 외부의 상황에 흔들리지 않고 자신이 생각하는 일
들을 할 수 있다는 것이다. 물론 이러한 경지는 바른 행위가
축적되어 나타난 결과다. 그리고 불혹은 권력, 부와 명예에 연
연하지 않고 자신에게 맡겨진 책임을 다하는 시기를 말한다.¹⁸⁾
　유교에서 인생의 오후가 시작되는 시기부터 시작해서 사람
이 가야 하고 완성해야 할 성인지도(成人之道)의 핵심은 군자
(君子)다. 이 세상을 살아갈 때 군자로서 살아가려는 바람은
우리의 무의식 속에 깊게 있다. 그런데 군자로 살아갈 수 있
는 능력은 각 개인에게 내재하고 있는 씨앗과 같고 이것은 교
육과 노력을 통해서 달성된다고 생각한다. 그리고 이러한 군

자단계에 이르는 것이 결코 쉬운 과정은 아니기에 요람에서
무덤까지 연속적인 노력과 교육으로 형성된다.[19]

군자는 인생의 오후를 지나면서 권력, 부 그리고 명예에 대
한 관심을 가지지만 결국 이것들은 떠가는 구름과 같다는 사
실을 감지했기 때문에 인생에서 가장 중요한 질문이 '나는 누
구인가? 내가 무엇이 될 수 있는가? 그리고 인간이 된다는 것
은 어떤 의미가 있는가?'라는 것을 아는 사람이다.[20] 성숙성
을 가진 중년이 자신에게 하는 인생에 대한 질문과 비슷하다.
군자는 이러한 질문을 하면서 부수적인 것에 관심을 가지기
보다는 자신에게 맡겨진 사회적 책임을 다하는 사람이다. 결
국 성취나 성공을 사사로운 것으로 보며 오히려 도(道)를 알
고 생활하는 것이 더 가치있다는 것을 아는 사람이다.[21]

인생오후에 가지는 지천명을 아는 것은 자기실현을 통하여
개인과 사회의 가치변화에 긍정적인 변화를 가져다주는 사람
인데, 이들은 마치 우주 공동의 창조자요, 협력자와 같다. 그
리고 이것은 곧 한 인간이 인생을 살아가면서 경험하는 자기
실현이다.[22] 이 기간에 자기 자신의 일보다 이웃과 공동체에
대한 관심을 더 자세히 가지게 되고, 결국 이러한 관심은 심
리학자 에릭슨이 말한 중년기에 성숙성(generativity)을 가지
는 인간의 모습과 비슷하다. 에릭슨은 중년기에 성숙성을 가
지는 것이 곧 종교적 인간(Homo Religious)이 되는 것과 같
다고 하면서 성숙성과 종교적 인간의 비례를 말하고 있다.

하버드 대학교 교수였던 투 웨이밍(Tu Wei-ming)은 유교에서 인간이 가진 종교성이라는 것은 인간의 연속적인 자기계발이 있어야 함을 강조한다. 인간이 아무리 선천적으로 종교성을 가진다 해도 이것에 대한 관심과 계발이 없으면 성숙성도, 군자의 길도 갈 수 없다는 것이다. 그래서 사람은 살아가면서 자기실현을 꿈꾸고 있으며 이 자기실현은 개인의 선택과 노력이라는 것에 결정적 영향을 준다.

> 사람은 궁극적 자기실현을 위하여 능동적으로 의식적인 결정을 해야 한다. 종교적이라는 것이 온전한 인간이 된다는 것의 정점에 있기 때문에 인간은 선택에 의해 종교적으로 되는 것이지 결코 태만해서는 종교적으로 될 수 없다. 이것은 인간본질에 대한 존재론적 노력을 의미하는 종교적 인간(Homo Religious)이라는 생각과 모순되지 않는다. 인간은 선천적으로 종교적이다. 그러나 궁극적 자기변형을 시작하기 위해 실존적 결정을 반드시 해야 한다.[23]

궁극적 자기실현이라는 것은 아무리 천부적인 경향이라 해도 개인이 이것에 대해 관심을 가지고 노력하며 결정하지 않으면 지천명을 경험할 수 없다. 이러한 점은 이스라엘의 사상가였던 마틴 부버(Buber, M.)의 사상과 비슷하다. 그는 인간의 미래라는 것은 오늘이라는 시간에서 개인이 결정하는 '작은 결정'에 의해 결정된다고 보았다. 매우 큰 결정에 의해서 인간의 미래가 영향을 받을 수 있지만, 현실의 나는 과거의 작은 결정에 의해서 이루어진 것이다. 사람들은 큰 결정이 인간을 만든다고 생각하지만, 실은 자주 발생하는 일상의 작은 결정의 누적이 우리를 만드는 것이다. 작은 결정을 할 때는 작지만 이것이 나와 타인의 관계에 어떠한 긍정적인 영향을 줄 수 있는가를 생각하며 이타적이고 공적인 바른 결정을 해야 한다. 이러한 관점에서 인생오후의 지천명을 안다는 것은 과거 삶의 단계의 결과이며 동시에 인간 안에 내재된 (immanent) 하늘을 자극하고, 이 자극의 결과로 사람이 살아가는 현실의 문제에 참여하는 것이다. 그래서 지천명의 철학적이고 종교적인 물음들은 사람들이 살아가는 현실의 문제인 '여기 이 자리(here and now)'의 성찰에서 시작된다.[24]

지천명을 아는 군자나 종교적 인간이 도달하는 도(道)라는 것은 유교의 황금률인 "다른 사람이 너에게 하지 않았으면 너도 다른 사람에게 하지 말라"[25]와 비교된다. 그래서 공자는 "양심과 이타성은 도에서 멀지 않다"[26]고 했다. 이런 관점에서 보면 지천명을 따르는 사람의 두 가지 축은 양심과 이타성이며, 양심은 자기 자신과 연관된 진실성의 문제이고, 이타성은 이웃을 사랑하는 관계성과 연관이 있다. 그래서 지천명의 도라는 것은 내적으로는 자기 자신에게 진실되고, 외적으로는 공공성과 타인을 배려하며 살아가는 것이다. 또한 자기 내부에서 시작되는 양심은 그 반경을 이웃에게까지 넓혀 선한 영향을 준다.

> 군자란 자기, 자아, 고집 그리고 개인적 자랑을 가장 완전하게 포기한 사람이다. 이들은 자신의 이익을 좇지 않고 도(the way)를 따른다. 또한 인간으로서의 결실을 가지고 있으며, 그것은 거룩한 용기(holy vessel)다.[27)]

지천명에 있는 군자는 끊임없이 인간이 살아가는 현실에 대하여 문제를 파악하고 자신의 변형적인 잠재성을 안다. 그리고 자신의 양심과 이타성을 기반으로 한 궁극적 진리를 공동체 안에 자연스럽게 영향을 미쳐 개인, 가정 그리고 사회에 변화를 주지만 자기 자신은 노출하지 않는 자다. 그래서 그의 영향력은 늘 느끼지만 그 영향력의 근원이 어디에 있는지 찾으려면 사람들은 어려움을 느낀다.[28)] 그는 공동체의 진실한 리더이며, 어떤 목적을 위해 희생을 강요하지 않고, 오히려 자신의 삶을 본으로 보이며 사회 안에서 도덕적 변형을 시작한다.[29)]

사람은 평생 성장하고 성숙하면서 자신의 그릇을 만드는 작업을 한다. 비록 그 그릇이 진흙으로 만들어서 언제든지 깨질 수 있는 불안을 가지지만, 그렇다고 그 불안으로 인해 그릇을 만드는 작업을 포기할 수는 없는 운명이다. 누구나 자기의 그릇을 만들어 가고 있고, 그 그릇으로 필요한 것을 담아 마시며 남에게 주기도 한다. 여기서 지천명의 뜻을 안 군자를 '거룩한 그릇'으로 표현하는데, '거룩(holy)'의 의미는 '절대적으로 근본적이면서 주된 것(absolutely primary and elementary)'이며, 이 거룩은 인간의 가장 깊은 곳에 있는 자기성(selfhood)에 접근하여 자기성을 창조하고, 재창조하는 과정을 통해 사람을 움직이도록 하는 것이다.[30] 군자는 종교를 가지고 있는 것 같지 않으나 종교성을 가지고 있으며, 종교를 가지고 있으나 종교에 머무르지 않는다. 왜냐하면 그는 이미 자기성의 내재성이 종교적 인간임을 수용하고 그 길에 초점을 맞추어서 살아가고 있기 때문이다.

그러면 이러한 지천명이라는 인생오후의 사상이 앞서서 언급한 심리학의 '성숙성(generativity)'과 어떻게 연관이 있을까? 이 두 관계는 서양과 동양에서 말하는 각각 다른 지역과 풍토에서 나온 용어이지만 그 내용에서는 지극히 일치하는 것이 많다. 에릭슨은 중년기의 성숙성을 가진 사람의 핵심은 '자신을 더 살게 하는(outlive the self)' 욕구가 있는데 여기서 '불사성'과 '필요성(need to be needed)'을 가지게 되는 것이라고 했다. 물론 성숙성을 가진 사람도 에릭슨의 입장에서 보면 교육을 통한 성장과 성숙의 과정을 거치면서 전개된다. 그는 이 성숙성을 가진 사람을 '누미너스 모델(numinous model)'이라고 표현하고 있다. '누미너스'는 종교적 체험의 순간을 맞이하는 것을 의미한다. 그래서 누미너스 모델이라는 말은 종교적 신성과 같이 성숙성을 가진 사람이 후세에 존경 받을 수 있는 인물이 된다는 것이다. 이것은 마치 지천명에 있는 군자를 '거룩한 그릇'으로 표현한 것과 같은 맥락이다.

불사성과 필요성을 인생오후에 절감하는 것은 긍정적인 인생오후의 현상이며, 연속적으로 관계성이라는 것을 통하여 자신을 유지하려는 우주적인 강한 움직임이며, 이 영향력의 정도에 관계없이 그 교훈과 가르침이 계속될 것이다. 그래서 성숙성은 고대부터 인간정신에 뿌리 내리고 있는 진정한 고대적 기초이며 동시에 본능적인 힘이다.

성숙성에 있는 인생오후의 사람은 청소년과의 가교 역할을 하면서 선과 악에 대한 판단자로 이 세상을 살아가고, 진정한 가치를 후손에게 전수하며, 실제의 생활에서 자신들이 가진 방법론을 후대에 전수해 주는 역할을 한다.[31] 성적인 욕구는 대상을 소유하고 때로는 정복하려는 한시적 욕구이고 순간적인 욕망의 충족이기에 이것만으로 사람이 순환적 구조를 가질 수 없다는 것을 성숙성으로 알 수 있으며, 성숙성을 가진 사람은 성숙성이야말로 인간이 고대부터 가진 기초적 정신이며 제한적 시간을 넘어 이끄는 요소임을 알게 된다. 동시에 성숙성은 사람에게 원거리적(teleological) 목적과 고대적 정신 근원을 보여 주고 진정한 의미를 부여해 준다.

성숙성은 리비도(Libido)와 같은 성적인 것이 아니라, 인간에게 진정한 고대적인 기대를 하는 것이다. 에릭슨에게 인간이란 분명하게 욕구의 창조물이다. 그러나 그에게 욕구란 성적인 욕구 발산이나 감각적 즐거움 이상의 의미를 가지고 있다. 욕구는 성숙성을 통한 자기 표현과 자기 확신을 목적으로 하는 넓은 범주에서의 본능적 유형으로, 복잡한 평형이다. 에릭슨은 성숙성을 '원함(wish)'으로 본다. 더욱이 그는 성숙성을 "다양한 형태의 이타성을 가지며, '돌봄'을 넘어서는 본능적인 힘"으로 여긴다.[32]

성숙성을 가지는 사람은 바로 종교적 인간(Homo Religious)이다. 그래서 성숙성과 종교적인 인간은 불가분의 관계다. 성숙성은 형식에 있어서 종교적 형태와 양식을 가지지 않지만, 그 내용은 종교성과 닿아 있다. 종교(宗敎)의 어원이 인간에게 있어 가장 근본적인 가르침을 의미하는 것과 같이 성숙성이라는 것은 사람이 근본적으로 가야 할 목표를 의미한다.[33]

에릭슨은 성숙성에 있는 사람을 종교적 개혁가(religious reformer)라고 표현하기도 했다. 그래서 진정한 성숙성에 있는 성인이라면 자신의 이익을 좇는 것이 아니라 모든 사람이 자신의 부모, 형제 그리고 아들과 딸로 삼기에 이들을 신(God)의 가정으로 변형시키는 개혁가라고 하였다. 동시에 이 성숙

성은 인간이 가야 할 길을 제시하는 궁극적 차원의 신호(sig-
nal of the dimension of ultimate)라고 볼 수 있다. 침체성이
아닌 성숙성을 가지는 것은 인간의 가장 근원적 차원에 있는
것이다. 그래서 마틴 부버는 인간은 창조주의 협력자와 파트
너로서 창조되었다고 생각한다. 이러한 관점에서 보면 성숙
성에서 나타나는 돌봄이라는 것도 일상적인 차원의 것을 넘
어서는 궁극적 차원의 신호다.[34]

이렇게 지천명을 마음 속으로 받아들이고, 성숙성의 돌봄
을 사람들에게 미치려는 인생오후 수업자는 종교성을 가지게
된 사람들이다. 종교에 있어서도 가장 큰 공통된 관점은 어떻
게 새로운 인간(New Being)으로서 살아갈 수 있는가에 대한
것이다. 이 새로운 인간에 대한 고민은 인간 내부에 깊이 자
리 잡고 있다. 새로운 인간에 대한 고민은 또한 어떻게 세속
에 물들지 않고, 인간 본연의 자세로 살아갈 수 있으며, 나름
대로의 의미 구현을 통한 자기실현과 이타성에 묻혀 살아갈
수 있을까에 대한 것이다. 그리고 이러한 새로운 존재로서의
바람은 성공과 성취라는 현대문명의 조류에 부딪히게 된다.

현대인은 어떤 다른 시대와 비교해서 더 이상 경건
(pious)하지도 않고 불경건하지도 않다. 인간이 자연을
지배하기 위해 과학적 · 기술적으로 조정되고 있는 시대
에 인간은 자신과 자신의 세계와의 관계성으로 인해 깊

은 차원의 상실(the loss of the dimension of depth)을 갖게 되었다. 그리고 이러한 시대에 깊은 차원의 상실은 수평적 차원 안에서의 삶으로 대체되었다. 수평적으로 진행되는 산업사회의 힘에 우리는 한 부분이 되었다. 흔한 말로 이것은 '더 좋게' '더 크게' '더 많이'라는 말로 표현될 수 있다.[35]

'더 좋게, 더 크게, 더 많이'라는 슬로건으로 우리는 예전 과는 비교할 수 없는 풍요로운 시대에 살고 있지만 인생의 깊은 차원은 상실하고 있는 시대에 살고 있다. 자신을 한 번 멈추고 내가 살아가는 이 길이 맞는 것인지, 앞으로 어떻게 살아야 하는지에 대한 진지한 고민은 현재 자신을 멈추고 인식하려고 하지 않는 한 경험할 수 없다. 왜냐하면 이런 고민은 무엇인가를 버리거나, 포기하거나 내려놓아야 하는 혼란의 시간을 만들기에 혼란의 시간을 잊게 하기 위하여 현대문명은 과속 열차를 멈추지 않을 것이며, 끊임없이 현란한 조명과 시끄러운 음악을 끄지 않을 것이기 때문이다. 그리고 이것들을 끄고 중지시키는 것은 죽음이라고 생각할 것이다. 하지만 이것을 잠재우지 않으면 우리는 현란한 조명 아래서 서서히 질식되어 결국 죽어갈 것이다.

해안가를 가면 간혹 그곳에 있는 등대를 본다. 문명이 현대화되기 이전, 대부분 등대의 시작은 바닷가에 표류하거나 파선된 어선에 타고 있는 사람들에게 길라잡이를 하기 위해 그 마을에 사는 사람들이 구조를 위해 순수하게 봉사하면서 만들어진 장소다. 이곳에서 그들은 불을 비추고 표류하는 어선이 육지로 잘 정착할 수 있도록 도와주기도 하며, 인명을 구조하기도 했다. 그런데 사회가 점차 현대화되기 시작하면서 자원봉사를 하기보다는 사람을 고용해서 등대를 운영하기 시작했다. 그리고 세월이 더 흐르면서 문명의 혜택을 받아 등대 주변이 관광지로 변해 버렸다. 그래서 지금도 등대가 있는 곳에 가면, 우리는 등대가 왜 이곳에 서 있는지에 대한 것을 실감하기보다는 보기 좋은 관광지로 인지하는 경우가 많다. 이렇게 현대인에게는 오래전의 중요한 것이 잊혀져 가고, 부수적인 것이 그것을 대체하고 있다. 우리는 근원을 상실한 외딴 별에서 살아가고 있는 것이다.

인생오후를 보내면서 성숙성을 가지고 싶어하는 염원, 인생오전의 법칙인 성공과 성취만으로 인생을 살 수 없음을 보여 주는 신경증적 불안과 무의미, 인생오후에 느낄 수 있는 하늘과의 교감을 표현한 지천명의 경지 그리고 종교에서 추구하는 새로운 인간이, 분야는 다르고 시대와 지역은 다르지만 그 내용이 비슷한 이유는 살아있는 사람이면 누구나 할 수 있는 우주적 질문(universal question)이기 때문이다.[36] 그리고 이 우주적 질문은 수십만 년 동안 사람이 특히 인생의 오후를 보내며 이 새로운 존재에 대한 소망과 기원을 거듭해서 질문해 온 것이다. 그래서 사람들은 '어떻게' '무엇을' 그리고 '왜?' 라는 인생의 질문을 던지면서 우주적 질문에 대한 답을 찾으려 노력한다. 그런데 이를 해결하고자 하는 사람의 의지는 사람이 가진 질문처럼 무언가 확연하지 않을 수 있다. 그러나 사람 앞에는 마치 스크린(screen)과 같은 것이 이미 놓여져 있기 때문에 시대를 거치면서 사람들의 관심의 크기와 방향은 다르지만 끊임없이 그 스크린을 향해 자신의 의문과 문제를 투사(projection)하는 것이다. 즉, 근원이라는 스크린이 있기 때문에 우리는 그곳을 향하는 것이다.[37]

투사로 인해 다양성에 대한 논의와 문제가 발생하겠지만, 인생오후를 걷는 우리는 이 우주적 질문에 참여할 의무를 가지며, 비록 사람의 의지는 약하다 할지라도 우주적 질문에 대한 답을 찾으려 하는 과정은 좀 더 의미 있는 개인과 사회의 변형을 만들어 나갈 것이다. 그래서 우리는 해답을 가지려는 것이 아니라, 우리 안에 진정한 자기실현을 향하고, 묵시적으로 시간과 공간에 있는 스크린의 실체를 향하여 오늘이라는 현실을 살아가려는 것이다. 아마 그 과정에서 우리가 좀 더 책임 있는 사람, 신뢰할 수 있는 사람 그리고 성장세대와의 가교 역할을 할 수 있는 사람이 된다면 좀 더 의미 있는 오후가 아니겠는가. 그리고 현실적 한계가 있으나 종교성에 잇대어 살아가는 사람이기에 그 사람은 이 땅의 군자로, 성숙성의 참여자인 새로운 인간으로 태어나는 것이다. 새로운 인간

으로 살아간다는 것은 자기의 이기성을 벗어나 이타성에 참
여하는 것이며, 이타성에 참여하여 자기를 죽임으로써 자기
를 살리는 것이고, 반대로 이기성은 자기를 살림으로써 자기
를 죽이는 결과를 낳는다.

오늘도 성공과 성취에 목마른 개인과 사회가 달려가고 있다.
그러나 인생의 또 다른 면을 볼 수 없다면 그 결과인 성공은
병리적인 성공이다. 그래서 인생오후자들은 공동체와 공동
의 선을 위한 구조와 문화를 형성하기 위하여 이 땅에 살아간
다. 결국 후세는 지금의 오후자들이 어떻게 문화를 형성해 주
는 가에 따라 그 틀 안에서 생활을 하게 된다. 심리학자들의
성숙성, 개성화라는 이타성에 근거한 자기실현, 군자로서 이
세상을 살아가는 지천명의 도리 그리고 새로운 존재로 삶을
살고 싶어하지만 잊혀져 가는 내면의 절규, 이 모든 것은 인
간 안에 종교성의 근원의 흔적이라도 알고 싶은 사람들이 걸
어가야 할 좁은 길이다. 좁은 길을 걸을 때, 이 우주와 생명의
신비 속에서 잃어버린 마음의 집을 찾을 수 있을 것이다. 이
잃어버린 마음의 고향을 찾아가는 과정에서 우리가 가진 비정
상적인 불안 그리고 이 불안으로 인해 발생한 집착과 병리적
성공을 벗어나 영혼을 담은 자유인으로 되어 갈 것이다.

후주

제1장

1) Peter Berger, et al., *The Homeless Mind: Modernization and Consciousness,* (New York: Vintage Books, 1974), 82.
2) Jess Feist, *Theories of Personality* (New York: Holt, Rinehart and Winston, 1985), 68.
3) 임경수, 인간발달이해와 기독교상담(서울: 학지사, 2013), 120.
4) 동아일보, 2012년 12월 12일자 참조.
5) Erik Erikson, *Toys and Reasons: Stages in the Ritualization of Experience* (New York: Norton, 1977), 99-100.
6) Peter Berger, *A Rumor of Angel* (Garden City, N.Y.: Doubleday Anchor Books, 1970), 189.
7) Donald Capps, *Life Cycle Theory and Pastoral Care* (Philadelphia: Fortress Press, 1983), 41.
8) Donald Capps, 42.
9) John Bowlby, *Child Care and the Growth of Love* (Baltimore: Penguin Books, 1961), 16.
10) John Bowlby, 26.
11) Peter Berger, et al., *The Homeless Mind: Modernization and Consciousness* (New York: Vintage Books, 1974), 191-192.
12) Peter Berger, et al., 191-192.
13) Perry LeFevre, *Understandings of Man* (Philadelphia: Westminster, 1977), 16.
14) Perry LeFevre, 16.
15) Paul Tourier, 인간의 자리(서울: NUN, 2011), 156.

제2장

1) Peter Berger, et al., 66.
2) 기술백치라는 용어는 학교교육이 지식적인 공부에만 강조점을 두고 교육
   하면 두 가지 병폐가 생긴다고 보는 것이다. 첫째는 이 교육의 틀에 들어
   가는 학생이 자신이 '진리'를 잡은 것처럼 여기는 허상에 빠지는 것이고,
   둘째는 그 교육의 틀에 들어가지 못하는 학생들은 부적격자, 무능력자로
   자신을 생각한다는 것이다. 결국 근본적 인성 교육이 안 된 기술백치적
   교육은 자신과 타인을 망친다는 용어다.
3) Donald Capps, 67.
4) Donald Capps, 67.
5) Erik Erikson, *Identity and the Life Cycle* (New York: Norton, 1980),
   91.
6) Peter Berger, et al., 191-192.
7) Sigmund Freud, *Civilization and Its Discontents*. Trans. James
   Strachery (New York: Norton and Company, 1961), 34.
8) Donald Capps, 90.
9) Peter Berger et. al., 23.
10) Peter Berger et. al., 25.

제3장

1) Leo Tolstoy, *My Confession, My Religion, The Gospel in Belief* (New
   York: Charles Scribner, 1929), 12.
2) Benjamin Wolman, *Handbook of Developmental Psychology*
   (Englewood Cliffs, New Jersey: Prentice-Hall, Inc., 1982), 618.
3) Daniel Levinson et al., *The Seasons of a Man's Life* (New York:
   Ballantine Books, 1978), 215.
4) Dictionary of Pastoral Care and Counseling(1990), s.v. "Mid-life
   Crisis"
5) Jolande Jacobi, *Masks of the Soul,* tran. Ean Begg (MI: Eerdmans,
   1976), 43.
6) Erich Fromm, *The Art of Loving: An Enquiry into the Nature of Love*
   (New York & Evanston: Harper Colophon Books, 1956), 1-2.

7) Erich Fromm, 2-3.

8) Erich Fromm, 46.

9) Carl Jung, *Collected Works*, Vol. 8, 399.

10) 동아일보, 2015년 4월 6일 A6면 참조.

11) Carl Jung, *Memories, Dreams*, Reflections ed., Aniela Jaffe(New York: Vintage Book), 99.

12) Carl Jung, *Collected Works*, Vol.8, 399.

13) Leo Tolstoy, *Great Short Works of Leo Tolstoy* (New York: Harper & Low, 1967), p. 278; 편집자 John Bakyley는 서문에서 톨스토이는 작품은 전반부 인생과 후반부 인생의 관을 뚜렷이 구분하고 있다고 소개한다.

14) Erich Fromm, 10.

15) Erich Fromm, 11-12.

16) Carl Jung, *Modern Man in Search of a Soul* (San Diego. New York. London: Harvest/HBJ Book, 1933), 106-107.

17) Victor Frankle, 심리의 발견(서울: 청아출판사, 2012), 214.

18) Edward Edinger, *Ego and Archetype* (Boston & London: Shambhala, 1992), 131.

19) Carl Jung, *Word and Image* (Princeton: Princeton University Press, 1979), 124.

20) Carl Jung, 125.

21) Carl Jung, *Memories, Dreams, Reflections*, 140.

22) Carl Jung, *Word and Image*, 123.

23) Carl Jung, *Collected Works,* Vol. 11, 336.

24) Carl Jung, *Word and Image*, 123; 이러한 논의 외에도 칼 융은 그가 당시 스위스의 기독교에 대하여 현대 기독교가 가진 조직과 운영은 현대인들이 의문시하는 궁극적인 병인 무의미성에 대한 해결을 제시할 수 없다고 본다. 융의 30년간의 상담경험을 보면, 해외에서 자신을 방문하여 상담한 수백 명의 내담자 중에서 유대인은 거의 없었고, 가톨릭 신자 5~6명, 개신교 신자가 나머지였다. 이들 대부분은 35세가 넘는 중년이었고, 대부분의 상담내용은 자신의 인생 의미를 찾고자 하는 것이었다. 유럽지역의 가톨릭 신자와 개신교 신자에게 영적인 우울감에 빠지면 누구에게 상담을 할 것인가라는 질문에 대한 통계를 내었다. 개신교 신자들의 57%는 의사를 찾고, 8%의 신자만이 목사를 찾으며, 35%는 결정하지 못하였다. 가톨릭은 58%의 신자가 신부를 찾고, 25%는 의사를 찾으며, 17%는 결

정을 하지 못하였다. 이들이 성직자를 찾지 않는 가장 큰 이유는 52%가 심리적 통찰과 지식의 부재로 보았고, 28%는 자신이 생각하는 것에 대해 성직자들이 편협적 태도를 가지고 있고, 교리 일반적 태도와 편협성을 보였기 때문이다.

25) Carl Jung, *Collected Works*, Vol. 10, 107.

26) Elliott Jaques, "The Mid-life Crisis" in *Forty*, ed. Stanely Brandes (Knoxville: The University of Tennessee Press, 1985), 24.

27) Judd Marmor, "The Crisis of Middle Age" in *Psychiatry in Transition* (New York & London: Brunner/Mazel Publishers, 1976), 71-76.

28) Daniel Levinson, et al., *The Seasons of a Man's Life* (New York: Bllantine Books, 1978), 213.

29) Nancy Mayer, *The Male Mid-life Crisis: Fresh Start After 40*(New York: Double Day & Company, 1978), 24

30) Daniel Levinson, et al, 200.

31) Daniel Levinson, et al, 213.

32) Leo Tosltoy, *Great Short Works of Leo Tolstoy* (New York: Harper & Low, 1967).

33) Nancy Mayer, 24.

34) Erik Erikson, *Childhood and Society* (New York & London: Norton and Company, 1987), 267.

35) Robert Moore & Douglas Gillette, *The King Within: Accessing the King in the Male Psyche* (New York: William Morrow and Company Inc., 1992), 147-148.

제4장

1) Paul Tillich, *The Spiritual Situation in Our Technological Society* (Macon, Georgia: Mercer University Press, 1988), 43-44.

2) Paul Tillich, *A Courage to Be* (New Haven: Yale University Press, 1968), 101.

3) Irvin Yalom, *Existential Psychotherapy*, 실존주의 심리치료(서울: 학지사, 2013), 51.

4) 재인용. Irvin Yalom, 46.

5) Irvin Yalom, 52.

6) 재인용. Irvin Yalom, 53.

7) Laurence Steinberg & Jay Belsky, *Infancy, Childhood & Adolescence Development in Context* (New York: McGraw-Hill, Inc., 1991), p. 198. Sigmund Freud, Civilization and Its Discontents, trans. James Strachey (New York: W.W. Norton and Company, 1961).

8) Sigmund Freud, *Civilization and Its Discontents*, trans. James Strachey (New York: W.W. Norton and Company, 1961), 11.

9) Daniel Levinson et al., *The Seasons of a Man's Life* (New York: Ballantine Books, 1978), 199.

10) Daniel Levinson, et al., 195.

11) Daniel Levinson, et al., 193.

12) Daniel Levinson, et al., 226.

13) 동아일보, 2015년 4년 8일자 참조.

14) Donald Capps, 1.

15) Donald Capps, 4.

16) Pamela Vermes, *Buber* (London: Peter Halban, 1988), 48.

17) 이 부분의 내용은 필자가 2004년에 한국기독교신학논총의 글 '에릭슨의 생산성(generativity) 개념과 유교의 군자사상에 대한 목회상담 신학적 담론'의 내용을 참조하였음을 밝힙니다.

18) Tu Wei-ming, "Confucian Perception of Adulthood" in *Adulthood*, ed. Erik Erikson (New York: Norton, 1976), 114.

19) Tu Wei-ming, *Confucian Thought: Selfhood as Creative Transformation* (Albany: State University of New York Press, 1985), 178.

20) Tu Wei-ming, *Confucian Thought: Selfhood as Creative Transformation*, 153.

21) *Analects*, VI:V.

22) Tu Wei-ming, *Centrality and Commonality* (New York: State University of New York Press, 1989), 9.

23) Tu Wei-ming, *The Confucian Perception of Adulthood*(New York: Norton, 1976), 123.

24) Tu Wei-ming, *Centrality and Commonality*, 9.

25) *The Doctrine of the Mean*(Chung-yung) XIII:3.

26) Ibid.

27) Herbert Fingarette, *Confucius: The Secular as Sacred* (New York: Harper Torchbooks, 1971), 79.

28) Analects, XXXIII:5; Tu Wei-ming, *Centrality and Commonality*, 89-90.

29) Tu Wei-ming, *Centrality and Commonality*, 90.

30) James Jones, *Contemporary Psychoanalysis and Religion* (New Haven& London: Yale University Press, 1991), 116.

31) Don Browning, *Generative Man* (Philadelphia: The Westminster Press, 1983), 146.

32) Don Browning, 146.

33) Don Browning, 205.

34) Eugene Wright Erikson, *Identity and Religion* (New York: The Westminster Press/Seabury Press, 1982), 173.

35) Paul Tillich, *The Spiritual Situation in Our Technical Society*, ed. Mark Thomas (Macon: Mercer University Press, 1988), 43.

36) Paul Tillich, *Systematic Theology*, Vol.2 (Chicago: University of Chicago Press, 1957), 86.

37) Paul Tillich, "Pastoralanalysis, Existentialism and Theology," *Pastoral Psychology, 87*(1958), 16-17.

참고문헌

강윤영 역(2012). 빅터프랭클의 심리의 발견[*Psychotherapie fur den alltag*]. V. Franke 저. 서울: 청아출판사

김석도 역(2009). 인간의 자리[*A Place for You:Psychology & Religion*]. P. Tournier 저. 서울: NUN.

동아일보, 2012년 12월 12일자.

동아일보, 2015년 4월 6일자.

임경수(2013). 인간발달 이해와 기독교상담. 서울: 학지사

임경수 역(2013). 실존주의 심리치료[*Existential Psychotherapy*]. I. Yalom 저. 서울: 학지사

Berger, P., Beger, B., & Kellner, H. (1970). *A Rumor of Angel.* New York: Doubleday Anchor Books.

Berger, P., Beger, B, & Kellner, H. (1974). *The Homeless Mind: Modernization and Consciousness.* New York: Vintage Books.

Bowlby, J. (1983). *Life Cycle Theory and Pastoral Care.* Baltimore: Penguin Books.

Browning, D. (1983). *Generative Man.* Philadelphia: The Westminster Press.

Capps, D. (1983). *Life Cycle Theory and Pastoral Care.* Philadelphia: Fortress Press.

Confucius. (1971). *Confucian Analects, The Great Learning & The Doctrine of the Mean* (J. Legge trans.). New York: Dover Publications.

Edinger, E. (1992). *Ego and Archetype.* Boston & London: Shambhala.

Erikson, E. (1977). *Toys and Reasons: Stages in the Ritualization of Experience.* New York: Norton.

Erikson, E. (1980). *Identity and Religion*. New York: The Westminster Press/Seabury Press.

Erikson, E. (1982). *Identity and the Life Cycle*. New York: Norton.

Erikson, E. (1987). *Childhood and Society*. New York & London: Norton and Company.

Feist, J. (1985). *Theories of Personality*. New York: Holt, Rinehart and Winston.

Fingarette, H. (1971). *Confucius: The Secular as Sacred*. New York: Harper Torchbooks.

Fromm, E. (1956). *The Art of Loving : An Enquiry into the Nature of Love*. New York: Harper Colophon Books.

Freud, S. (1961). *Civilization and Its Discontent* (J. Strachery trans.). New York: Norton.

Freud, S. (1964). *Escape from Freedom*. New York: Holt, Rinehart & Winston.

Jacobi, J. (1976). *Masks of the Soul* (E. Begg trans.). MI: Eerdmans.

Jaques, E. (1985). The Mid-life Crisis. In S. Brandes (Ed.). *Forty*. Knoxville: The University of Tennessee Press.

Jones, J. (1991). *Contemporary Psychoanalysis and Religion*. New Haven & London: Yale University Press.

Jung, C. (1933). *Modern Man in Search of a Soul*. San Diego, New York, & London: Harvest/HBJ Book.

Jung, C. (1979). *Word and Image*. Princeton: Princeton University Press.

Jung, C. (1981). *Collected Works*, Vol. 8. Princeton: Princeton University Press.

Jung, C. (1981). *Collected Works*, Vol. 10. Princeton: Princeton University Press.

Jung, C. (1981). *Collected Works*, Vol. 11. Princeton: Princeton University Press.

Jung, C. (1989). *Memories, Dreams, Reflections* (A. Jaffe Ed.). New York: Vintage Book.

LeFever, P. (1977). *Understanding of Man*. Philadelphia: Westminster.

Levinson, D., Darraw, C., Klein, E., Levinson, M., & McKee, B.

(1982). *The Seasons of a Man's Life.* New York: Ballantine Books.

Marmor, J. (1976). The Crisis of Middle Age. In *Psychiatry in Transition.* New York & London: Brunner/Mazel Publishers.

Mayer, N. (1979). *The Male Mid-life Crisis: Fresh Start after 40.* New York: Double Day & Company.

Moore, R., & Gillette, D. (2007). *The King Within: Accessing the King in the Male Psyche.* New York: Willian Morrow and Company Inc.

Steinberg, L., & Belsky, J. (1991). *Infancy, Childhood & Adolescence Development in Context.* New York: McGraw-Hill Inc.

Tillich, P. (1968). *A Courage to Be.* New Haven: Yale University Press.

Tillich, P. (1957). *Systematic Theology,* Vol. 2. Chicago: University of Chicago Press.

Tillich, P. (1958). Pastoralanalysis, Existentialism and Theology. In *Pastoral Psychology, 87,* 16-17.

Tillich, P. (1988). *The Spiritual Situation in Our Technical Society* (M. Thomas Ed.). Macon: Mercer University Press.

Tolstoy, L. (1967). *Great Short Works of Leo Tolstoy.* New York: Harper & Low.

Tolstory, L. (1929). *My Confession My Religion, The Gospel in Belief.* New York: Charles Scribne.

Vermes, P. (1988). *Buber.* London: Peter Halban.

Wei-ming, T. (1978). Confucian Perception of Adulthood. In *Adulthood* (E. Erikson Ed.). New York: Norton.

Wei-ming, T. (1985). *Confucian Thought: Selfhood as Creative Transformation.* Albany: State University of New York Press.

Wei-ming, T. (1989). *Centrality and Commonality.* New York: State University of New York Press.

Wolman, B. (1982). *Handbook of Developmental Psychology.* Englewood Cliffs: Prentice-Hall.

찾아보기

내용

저자 소개

임경수(Lim, Kyungsoo)

계명대학교 인문국제학대학 교수.

시카고 대학, 노스웨스턴 대학, 시카고 칼 융 연구소(Carl Jung Institute in Chicago)에서 심리학을 수학하고 노스웨스턴 대학병원(Northwestern Memorial Hospital)에서 임상실습을 하였다. 이후 시카고 신학대학에서 중년기에 대한 연구로 박사학위(Ph.D.)를 받았다. 현재 한국기독교상담심리치료학회 감독회원, 한국목회상담협회 감독, 한국임상목회협회 감독회원, 아동놀이치료 수련감독으로 활동하고 있다.

대표 저 · 역서

• 죽음불안과 발달심리(계명대학교 출판부, 2015)

• 애착이론과 역기능 발달상담(학지사, 2014)

• 인간관계심리(시그마프레스, 2013)

• 심리학과 신학에서 본 인간이해(학지사, 2009)

• 실존주의 심리치료(역, 학지사, 2007)

• 인생의 봄과 가을: 중년의 심리이해와 분석(학지사, 2005)

• *Male Mid-life Crisis: Psychological Dynamics, Theological Issues, and Pastoral Interventions* (University Press of America, 2000)

마음의 집이 없는 사람들 불안심리
Homeless Minds: Anxiety Psychology

2015년 10월 30일 1판 1쇄 인쇄
2015년 11월 5일 1판 1쇄 발행

지은이 • 임경수
펴낸이 • 김진환
펴낸곳 • ㈜ **학지사**

121-838 서울특별시 마포구 양화로 15길 20 마인드월드빌딩
대표전화 • 02)330-5114   팩스 • 02)324-2345
등록번호 • 제313-2006-000265호

홈페이지 • http://www.hakjisa.co.kr
페이스북 • https://www.facebook.com/hakjisa

ISBN 978-89-997-0764-3 93180

정가 14,000원

인터넷 학술논문 원문 서비스 **뉴논문** www.newnonmun.com

이 도서의 국립중앙도서관 출판시도서목록(CIP)은 서지정보유통지
원시스템 홈페이지(http://seoji.nl.go.kr)와 국가자료공동목록시스템
(http://www.nl.go.kr/kolisnet)에서 이용하실 수 있습니다.
(CIP제어번호: CIP2015026642)